I0129674

Dr. John Coleman

DE OLIEOORLOGEN

GESCHIEDENIS VAN DE OLIEOORLOGEN

Het Amerikaanse imperialisme is een fataal product van de economische evolutie. Het heeft geen zin te proberen onze buren in het Noorden ervan te overtuigen dat zij geen imperialisten zijn; zij kunnen er niets aan doen, wat hun goede bedoelingen ook zijn...

El Universal, Mexico City, oktober 1927

ⓄMNIA VERITAS®

John Coleman

John Coleman is een Britse auteur en voormalig lid van de geheime inlichtingendienst. Coleman heeft verschillende analyses gemaakt van de Club van Rome, de Giorgio Cini Stichting, Forbes Global 2000, het Interreligieus Vredescolloquium, het Tavistock Instituut, de Zwarte Adel en andere organisaties met thema's uit de Nieuwe Wereldorde.

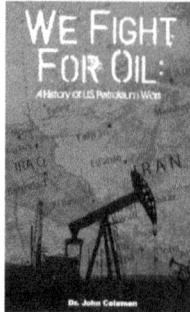

DE OLIEOORLOGEN

GESCHIEDENIS VAN DE OLIEOORLOGEN

WE FIGHT FOR OIL
A history of US Petroleum Wars

Vertaald uit het Engels en uitgegeven door Omnia Veritas Limited

© Omnia Veritas Ltd - 2023

OMNIA VERITAS.

www.omnia-veritas.com

Alle rechten voorbehouden. Niets uit deze uitgave mag op enigerlei wijze gereproduceerd worden zonder voorafgaande toestemming van de uitgever. De wet op intellectueel eigendom verbiedt kopieën of reproducties voor collectief gebruik. Elke gehele of gedeeltelijke weergave of reproductie door welk procédé dan ook zonder toestemming van de uitgever, de auteur of hun rechthebbenden is onwettig en vormt een inbreuk die bestraft wordt door de artikelen van het Wetboek van Intellectuele Eigendom.

De geschiedenis van de Amerikaanse olieoorlogen is een werk in uitvoering dat begon toen president Wilson Amerikaanse troepen liet landen in Tampico. Toekomstige historici zullen misschien de gaten moeten opvullen. De geschiedenis van de Amerikaanse betrokkenheid in Perzië (nu Iran) en Mesopotamië (nu Irak) draait om de zoektocht naar olie en de controle daarover als onmisbare natuurlijke hulpbron. Met dit in gedachten kan de lezer tot de conclusie komen dat informatie uit Amerikaanse (en Britse) bronnen met een grote korrel zout moet worden genomen.

De oliediplomatie wordt beheerst door commerciële en eventueel militaire overwegingen. Elke Amerikaanse president sinds Woodrow Wilson heeft zijn buitenlands beleid zodanig geformuleerd dat rekening wordt gehouden met oliebelangen. President McKinley verklaarde dat "isolatie niet langer mogelijk is", en president Wilson sloot zich hierbij aan door te verklaren: "Wij zijn deelnemers, of wij dat nu leuk vinden of niet, aan het leven in de wereld. De belangen van alle naties zijn ook onze belangen. Wij zijn partners met anderen."

Daarom raakt dit boek elke Amerikaan of zou het elke Amerikaan moeten raken, want de moderne internationale macht is economisch, net zoals alle oorlogen een economische oorsprong hebben. Denk hieraan de volgende keer dat uw zonen en dochters worden opgeroepen om te vechten voor hun land. Als Irak geen enorme olievoorraden zou bevatten, zouden de Verenigde Staten dan nu in dat land vastzitten? De angst voor een nationaal olietekort lijkt de drijvende kracht te zijn. De Amerikaanse strijd om buitenlandse grondstoffen is de belangrijkste factor geworden in internationale aangelegenheden. Dit zijn de vragen die onderzocht worden in dit boek, dat gelezen zou moeten worden door elke Amerikaan die geïnteresseerd is in de toekomst van zijn land.

HOOFDSTUK 1

De zoektocht van de olie-industrie naar olie

We hebben zeker behoefte aan een duidelijke, beknopte en gemakkelijk te begrijpen gids over het langdurige "conflict" met de ruwe olie-landen. Op 16 april 1855 boden Benjamin Stillman van de Yale University en George Bissell "rotsolie" aan investeerders aan, nadat zij berichten hadden ontvangen over een dikke stroperige zwarte modder in delen van Titusville, Pennsylvania. Rusland had eerder melding gemaakt van soortgelijke vondsten in Bakoe. Bissell gaf Edwin ("Kolonel") Drake onmiddellijk opdracht naar olie te boren in Titusville.

Niemand had enig nut voor "modder", behalve John D. Rockefeller, die de enige eigenaar was van de handelsonderneming in Cleveland die het product verkocht. Hij werd later vergezeld door een partner, Henry Flagler, in een productbedrijf, dat het verkocht als lampolie, en het op een andere manier verpakte als een middel tegen kanker. Het bedrijf bereikte al snel een waarde van 450.000 dollar, een astronomisch bedrag in die tijd. In feite waren het John D. Rockefeller en zijn Standard Oil, in al zijn ontelbare variaties, die een bedreiging werden, niet alleen in de Verenigde Staten, maar in de hele wereld. Standard Oil absorbeerde of vernietigde simpelweg een groot deel van zijn concurrenten in Cleveland, Ohio, en vervolgens in de rest van het noordoosten van de Verenigde Staten.

Rockefeller kreeg de bijnaam "de lichthandelaar" deels omdat zijn product genaamd "Brite" in elk Amerikaans huis lampen aanstak, maar ook als een sluwe verwijzing naar zijn lidmaatschap van 's werelds meest geheimzinnige genootschap, de Illuminati, waartoe 's werelds zogenaamde "elite" behoorde. Op 27 augustus 1859 vond Drake olie op zijn boorlocatie. Gesteund door financiering van Kuhn Loeb en de door Rothschild gecontroleerde Franse bankgigant Paribas, bezat of controleerde Standard Oil (1870-1911) 95% van alle olieraffinaderijen in Amerika tegen 1870, het jaar waarin Standard Oil werd opgericht, en tegen 1879 bezat en controleerde Standard Oil 90% van de Amerikaanse raffinagecapaciteit.

In 1863 ontmoette John D. Rockefeller een chemicus met de naam Samuel Andrews die een kortere weg had uitgevonden om paraffine te raffineren. Andrews werd partner en later ook Flagler in een vennootschap onder de naam Rockefeller, Andrews & Flagler.

In 1906 probeerde de Amerikaanse regering Rockefellers Standard Oil Trust te ontmantelen omdat deze een monopolie had op de strategische grondstof olie. Het publiek zag het als een snode onderneming en er waren juridische aanvallen van een staat en ook een onthulling van Ida Tarbell in 1904 (*The History of Standard Oil*) De Senaat riep de hulp in van het Amerikaanse ministerie van Justitie en in 1909 werd een rechtszaak aangespannen bij de federale rechtbank waarin werd beweerd dat Standard zich had ingelaten met de volgende methoden die neerkwamen op monopolistische praktijken:

> Kortingen, preferenties en andere discriminerende praktijken ten gunste van de vereniging van spoorwegmaatschappijen, beperking en monopolisering door controle van pijpleidingen, oneerlijke praktijken tegen concurrerende pijpleidingen, contracten met concurrenten om de handel te beperken, concurrentiemethoden, zoals verlaging van de plaatselijke prijzen op punten, indien nodig om de concurrentie te onderdrukken, de exploitatie van schijnzelfstandige ondernemingen en de betaling van oliekortingen voor hetzelfde doel.

Op 5 mei 1911 beval het Hooggerechtshof de ontbinding van het

Standard Oil Trust-monopolie. De rechters zeiden:

> Zeven mannen en een bedrijfsmachine hebben samengespannen tegen hun medeburgers. Voor de veiligheid van de Republiek decreteren wij nu dat deze gevaarlijke samenzwering moet eindigen voor 15 november.

De ontmaskering van de octopus in hun midden door Ida Tarbell's verslag van John D., in 1904 gepubliceerd in 24 nummers van *McClures Magazine*, had te veel mensen gealarmeerd en het leek erop dat er eindelijk resolute actie tegen de Rockefeller Trust zou komen. Maar helaas, het was slechts een illusie. Niet afgeschrikt door zo'n kleinigheid als een uitspraak van het Hooggerechtshof tegen hem, splitste Rockefeller de reus gewoon op in afzonderlijke bedrijven, waarbij hij in elk ervan een meerderheid van 25% behield. Deze splitsing verrijkte Rockefeller in feite, vooral nadat Standard's William Burton een thermisch kraakproces ontwikkelde dat de opbrengst van benzine uit ruwe olie verhoogde.

De corporatieve staat had het punt bereikt waarop het corporatiefascisme voortaan het controlerende orgaan zou zijn van alle belangrijke beslissingen op het gebied van buitenlands beleid, zelfs van de allerbelangrijkste, oorlog en vrede. Mexico was de eerste die de zweep van het Amerikaanse imperialisme voelde, kort na de ontdekking, in 1910, van grote olievoorraden langs de Golfkust, met als middelpunt Vera Cruz en Tampico.

Het begon allemaal toen president Wilson, in het belang van Standard Oil, troepen naar Vera Cruz stuurde onder het meest zwakke voorwendsel. De VS wilden Mexico niet overnemen, maar ervoor zorgen dat de Mexicaanse olie in handen bleef van Amerikaanse bedrijven.

Door de ene revolutie na de andere te ontketenen, hielden de Verenigde Staten Mexico in een staat van onrust, terwijl Standard en Britse belangen ongestraft de olie plunderden. John D. had opnieuw zijn neus opgestoken voor degenen die zijn "gevaarlijke samenzwering" vreesden.

De Britse belangen werden overgenomen door Lord Cowdrey

(Weetman Pearson), wiens toevallige vertraagde tussenstop in Laredo in 1901 hem in staat stelde Mexicaanse olie te bemachtigen via Mexican Eagle Petroleum Ltd, dat hij in 1910 oprichtte. Na de eerste Mexicaanse "revolutie" verkocht Weetman Pearson al zijn oliebelangen in Mexico aan Royal Dutch Shell, een multinationale onderneming van Brits-Nederlandse oorsprong. Shell was voorbestemd om een "supergrote" oliemaatschappij te worden.

De oorlog in Europa gaf Mexico respijt en stelde president Carranza, naar behoren gekozen, in staat een nationale grondwet op te stellen die in 1917 werd goedgekeurd. In tegenstelling tot wat de jakhalzen in de Amerikaanse media beweren, was generaal Venustiano Carranza geen wilde revolutionair, maar een geleerd en goed opgeleid man uit een rijke familie. Hij was staatswetgever en vice-gouverneur en was, naar alle waarschijnlijkheid, een echte patriot van Mexico. De zwarte vlek voor Standard en de oliebaronnen is paragraaf 27, die de natie "de directe eigendom geeft van alle mineralen, aardolie en alle koolwaterstoffen, vast, vloeibaar of gasvormig". Nu was de enige manier voor buitenlanders om zaken te doen in Mexico, een overeenkomst te tekenen om de Mexicaanse wet volledig te respecteren en te gehoorzamen. Omdat hij de VS (Rockefeller) trotseerde, werd Carranza in 1920 vermoord.

Wat volgde was een lastercampagne van desinformatie die het hoogste niveau van verdorvenheid bereikte, om de Mexicaanse olie aan de rechtmatige eigenaars te onttrekken. Maar toen dat mislukte, boycotten alle grote westerse oliemaatschappijen de Mexicaanse olie voor de volgende 40 jaar.

[1] Het Comité van 300 ontstond toen de Franse Rothschilds (Alphonse en Edmond) en de Zweedse firma Nobel in 1870 hun aandacht op Rusland richtten met de oprichting van een oliemaatschappij genaamd The Far East Trading Company.

---

[1] Zie *De hiërarchie van de samenzweerders - Geschiedenis van het comité van 300*, John Coleman, Omnia Veritas Ltd, www.omnia-veritas.com.

Maar de gebroeders Nobel hadden alle concurrenten voor olie verslagen in Bakoe, waar zij zich hadden gevestigd. Ludwig Nobel kreeg de bijnaam "de oliekoning van Bakoe".

Het Britse Huis Windsor en het Nederlandse Huis Oranje sloegen de handen ineen om in de handel te komen en sloten in 1903 een overeenkomst met Shell Oil om de Asiatic Petroleum Company te vormen. Pogingen om de spanningen in de olievelden van Bakoe tussen Standard Oil, Rothschild-Nobel en een aantal kleine Russische bedrijven te verminderen, liepen op niets uit.

De Koninklijke Nederlandse Shell Petroleum Maatschappij werd opgericht om olie te exploiteren in Sumatra, Indonesië en elders in het Verre Oosten. Hun lidmaatschap van de "300" opende alle deuren.

Het "Comité van 300" legde de dagelijkse zaken in handen van Marcus Samuel van Hill Samuel en in 1897-1898 vond goudzoeker en boorder Mark Abrahams, ingehuurd door Marcus Samuel, olie in Borneo. De Londense handelsbank en de daarmee verbonden handelsmaatschappij Samuel Montague bundelden hun krachten met Edmond en Alphonse Rothschild en richtten de Asiatic Petroleum Company op. De Rothschilds bleven niet en verkochten hun aandelen aan Royal Dutch Shell. In 1892 verscheepte Shell via het Suezkanaal ruwe olie van de Zuidzee naar Europese raffinaderijen.

Het lijdt geen twijfel dat Royal Dutch Shell van het "Comité van 300" een van de oudste en grootste van alle oliemaatschappijen is die momenteel in de wereld actief zijn. Haar omzet bedroeg in 2005 306,73 miljard dollar. Wijlen koningin Juliana van Nederland, Lord Victor Rothschild, prins Nasi van Afrika Sir Ernest Oppenheimer, de Samuels van Londen en het Huis Windsor zijn de grootste aandeelhouders van Royal Dutch Shell. Bij het overlijden van Juliana werden haar aandelen overgedragen aan het Huis van Oranje (Nederland).

Dit historische verslag van de olie-industrie neemt ons mee door de kronkels van de "diplomatie" (leugens, valse beloften, chantage, dubbele handel, politieke druk, intimidatie en oneerlijke diefstal) van Iraakse grond en olie, begeerd door alle naties, maar vooral door het imperialistische Groot-Brittannië, dat zich al bijna een eeuw lang mengt in de interne aangelegenheden van Irak en Iran, door het ene na het andere land te verleiden, over te halen en concessies af te dwingen, op basis van beloften die nooit zijn nagekomen en onder de dreiging van een ijzeren vuist verborgen in een fluwelen handschoen.

Door de ontdekking van rijke voorraden ruwe olie in Irak en Iran is er de afgelopen 95 jaar een langdurig conflict ontstaan tussen de Verenigde Staten en de twee landen.

HOOFDSTUK 2

Een visie van door olie aangedreven oorlogsschepen Sir Edward Grey ontketent de Eerste Wereldoorlog

Vlak voor de Eerste Wereldoorlog ontstond een kettingreactie die de belangstelling voor olie aanwakkerde door het rapport van een Britse marineofficier, kapitein Fisher, die betoogde dat de toekomst van de marine lag in door olie aangedreven oorlogsschepen. Hij werd later Lord Fisher, de eerste Lord van de Admiraliteit, scherpzinnig genoeg om de mogelijkheden te zien van de dikke, zwarte vloeistof die in 1882 in Titusville, Pennsylvania, en Bakoe, Rusland, werd ontdekt. John D. Rockefeller zag het potentieel ervan als nieuwe brandstof voor olielampen en noemde het "Brite".[2] Hij richtte vervolgens de Standard Oil Company op om deze nieuwe ontdekking te exploiteren.

In 1904 wilde kapitein Fisher dat de Britse marine zou overstappen van oorlogsschepen die op kolen branden naar schepen die op olie branden. Zijn idee was niet nieuw, waarschijnlijk ingegeven door het feit dat Russische schepen in de Kaspische Zee sinds 1870 "olieslib", bekend als "stookolie", verbrandden. [3]Deze ontwikkeling was ook opgemerkt door Baron Julius de Reuter (de patriarch van Reuter's News Service) . In 1872 kreeg de Reuter een concessie voor vijftig jaar om in

---

[2] "Briljant".

[3] Het beroemde persbureau Reuters.

Iran naar olie te zoeken en te boren. Hij noemde zijn bedrijf de Anglo-Persian Company en in 1914 werd het op advies van admiraal Fisher omgedoopt tot British Petroleum Company (BP).

Controle over de zeeën was van vitaal belang voor Groot-Brittannië om zijn lange handelsroutes veilig te stellen en admiraal Fisher pleitte er bij de Lords of the Admiralty voor om Britse oorlogsschepen uit te rusten met petroleummotoren, die hen volgens hem een aanzienlijk voordeel zouden geven ten opzichte van de Duitse zeemacht. In 1870 dreigde Duitsland de Britse commerciële suprematie te verdringen. Britse leiders, zoals Sir Edward Grey, zagen dit als een "misdaad" die uiteindelijk tot oorlog zou leiden. Kapitein Fisher wees erop dat het veel minder tijd zou kosten dan de 4 tot 9 uur die kolengestookte schepen nodig hebben om op volle kracht te komen; oliegestookte schepen zouden in 30 minuten dezelfde beschikbaarheid kunnen bereiken en in slechts 5 minuten het maximale vermogen. Het grote probleem is dat Groot-Brittannië geen bekende voorraden ruwe olie heeft. Het zou zijn olie moeten invoeren uit de Verenigde Staten en Rusland, wat in vredestijd geen probleem is, maar in oorlogstijd gevaarlijker kan zijn.

Later (1912) zei Churchill, die Fisher opvolgde als premier:

> "...als we het (olie) nodig hadden, zouden we het in tijden van vrede en oorlog over zee moeten vervoeren vanuit verre landen."

Toch zette Fisher zijn droom door, door erop te wijzen dat het 500 man 5 dagen zou kosten om een slagschip te "kolen", terwijl het gebruik van olie slechts 12 man 12 uur zou kosten. Bovendien zou het bereik van een op olie gestookt oorlogsschip tot vijf keer groter zijn dan dat van een op kolen gestookt schip. Maar de heren van de Admiraliteit beschouwden Fisher slechts als een dromer - tot 1904, toen Fisher werd erkend en bevorderd tot First Lord of the Admiralty nadat de Britse geheime dienst (MI6) nota's naar de regering had gestuurd waarin het belang van de nieuwe ruwe olie werd benadrukt. Fisher werd gemachtigd om in 1912 een Koninklijke Commissie te vormen en te leiden en een commissie op te richten om te bestuderen en aanbevelingen te doen over de beste manier voor Groot-Brittannië om zijn toekomstige oliebehoeften veilig te stellen. Lord Palmerston maakte zijn standpunt bekend: de aloude bedoelingen van Groot-Brittannië ten aanzien van landen met ruwe olievoorraden zouden gebaseerd zijn op een nieuw credo: wij hadden geen permanente principes meer, maar permanente belangen die wij met uitsluiting van alle andere nastreefden. Deze houding zou volledig ondersteund worden door Winston Churchill, die eraan toevoegde:

"We moeten eigenaar worden, of tenminste de controleurs aan de bron van tenminste een deel van de olie die we nodig hebben."

"Jackie" Fisher, die de Koninklijke Commissie voorzat, was van een bescheiden bestaan opgeklommen tot First Lord van de Admiraliteit. Hij werd in 1841 in Ceylon geboren en gedoopt als John Arbuthnot Fisher. Hij trad in 1854 in dienst van de Royal Navy en legde zich toe op technische ontwikkelingen. Hij wordt algemeen beschouwd als een van de grootste admiraals van de Royal Navy, scherpzinnig genoeg om toezicht te houden op de bouw van het super slagschip "Dreadnaught". Fisher wordt gezien als een man van groot formaat, met een superieure houding die zijn collega's niet bevalt. De Fisher-commissie beveelt aan dat MI6 een leidende rol speelt in Rusland en de Balkan, en dus wordt Sydney Riley (Sigmund Georgjevich Rosenblum), een van de beste agenten, naar Bakoe gestuurd om belangrijke oliecontracten voor Groot-Brittannië veilig te stellen. Riley kreeg ook de opdracht te onderhandelen met een weinig bekende in Engeland geboren Australiër, William D'Arcy Cox, die een aanzienlijk deel van de minerale rijkdommen van Perzië onder contract bleek te hebben. William Knox D'Arcy (11 december 1849 - 1 mei 1917) werd geboren in Newton Abbott, een klein Engels stadje. Zijn vader was advocaat en in 1866 emigreerde het gezin naar Australië en vestigde zich in Rockhampton, Queensland. De familie D'Arcy was rechtstreeks verwant aan Lord D'Arcy of Knayth, de opperrechter en oppergouverneur van Ierland in de 14e eeuw.

William begon zijn carrière bij het advocatenkantoor van zijn vader, maar richtte zich op grondspeculatie. Hij werkte samen met een bedrijf dat het geluk had goud te vinden. Het partnerschap financierde de ontdekking van goud door een mijn te openen, de Mount Morgan Gold Mining Company. William Cox verdiende een aanzienlijk fortuin voordat hij in 1889 terugkeerde naar Engeland. In 1900 besloot hij zich aan te sluiten bij Wolff, Kitabgi en Cotte en naar Perzië te reizen op zoek naar olie. Hij begon onderhandelingen met de Sjah van Iran, Reza Khan Pahlavi, in 1901.

D'Arcy kreeg een "firman" (contract) van de Shah die hem...

> "volledige bevoegdheden om naar believen te sonderen, te boren en te boren op Perzisch grondgebied, waardoor alle gezochte sub-olieproducten, zonder uitzondering, zijn eigendom zullen blijven".

Een boorteam onder leiding van George B. Reynolds werd naar Perzië gestuurd en D'Arcy begon zijn onderzoek. Er werd een bedrijf opgericht, waarbij D'Arcy 500.000 dollar van zijn eigen geld inbracht.

In ruil daarvoor betaalde D'Arcy jaarlijks de som van 20.000 dollar plus 16% royalty's aan Sjah Reza Khan Pahlevi. Maar de zaken gingen niet goed en in 1904 zag D'Arcy zich genoodzaakt een beroep te doen op de Birmah Oil Company, die 100.000 dollar beschikbaar stelde om het boren voort te zetten. In 1907, zonder succes, werd het boren verplaatst naar Masjid-I-Sulaiman, waar het boren in 1908 begon. In april, net toen de onderneming op instorten stond, werd op 11.800 voet olie ontdekt, de eerste ontdekking die van Perzië (Iran) het grootste olieproducerende land ter wereld zou maken. In 1909 verbond een pijpleiding het olieveld met een in Abadan gebouwde raffinaderij. William Knox D'Arcy had een coup gepleegd die Standard Oil op zijn grondvesten deed schudden.

Met veel doorzettingsvermogen vond en ontmoette Reilly

D'Arcy, net toen deze op het punt stond een contract te tekenen met de Franse regering, geregeld door de Rothschilds van Parijs.

Met alle middelen (en die waren aanzienlijk) heeft Reilly D'Arcy op een of andere manier overgehaald om een contract te tekenen met de Britse regering (namens het Huis Windsor), net toen D'Arcy op het punt stond te tekenen met de Fransen.

In 1909 werd een bedrijf opgericht, de Anglo-Persian Oil Company, met als belangrijkste aandeelhouders het Huis van Windsor, het Huis van Oranje en Baron de Reuter, met D'Arcy als directeur. Het Britse contract was een meesterzet voor Reilly, en bezorgde hem een bijzondere positie toen de bolsjewistische revolutie uitbrak. Hij werd belast met het verkrijgen van contracten van de Bolsjewistische regering voor strategische mineralen en metalen. Vóór deze gedenkwaardige gebeurtenis (1902) had de geoloog van koningin Victoria het bestaan bevestigd van enorme olievoorraden in Mesopotamië (door het Britse mandaat omgedoopt tot Irak), dat sinds 1534 deel uitmaakte van het Ottomaanse Turkse Rijk.

Koningin Victoria speelde haar 'gunboat diplomacy' kaart door Britse oorlogsschepen te stationeren op de bodem van de Shaat al Arab waterweg onder de corrupte Mubarak al-Sabah, die aan de macht was gekomen door in 1896 zijn twee halfbroers te vermoorden, en liet Turkije weten dat het gebied (later Koeweit genoemd) nu een Brits protectoraat was.

De volgende stap om het gebied veilig te stellen voor de Britse regering was de ondertekening door sjeik al Sabah van een overeenkomst met "de Engelse keizerlijke regering" voor de olieconcessie. De overeenkomst werd geconsolideerd door een "lease in eeuwigheid". Dit werd gevolgd door een tweede overeenkomst met sjeik al-Sabah dat "geen andere persoon dan die welke door de Britse regering was aangesteld" een concessie zou krijgen. Het lijkt erop dat de olievoorziening aan de Britse marine nu gegarandeerd is. Bij dit alles werd vergeten dat het land dat "Koeweit" wordt genoemd, net als de afgelopen vierhonderd jaar, aan Irak toebehoorde en dat de noordelijke "grens" van Koeweit door de rijkste olievelden ter wereld liep, het Rumaila olieveld, dat aan Irak toebehoorde.

Zo werd een zeer grote hoeveelheid olie gestolen uit het oude land Mesopotamië, dat Irak werd toen de Britten na de Eerste Wereldoorlog de naam voor hun nieuwe mandaat bedachten. De Duitse marine had dus geen bekende manier om olie aan te voeren voor haar oorlogsschepen, waarvan de verbouwing in 1909 was begonnen vóór die van de Britse door olie aangedreven "Dreadnaught" oorlogsschepen. De plannen van admiraal Fisher voor de omschakeling van de Britse marine waren niet langer de mijmeringen van een dromer en de eerste schepen van de nieuwe "Dreadnaught" klasse werden besteld door Winston Churchill, die Fisher opvolgde als First Lord.

In 1911 drong Churchill er bij zijn regering op aan te erkennen dat een sterke aanwezigheid in de Perzische Golf essentieel was, wilde de Britse marine "de zeeën blijven domineren". In 1912 stelde het Britse parlement een Koninklijke Commissie voor Aardolie en de Aardoliemotor in, voorgezeten door Lord Fisher. Er werd erkend dat olie een beslissende rol zou spelen in de komende oorlog. Dit was het begin van een perfide handelwijze, ook bekend als "oliediplomatie", die tot op de dag van vandaag voortduurt. Tegelijkertijd wilde Groot-Brittannië olie verkrijgen voor zijn marine en drong daartoe door in de olievelden van Mexico en het Midden-Oosten. Britain's imperial oil policy werd beschreven in een geheime memo geschreven door Sir Arthur Hirtzel:

> "Wat we willen instellen, wat we destijds hadden moeten creëren, is een administratie met Arabische instellingen die we veilig kunnen laten zitten terwijl we zelf aan de touwtjes trekken; iets dat niet veel zal kosten en dat de Labourregering volgens haar principes kan slikken, maar waaronder onze economische en politieke belangen zullen worden veiliggesteld.
>
> Als de Fransen in Syrië blijven, moeten wij vermijden hun het excuus te geven een protectoraat te stichten. Als zij vertrekken, of als wij reactionair lijken in Mesopotamië, bestaat altijd het risico dat Koning Faisal de Amerikanen zal

aanmoedigen om de controle over beide landen over te nemen...".

Dit achterbakse imperiale beleid is afgekeken van de Verenigde Staten, die het met grote voortvarendheid hebben overgenomen. Er kunnen niet veel mensen zijn met enige echte kennis van de imbroglio in Afghanistan en Irak die niet weten dat de enige reden voor de aanwezigheid van Amerikaanse strijdkrachten in deze twee landen de heilige graal van olie en andere koolwaterstoffen is. Onder uiterst geheime voorwaarden kocht de Britse regering een meerderheidsaandeel in de Anglo-Persian Oil Company, ook al was deze toen bijna failliet door het uitblijven van succes bij het vinden van olie in Iran. Vandaag heet het bedrijf British Petroleum (BP) en is het een van de paradepaardjes van het Comité van 300.

Gealarmeerd door de groeiende industriële kracht van Duitsland en de groeiende internationale handel, bracht koning George, die koningin Victoria was opgevolgd, op 14 april 1914 een hoogst ongebruikelijk bezoek aan Parijs, vergezeld van zijn minister van Buitenlandse Zaken, Sir Edward Grey. Sir Edward Grey, zoon van luitenant-kolonel George Grey, was opgeleid aan het Balliol College in Oxford en in 1892 door William Gladstone benoemd tot minister van Buitenlandse Zaken. Het doel van de missie was Frankrijk over te halen zich bij Engeland aan te sluiten in een geheime militaire alliantie tegen Duitsland en Oostenrijk.

De Koning vertelde de Franse regering niet dat zijn land failliet was, anders zou er geen alliantie zijn gesloten naar aanleiding van dit bezoek. De staat van faillissement werd in feite vastgelegd in een memorandum van de Britse Schatkist aan kanselier Lloyd George van 12 mei 1914, waarin het feit in duidelijke bewoordingen werd uiteengezet.

(Dezelfde uitvlucht werd gebruikt in 1939.) Grey maakte van de verdediging van Frankrijk tegen de Duitse commerciële expansie de hoofdlijn van de Britse buitenlandse politiek. Het feit dat over de beloften aan Frankrijk in het geheim werd onderhandeld, baarde de oppositieleden in het parlement grote zorgen, waaronder Charles Trevelyn, die in woede aftrad, George Cadbury, E.D. Morel en Ramsay McDonald. Hun twijfels bleken gegrond toen Grey aan de vooravond van de Eerste Wereldoorlog het parlement vertelde dat hij "geen andere keuze had dan de verplichtingen van Groot-Brittannië jegens Frankrijk na te komen" door deel te nemen aan de oorlog van Frankrijk tegen Duitsland. [4]Dit was "diplomatie door misleiding" in zijn meest afschuwelijke vorm en de directe oorzaak van de Eerste Wereldoorlog, met zijn afschuwelijke slachtpartijen, enorme verliezen aan mensenlevens en moedwillige vernietiging van eigendommen. De geschiedenis zal misschien ooit aantonen dat zonder Edward Grey de Eerste Wereldoorlog niet zou hebben plaatsgevonden. De onvergeeflijke zonde van de Duitse commerciële expansie en haar verlangen om een eigen handelssysteem en -mechanisme te creëren, moest worden beteugeld, althans in de ogen van Lord Grey.

Het Frans-Britse pact, gebaseerd op de buitenlandse politiek van Sir Edward Grey alleen en in het geheim gesloten, maakte de weg vrij voor de Eerste Wereldoorlog, de bloedigste oorlog ooit. Op 28 juli 1914, nauwelijks drie maanden na de ondertekening van het Frans-Britse militaire akkoord, werd aartshertog Franz Ferdinand van Oostenrijk in Sarajevo vermoord. Volgens het beleid van Grey moest Duitsland vrijwel worden vernietigd en moest Groot-Brittannië de natuurlijke hulpbronnen verkrijgen die het nodig had om het doel van een nieuwe wereldorde te bereiken. De noodzaak om vanaf het begin de olievoorziening veilig te stellen was een essentieel onderdeel van het plan, het enige detail dat opvalt in alle documenten van Sir Edward.

In augustus 1914 ontbrandde Europa in de vlammen van de Eerste Wereldoorlog, de wreedste en gruwelijkste oorlog van onze tijd, met tientallen miljoenen slachtoffers die het menselijk begrip tarten. De moord op aartshertog Ferdinand tijdens een

---

[4] Zie *Diplomatie door leugens - een verslag van het verraad van de regeringen van Engeland en de Verenigde Staten,* John Coleman, Omnia Veritas Ltd, www.omnia-veritas.com.

bezoek aan Sarajevo in Servië was het tweede flagrante gebruik van vele "verzonnen situaties" die zouden worden opgezet om oorlogen uit te lokken, en niet het "onbeschaafde" Duitsland, maar het "beschaafde" Groot-Brittannië, en later de Verenigde Staten, waren de daders en planners van deze vreselijke strategie. Tijdens de hele Eerste Wereldoorlog zou olie de sleutelrol spelen in het streven naar Brits imperialisme, dat was begonnen met de opiumoorlogen in China en werd voortgezet met de Anglo-Boerenoorlog (1899-1903). In 1917 was er nauwelijks een geïndustrialiseerde natie die zich niet ten volle bewust was van het belang van olie, en men herinnert zich de dringende oproep van president Clemenceau aan Wilson om "olie" naar Frankrijk te sturen:

De veiligheid van de Geallieerden staat op het spel. Als de geallieerden de oorlog niet willen verliezen, dan mogen ze op het moment van het grote Duitse offensief Frankrijk niet zonder benzine laten zitten, die even noodzakelijk is als bloed in de gevechten van morgen.

Op 6 september 1914 stonden de Londense kranten vol met berichten over de armada van Parijse taxi's van de Franse generaal Joseph Gallieni, die in allerijl troepen naar de frontlinies moesten vervoeren. Zonder 'benzine' voor de gemotoriseerde armada van taxi's en bussen die hij vorderde, zou Frankrijk binnen enkele maanden na het begin van de vijandelijkheden zijn verslagen. Op dit punt in het verhaal beginnen we te begrijpen waarom koning George en Edward Grey een pact met Frankrijk tekenden.

Dit moest Groot-Brittannië het indirecte excuus geven om "Frankrijk te hulp te komen" om Duitsland aan te vallen. John D. reageerde snel op Clemenceau's oproep tot 'olie' en stuurde ruimschoots Amerikaanse voorraden naar de Franse troepen op een moment dat Duitsland werd afgesneden van zijn oude Roemeense bron, die in 1916 door kolonel 'Empire' Jack Norton volledig was vernietigd om te voorkomen dat Bakoe in Duitse handen zou vallen. Zoals Lord Curzon, de Britse minister van Buitenlandse Zaken, zei in een toespraak tijdens het Overwinningsdiner op 21 november 1918, tien dagen na de ondertekening van de wapenstilstand:

De geallieerden werden naar de overwinning gedragen door
een vloed van olie. Hoe hadden ze zonder olie hun vloten
mobiel kunnen houden, hun troepen kunnen vervoeren of
explosieven kunnen maken?

Zoals landen met olie onder de grond al snel zouden ontdekken,
zou olie niet langer een troef zijn, maar een vloek, dankzij
roofzuchtige imperiale machten. Zonder dat de wereld het wist,
was de Volkenbond een nauwelijks verhuld instrument voor
massale landroof, met als een van de eerste slachtoffers
Palestina. Rusland zou geen partner worden, een feit dat werd
ontdekt in november 1917, toen de bolsjewieken een berg
geheime documenten vonden waaruit bleek dat Groot-Brittannië
en de Verenigde Staten een plan hadden geformaliseerd om het
Ottomaanse Rijk op te delen tussen henzelf en enkele
geselecteerde "geallieerde" machten. De geheime overeenkomst
was gesloten in februari 1916, midden in de oorlog, waarin het
Russische leger het voornaamste slachtoffer was.

Het verraderlijke gedrag van imperiaal Groot-Brittannië en de
Verenigde Staten ging door tot 2006, toen de Verenigde Staten,
geleid door een zogenaamd conservatieve president van de
Republikeinse Partij, G.W. Bush, beweerde dat hij, en hij alleen,
een "eerste aanval" kon bevelen tegen een natie die de Verenigde
Staten geen kwaad had gedaan, in totale en opzettelijke
ongehoorzaamheid aan de Amerikaanse wet, de Grondwet en het
"volkenrecht" van Vattel, alsmede alle Verdragen van Genève
en de Protocollen van Neurenberg. Dit boek is een verslag van
nauwelijks verhulde imperiale agressie door twee van de
machtigste naties, de Verenigde Staten en Groot-Brittannië,
geholpen en bijgestaan door medeplichtigen, die de diepten van
verdorvenheid en bedrog uitkamden om de rijke prijs van olie te
bereiken. "Waarheid is vreemder dan fictie" en het Amerikaanse
olie-imperialisme, dat in 1917 wortel schoot in het officiële
beleid, maakte dit waar. Harold Ickes was de olie-coördinator
voor nationale defensie in december 1942, toen het State
Department het volgende postte:

"Wij zijn ervan overtuigd dat de ontwikkeling van de olievoorraden van Saudi-Arabië moet worden bezien in het licht van het algemeen nationaal belang."

Het was de eerste keer dat de nationale veiligheid van de VS werd gekoppeld aan een buitenlandse natie ver van haar kusten. Het betekende een grote stap voorwaarts in het imperialistische optreden van de VS, van een passieve naar een actieve staat. Irak bevestigt de geldigheid van dit uitgangspunt. De VS is dezelfde rol gaan spelen in de Iraakse olie als Groot-Brittannië in de vorige eeuw. In de afgelopen vijfennegentig jaar hebben we gezien hoe Groot-Brittannië en zijn imperialistische bondgenoten nooit aarzelden om zich te verlagen tot de meest elementaire verdorvenheid om de begeerde en langverwachte eerste olieprijs in de wacht te slepen.

De geschiedenis van Groot-Brittannië is een verhaal van een rijke en machtige natie die samenzweert om kleinere, armere en zwakkere naties te vernietigen, en het is zeer pijnlijk om te lezen. Het lijkt steeds meer op een herhaling van de Britse oorlog tegen de Boeren in 1899. Toen ging het conflict over de weigering van de Boeren om hun goud te overhandigen. Vandaag gaat het "conflict" over de weigering van Irak om zijn "zwarte goud" te overhandigen.

De ontwikkeling van Irak's olie heeft zich ontwikkeld tegen een achtergrond van verzonnen situaties, geheime deals, misleiding, politieke inmenging en dan de laatste 'diplomatie' van allemaal, die van de geweerloop. Geschreven vanuit mijn standpunt als gediplomeerd econoom en historicus, een agent ter plaatse, en gesteund door 25 jaar onderzoek, brengt dit boek de botte propagandisten die de oliebaronnen steunden in verwarring. Ik verzeker u dat het "conflict" met Irak er heel anders uit zal zien als u eenmaal dit informatieve boek hebt gelezen, gebaseerd op geheime historische archieven die niet toegankelijk zijn voor het publiek, de privé en persoonlijke papieren van de rijken, en het beruchte verslag van de imperialistische aanvalsoorlogen van de VS om de aanvoer van ruwe olie veilig te stellen.

Wat we snel zullen leren is dat de Verenigde Staten al 100 jaar een agressiepolitiek voeren tegen alle landen die olie als natuurlijke hulpbron hebben, met intensieve pogingen om hen te ondermijnen door middel van instabiliteit en directe inmenging in hun binnenlandse aangelegenheden, zoals in het geval van Mexico is gebeurd, volledig in strijd met het internationaal recht en de Amerikaanse grondwet. Sinds de interventie van de Amerikaanse mariniers in Tampico op bevel van president Wilson dicteert de olie-industrie het buitenlands beleid van de VS, wat het Amerikaanse volk miljarden en miljarden dollars heeft gekost.

Dit beleid heeft onlangs een verbazingwekkende bevestiging gekregen, waaruit blijkt dat de wereld het stadium van "samenzwering" ver voorbij is en een "openlijke samenzwering" is geworden. [5]Medio 2006 publiceerde auteur John Perkins een verbazingwekkend boek met de titel *Confessions of an Economic Hit Man*, dat veel bevestigt van wat ik al sinds 1971 in detail schreef over hoe de VS optreedt om regeringen ten val te brengen die hen niet bevallen en die niet buigen voor hun eisen. Ik citeer uit Perkins' boek:

> De afgelopen 30 tot 40 jaar hebben wij economische hitmannen het eerste echte wereldrijk gecreëerd (de Verenigde Staten), en dat hebben we voornamelijk gedaan door middel van economie, met het leger als allerlaatste redmiddel.

Als gevolg daarvan werd het op een nogal geheimzinnige manier gedaan. De meeste Amerikanen hebben er geen idee van dat we dit rijk hebben gecreëerd en in feite is het over de hele wereld heel stil gedaan, in tegenstelling tot de oude rijken, waar het leger met wraak kwam; het was duidelijk. Dus ik denk dat het belang ervan, het feit dat meer dan 80% van de bevolking van Zuid-Amerika onlangs stemde voor een anti-Amerikaanse president en wat er gebeurt in de Wereldhandelsorganisatie, en ook. De vervoersstaking hier in New York is in feite dat mensen

---

[5] Zie *Bekentenissen van een financiële moordenaar*, John Perkins, ARIANE, 2016.

beginnen te begrijpen dat de middenklasse en de lagere klassen over de hele wereld vreselijk, vreselijk worden uitgebuit door wat ik de bedrijfsaristocratie noem, die dit imperium, de Verenigde Staten, echt bestuurt.

Perkins legt verder uit wat het betekent om een economische hitman te zijn:

> Wat we hebben gedaan... we gebruiken veel technieken, maar de meest gebruikelijke is dat we naar een land gaan dat grondstoffen heeft die onze bedrijven begeren, zoals olie, en we regelen een enorme lening aan dat land via een organisatie als de Wereldbank of een van haar zusters, maar bijna al het geld gaat naar Amerikaanse bedrijven, niet naar het land zelf. Bedrijven als Bechtel en Haliburton, General Motors, General Electric, dat soort organisaties, en zij bouwen enorme infrastructuurprojecten in dit land; krachtcentrales, snelwegen, havens, industrieparken en dingen die de zeer rijken dienen en nooit de armen bereiken. In feite lijden de armen, omdat de leningen moeten worden terugbetaald, en het zijn enorme leningen, en het terugbetalen van die leningen betekent dat de armen geen toegang hebben tot onderwijs, gezondheidszorg en andere sociale diensten, en het land eindigt met een enorme schuld, allemaal met opzet.

> Wij, de economische hitmannen, gaan terug naar dat land en zeggen: "Kijk, jullie zijn ons veel geld schuldig. Jullie kunnen jullie schulden niet afbetalen, dus geef ons een pond vlees. Verkoop onze oliemaatschappijen jullie olie goedkoop of stem met ons mee bij de volgende VN stemming of stuur troepen ter ondersteuning van de onze in een deel van de wereld, zoals Irak." En op deze manier zijn we erin geslaagd een wereldrijk op te bouwen, terwijl maar weinig mensen weten wat we hebben gedaan.

Toen hij uitlegde hoe het systeem werkte en hoe het werd ingezet, onthulde de heer Perkins dat hij aanvankelijk werd aangeworven door de National Security Agency (NSA).

Maar Perkins werd afgewezen omdat hij "een aantal zwakheden in mijn karakter" had en dus werd hij naar een particulier bedrijf gestuurd, te beginnen bij Charles T. Main, een groot adviesbureau in Boston, waar hij begon als econoom met ongeveer 20 mensen.

Het was mijn taak om deze landen te overtuigen zulke grote leningen te accepteren, om de banken de leningen te laten verstrekken, om de transacties zo op te zetten dat het geld naar Amerikaanse bedrijven ging. Het land zou eindigen met een enorme schuld, en dan zou ik met een van mijn jongens zeggen, "Kijk, je weet dat je ons dit geld schuldig bent. U kunt uw schulden niet betalen. Geef ons dit pond vlees."

Het andere wat we doen, en wat momenteel in Zuid-Amerika gebeurt, is dat zodra een van deze anti-Amerikaanse presidenten wordt gekozen, zoals Evo Morales (van Bolivia), een van ons zegt: "Hé, gefeliciteerd, mijnheer de president. Nu u president bent, wil ik u zeggen dat ik u en uw familie heel rijk kan maken. We hebben enkele honderden miljoenen dollars in deze zak als je het spel op onze manier speelt. Als u besluit dat niet te doen, heb ik in deze zak een pistool met een kogel met uw naam erop, voor het geval u besluit uw campagnebeloften na te komen en ons eruit te gooien."

Ik kan ervoor zorgen dat deze man veel geld verdient, hij en zijn familie, via contracten, met verschillende quasi-legale middelen. Als hij dit niet accepteert, zal hem hetzelfde overkomen als met Jamie Roldos in Ecuador, of Omar Torrijos in Panama en Allende in Chili, en we hebben het geprobeerd met Chavez in Venezuela en we proberen het nog steeds. We sturen mensen om hem omver te werpen, zoals onlangs met de president van Ecuador.

In de jaren '70 zorgde Torrijos voor veel ophef en krantenkoppen over de hele wereld, omdat hij eiste dat het Panamakanaal aan de Panamezen werd teruggegeven. Ik werd naar Panama gestuurd om hem te overtuigen dat hij het spel op onze manier moest spelen. Hij nodigde me uit in een bungalow buiten Panama City en zei: "Ik ken dit spel en als ik het op jouw manier speel, word ik heel rijk, maar dat is niet belangrijk voor me. Wat belangrijk is, is dat ik mijn armen help." Torrijos was geen engel, maar hij was zeer begaan met zijn armen. Dus zei hij, "Je kunt het spel op mijn manier spelen of je kunt dit land verlaten."

Ik sprak met mijn bazen en we besloten allemaal dat ik moest blijven. Maar ik wist dat de hele wereld Torrijos in de gaten hield vanwege het Panamakanaal en dat als hij niet van gedachten veranderde, de jakhalzen zouden komen. We zouden niet alleen Panama verliezen, maar hij zou een voorbeeld zijn voor anderen. Ik was dus erg bezorgd. Ik mocht Torrijos en ik wilde hem niet alleen omdat het mijn werk was, maar omdat ik hem wilde zien overleven, en toen hij niet meedeed, werd hij vermoord.

Het vliegtuig stortte in brand en achteraf bestond er geen twijfel over dat hij een bandrecorder had gekregen toen hij in het vliegtuig stapte en dat die een bom bevatte. Ik ken de mensen die het onderzoek achteraf hebben uitgevoerd, en het is op veel plaatsen vrij goed gedocumenteerd, en ik was persoonlijk op de hoogte van wat er gebeurde. Ons officiële standpunt was dat dat natuurlijk niet gebeurd was. Het vliegtuig heeft gewoon een berg geraakt. Maar er was geen twijfel mogelijk en we verwachtten dat het zou gebeuren.

We hebben dit ook geprobeerd met Saddam Hoessein. Toen hij niet meewerkte, probeerden de economische hitmannen hem bij zinnen te brengen. We probeerden hem te vermoorden. Maar dat was het interessante punt, want hij had vrij trouwe beveiliging, en daarnaast had hij veel look-alikes, en wat je niet wilt zijn is de lijfwacht van een look-alike, en je denkt dat het de president is en je neemt veel geld om hem te vermoorden en je vermoord de look-alike, want als je dat doet, zijn jouw leven en dat van je familie niet veel waard, dus konden we Saddam Hoessein niet pakken, en daarom stuurden we het leger.

Saddam Hoessein zat jarenlang in de zak van de Verenigde Staten - maar we wilden een definitieve overeenkomst, vergelijkbaar met die met Saoedi-Arabië. We wilden dat Saddam zich echt aansloot bij ons systeem, en dat weigerde hij. Hij accepteerde onze gevechtsvliegtuigen, onze tanks en onze chemische fabrieken, die hij gebruikte om chemische wapens te produceren... Hij accepteerde dat allemaal, maar hij wilde zich niet aanpassen aan ons systeem, zodat we enorme ontwikkelingsorganisaties konden inschakelen om zijn land weer op te bouwen, zoals de Saoedi's deden naar het beeld van het Westen. En dat is wat we hem probeerden over te halen en ook om te garanderen dat hij olie altijd in Amerikaanse dollars zou omwisselen, in plaats van in euro's, en dat hij de olieprijs binnen voor ons aanvaardbare grenzen zou houden. Hij voldeed niet aan deze eisen. Als hij dat wel had gedaan, zou hij nog steeds president zijn.

Perkins legt veel uit over hoe het "imperium" werkt, maar ik denk dat ik u, de lezer, genoeg heb gegeven om u te overtuigen van de manier waarop degenen die het Amerikaanse imperialistische beleid voeren buitenlandse landen behandelen. Een ander goed voorbeeld dat Perkins onthult is het Marshallplan. Na het einde van de Tweede Wereldoorlog werd het Marshallplan uitgevoerd, ogenschijnlijk om het herstel van Europa, met name Duitsland, te bespoedigen. Wat minder bekend is, is dat het grootste deel van de financiering van het Marshallplan - miljarden dollars - naar Amerikaanse bedrijven ging om olievoorraden voor de VS te kopen en veilig te stellen die niets te maken hadden met het herstel van Duitsland. Uit gegevens van het State Department blijkt dat maar liefst 10% van de middelen van het Marshallplan ging naar Standard Oil of New Jersey (EXXON) Soon-Vacuum (Mobil), Standard Oil of California, (Chevron) Texaco en Gulf Oil.

Ze moesten worden ingezet in Ecuador, Venezuela, Bakoe, Peru, Irak, Iran en de Filippijnen, allemaal landen die door de imperialistische VS werden aangevallen. In de nasleep van de Tweede Wereldoorlog begon in India een antikoloniale beweging, die zich over de hele wereld verspreidde toen landen besloten dat ze niet langer zouden tolereren dat hun natuurlijke hulpbronnen werden geplunderd, waarvoor ze een hongerloon kregen. Maar deze beweging slaagde er niet in de opmars van het corporatiefascisme te stoppen.

Nu, in 2008, zijn we getuige van de aanval op Irak, Iran en het gebied rond de Kaspische Zee - onderdeel van een imperiale oorlog om de totale controle over de aardolievoorraden te verkrijgen. We hebben de valse klaroengeschal van George Bush gehoord, die werd herhaald door vleier Blair, dat Iran een bedreiging vormt voor de wereldvrede, terwijl uit een recente grootschalige opiniepeiling van de Europese Unie is gebleken dat de Europeanen president Bush en de Verenigde Staten als de echte bedreiging voor de wereldvrede zien. We hebben hier dus weer een stel politici die hun valse boodschappen via de ether uitzenden. In de afgelopen zeventien jaar (sinds 1991), toen voormalig president Bush deze natie naar een imperialistische, ongrondwettelijke en illegale oorlog tegen Irak leidde en er niet in slaagde de op één na grootste olieproducent ter wereld onder controle te krijgen, is de bevolking van de Verenigde Staten voortdurend blootgesteld aan een spervuur van anti-Irak-propaganda. Dit doet ons denken aan wat de bolsjewistische leider Bakoenin in 1814 zei, toen hij waarschuwde tegen het soort schandelijke propaganda dat door de roofridders van de olie-industrie op het Amerikaanse volk werd gericht:

> Liegen door middel van diplomatie. Diplomatie heeft geen andere missie. Wanneer een staat een andere staat de oorlog wil verklaren, begint hij met een manifest dat niet alleen aan zijn eigen onderdanen is gericht, maar aan de hele wereld.

> In dit manifest verklaart zij dat recht en rechtvaardigheid aan haar kant staan en tracht zij te bewijzen dat zij slechts wordt bewogen door de liefde voor vrede en menselijkheid en dat zij, doordrongen van edelmoedige en vreedzame gevoelens, lang in stilte heeft geleden totdat de toenemende ongerechtigheid van haar vijand haar dwong haar zwaard te ontbloten. Tegelijkertijd zweert zij dat zij, elke materiële verovering afwijzend en niet uit op uitbreiding van het grondgebied, een einde zal maken aan deze oorlog zodra het recht is hersteld. En haar tegenstanders antwoorden met een soortgelijk manifest, waarin uiteraard recht, rechtvaardigheid, menselijkheid en alle edelmoedige gevoelens aan haar kant staan.

> Deze manifesten, die tegenover elkaar staan, zijn met dezelfde welsprekendheid geschreven, ze ademen dezelfde rechtschapen verontwaardiging, en het ene is even oprecht

als het andere, wat wil zeggen dat ze allebei schaamteloos zijn in hun leugens, en alleen dwazen laten zich erdoor misleiden. Verstandige mensen, iedereen met enige politieke ervaring, nemen niet eens de moeite om dergelijke manifesten te lezen.

Een van de grootste en meest herhaalde leugens in het manifest van de Bush-Cheney oliejuntas is dat Irak "zijn eigen volk heeft vergast". Deze vaak herhaalde bewering van Blair heeft betrekking op het vergassen van de inwoners van een Koerdisch dorp. Het bleek dat de raketten met zenuwgas die het dorp troffen door Iran waren afgevuurd, wat later door het Office of Naval Intelligence (ONI) werd bevestigd, waarbij erop werd gewezen dat het gebruikte type gifgas (verdikt somaan zenuwgas) niet uit het Iraakse arsenaal kwam.

Maar dat belette niet dat de leugen steeds opnieuw werd herhaald, om het volk van de Verenigde Staten ervan te overtuigen dat de oorlog van de oliejuntas van Cheney tegen Irak een "rechtvaardige oorlog was in plaats van een imperialistische zoektocht naar controle over de olie van Irak". Het volgende komt uit het *World In Review Insider Report* van april 1991, Volume No I:

> De waarheid is dat de Amerikaanse en Britse regeringen de Koerden hebben verraden. Na de Palestijnen zijn het de Koerden die de meest plechtige beloften hebben zien verbroken worden door Londen en Washington. Tot voor kort had het Amerikaanse volk geen idee wie het Koerdische volk was of waar het woonde. Net als Irak waren de Koerden een onbekende natie voor de Amerikanen.

In 1991 volgde de imperiale oorlog tegen Irak, die resulteerde in de genocide op de Iraakse natie en de verwoesting van haar land. In de nasleep van deze oorlog beloofde de Britse regering, die een lange geschiedenis van onderdrukking van de Koerden heeft, Bush om Koerdische guerrilla's te herbewapenen om ze als Amerikaanse huurlingen te gebruiken om president Hoessein omver te werpen. Maar het complot werd voortijdig uitgevoerd en mislukte, waardoor Bush haastig afstand nam van de verraden

Koerden. Een korte geschiedenis van het Koerdische volk kan helpen om de zaken in perspectief te plaatsen. Koerdistan, gelegen in de noordwestelijke hoek van Irak (en merk op dat dit IRAK is), is altijd de enige semi-autonome staat in de regio geweest.

Als gevolg van de wijdverbreide Britse inmenging in de aangelegenheden van Turkije en Perzië, nam Groot-Brittannië in 1900 de controle over grote delen van de regio die werden vastgelegd in een in 1907 ondertekend verdrag. Perzië was niet tevreden met deze regeling en stuurde een delegatie naar de vredesconferentie van Parijs in Versailles om de intrekking van het verdrag van 1907 te eisen, dat de Transkaspische Zee, Merv, Khiva, Derbent, Erivan en Koerdistan aan de Britten gaf, maar de Britten slaagden erin het verzoek tot intrekking te blokkeren. In 1919 vielen de Britten Bagdad binnen. In 1922 sloten de Britten een militaire overeenkomst met Irak. In juni van datzelfde jaar kwamen de Koerden in opstand en vochten een jaar lang tegen de Britse troepen. De Britten gebruikten zware luchtbombardementen en gifgas om de opstand neer te slaan. In een rapport aan de Britse premier stond dat de vergassing een "heilzaam" effect had.

HOOFDSTUK 3

Groot-Brittannië krijgt macht over Perzische olie Bush stuurt aan op oorlog in het Midden-Oosten

In 1908 werd in Iran olie ontdekt in het Masji-Suleman veld. Deze gebeurtenis zou het lot van het Midden-Oosten volledig veranderen, zoals de ontdekking van goud in Zuid-Afrika de Boerennatie de das om zou doen. Andere olievelden werden ontdekt in de provincie Mosoel (een district van Irak) en in Basra. De Britten stuurden oliedeskundigen, vermomd als archeologen van de Palestine Exploration Society, om de zich ontwikkelende olievelden te bespioneren. De spionnen kwamen aan in Mosoel en hielpen bij de oprichting van de Turkse Petroleum Maatschappij in 1912, die in maart 1914 werd erkend op een vergadering van het Ministerie van Buitenlandse Zaken in Londen, die werd bijgewoond door Britse en Duitse afgevaardigden en vertegenwoordigers van Duitse en Nederlandse banken. Hoewel het een bedrijf leek met Turkse deelname, maakte Turkije in werkelijkheid geen deel uit van het bedrijf.

Bij het uitbreken van de oorlog verklaarde Churchill dat olie van het grootste belang was voor Groot-Brittannië. Deze verklaring werd kracht bijgezet door een memo van Sir Maurice Hankey, secretaris van het Britse oorlogskabinet, aan Arthur Balfour, waarin hij verklaarde dat controle over Iraanse en Iraakse olie een "voornaam Brits oorlogsdoel" was. Het Britse leger viel Irak in 1915 binnen om dit "voornaamste Britse oorlogsdoel" te bereiken, ongeacht de Iraakse soevereiniteit, en nam de olierijke stad Basra in beslag, de hoofdstad van Bagdad en Mosoel in 1917. Maar de Britse troepen liepen vast en moesten worden gered door een expeditiemacht van het Indiase leger. Op 9 augustus 1919 ondertekende Sir Percy Cox de Anglo-Perzische overeenkomst, waardoor Groot-Brittannië aanzienlijke invloed kreeg op de Perzische olie. Later weigerde de Majlis de overeenkomst te ratificeren. In februari 1920 marcheerden Reza Khan en 3000 Kozakken naar Teheran. Reza Khan liet het eenheidsverdrag varen en tekende in december een vriendschapsverdrag met Turkije.

Geen van de minderheidsgroepen (inclusief de Koerden) werd vertegenwoordigd of geraadpleegd door Perzië of Turkije, en nooit door Groot-Brittannië. Als gevolg daarvan voelden de Koerden zich verraden en begonnen een lange reeks opstanden. Uit het bovenstaande blijkt duidelijk dat het Koerdische "probleem" tientallen jaren voor de komst van president Hoessein van Irak begon. De Britse premier Blair, die de wereld herhaaldelijk heeft verteld dat "Saddam zijn eigen volk vergast", heeft gemakshalve niets gezegd over de bewezen rol van de Royal Air Force bij het vergassen van Koerdische burgers. Het Tavistock Instituut is goed in het verdraaien van de feiten van de geschiedenis en is erin geslaagd om deze daad te verbergen voor de Britten en Amerikanen, die zijn blijven vechten om olie, net zoals ze de concentratiekampen verborgen hielden waarin Boer-vrouwen en -kinderen werden ondergebracht, die als vliegen stierven omdat de Britse regering vastbesloten was om het goud te stelen dat eigendom was van het Boerenvolk.

In Irak was het doel van de Britse regering duidelijk: de Koerden gebruiken om de hele regio te destabiliseren zodat de uitgestrekte olieproducerende gebieden onder haar totale heerschappij konden komen. Groot-Brittannië was niet tevreden met de kracht van de olieconcessies die in 1901 aan D'Arcy waren verleend. Het wilde ook de Iraakse regering verzwakken, die op 11 augustus 1929 door Perzië volledig als onafhankelijke staat was erkend.

Olie was het doelwit van de Britse en Amerikaanse

imperialisten. De Britten en hun Amerikaanse bondgenoot hadden de slogan "We vechten voor olie" moeten gebruiken en als ze eerlijk waren geweest, hadden ze dat ook gedaan. In plaats daarvan verklaarde Lord Curzon botweg dat het beleid van Hare Majesteits regering ten aanzien van Mosul niet om olie ging, maar gebaseerd was op de heilige plicht om haar plicht te vervullen om het Koerdische volk te beschermen! In het licht van de opzienbarende Britse betrokkenheid bij de oliegevechten in Mosoel waren de woorden van Lord Curzon het toppunt van cynisme.

De Britten hebben de Koerden in 1921 en 1991 schaamteloos en meedogenloos gebruikt om hun belangen te dienen, net zoals zij in 1899 hadden gedaan bij het verkrijgen van een zogenaamd "vreemdelingenstemrecht" in de Boerenrepublieken van Zuid-Afrika, toen de controle over het Boerengoud hun voornaamste zorg was. Vandaag, in 2008, is het enige verschil dat de Britten zijn ingehaald door de Verenigde Staten. De Verenigde Staten hebben de mantel van het Britse imperialisme overgenomen.

Op de Conferentie van Lausanne (november 1922-februari 1923) kwamen de Turken overeen de rechten van minderheden, met name de Koerden, te respecteren, maar dat hebben ze nooit gedaan. Het hoofdartikel in de *New York Journal of Commerce* van juli 1923 zei:

> Lausanne was alles wat een internationale conferentie niet moet zijn. Het was het opofferen van alle menselijke en humanitaire kwesties aan opportunisme.

Het Verdrag van Lausanne, dat het resultaat was van de conferentie, is de geschiedenis ingegaan als een verdrag dat de loop der gebeurtenissen veranderde en de weg vrijmaakte voor de 20e eeuw. De reeks vredesverdragen die aan het einde van de Eerste Wereldoorlog werden gesloten en de oprichting van de Volkenbond waren ogenschijnlijk bedoeld om de wereld "vrijheid" te brengen, maar in plaats van vrijheid te brengen, leidden zij tot een nieuwe golf van imperialisme en de dood van het Ottomaanse Rijk. Het Verdrag van Lausanne werd ondertekend op 24 juli 1823 en trad op 6 augustus 1924 in werking na te zijn geratificeerd door Groot-Brittannië, Italië, Frankrijk en Turkije.

De New York Times schreef een hoofdartikel over de conferentie:

Mosul en vrijheid geven ons allemaal een kans in de olierush waar alle onderhandelingen over gaan. Maar de Verenigde Staten kunnen zich vandaag beter bezighouden dan de belangen van de oliekoningen te behartigen. We kunnen in het openbaar over vrede en beschaving praten, maar privé praten we over olie, want de gebieden waar de toekomstige concessiehouders zich zullen bevinden staan op het spel en zij proberen hun rechten veilig te stellen.

Hoewel het op de conferentie niet duidelijk was, was er achter de schermen een voortdurende strijd om posities van de grote oliemaatschappijen om voet aan de grond te krijgen in de onontgonnen gebieden van Irak waar grote vilayets (een groot oliereservoir) bekend waren. Eén zo'n gebied, 150 mijl lang, lag ten noorden van Kirkuk in Irak op land dat door de Koerden was bezet. In oktober 1927 vonden de boorders van Baba Gurgur olie en een enorme ongecontroleerde gusher overspoelde het omringende land negen dagen lang met olie, terwijl een dikke gaspluim in de lucht zweefde. Het Kirkuk-veld, met reserves van 2150 miljoen ton ruwe olie, voldeed aan de verwachtingen, zowel door de omvang van de enorme ontdekking als door de schade die het hele Midden-Oosten opliep door de onverzettelijke hebzucht van Britse en Amerikaanse oliemaatschappijen, die tot op de dag van vandaag voelbaar is. De verrassende spurt van "Papa" Joiner in Oost-Texas drie jaar later (oktober 1930) was weliswaar een grote ontdekking, maar werd grotendeels gebagatelliseerd omdat de oliemaatschappijen zwaar geïnvesteerd waren in olie uit het Midden-Oosten en niet wilden dat de Amerikaanse olievelden zich zouden ontwikkelen. Papa Joiner's "Black Giant" werd onder zeer dubieuze omstandigheden verkocht aan oliemagnaat H.L. Hunt (1889-1974).

Na onbesliste verkiezingen in mei 1930 dachten de Koerden hun kans schoon te zien en kwamen in opstand tegen de nieuwe

Turkse regering onder leiding van hun leider, Ali Fehti Bey. De opstand vond plaats in de buurt van de berg Ararat en werd brutaal en bloedig neergeslagen door Britse troepen.

Op 10 juni 1961 ging de Iraakse regering in op de nieuwe uitdaging van de Koerdische leider al-Barzani, gesteund door de Verenigde Staten en Groot-Brittannië, en de Koerden lagen opnieuw onder vuur. In april 1965 namen zij opnieuw de wapens op tegen de Iraakse regering. Ze eisten "een duidelijk afgebakende zone en een Koerdisch leger". In maart 1966 braken nieuwe gevechten uit die drie maanden duurden. Een groot contingent Britse troepen nam deel aan de actie. De opstand eindigde toen Irak beloofde de Koerden regionale autonomie te verlenen, een belofte die nooit volledig werd ingelost.

In maart 1969 namen de opstandige Koerden opnieuw de wapens op, wat leidde tot de hevigste gevechten van die periode. Een geheim actieplan met de Koerden werd in werking gesteld en een tijdlang leek het erop dat de wens van president Bush om president Hoessein omver te werpen zou worden gerealiseerd. Volgens de wapenstilstandsovereenkomst (die de Irakezen ondertekenden, maar de VS niet) was het het Iraakse leger verboden op eigen grondgebied met gevechtsvliegtuigen te vliegen. In strijd met de voorwaarden van het staakt-het-vuren hebben Amerikaanse vliegtuigen tweemaal Iraakse vliegtuigen aangevallen en neergeschoten om te voorkomen dat zij Koerdische guerrillastrijders zouden aanvallen. Terwijl de regering-Bush beweerde te handelen in het belang van de Koerden, was het echte doel de olie onder het zand van Mosul. De regering-Bush handelde inderdaad onder de imperialistische vlag van "We vechten voor olie", zij het onder andere voorwendsels, want het werkelijke doel van de Golfoorlog was de controle te krijgen over de enorme oliereserves van Irak. Al het andere kan worden beschouwd als pure Immanuel Kant filosofie.

De Koerden kregen het zwaarst te verduren van de Iraakse helikopterkanonniers. Ze hielden een tijdje stand. Na een soortgelijk incident tijdens de oorlog tussen Irak en Iran braken de Koerden en sloegen op de vlucht. Er ontstond blinde paniek en ze vluchtten in de richting van de Iraanse en Turkse grenzen. De ergste vrees van premier Ozul kwam uit. Nadat hij een klein aantal vluchtelingen had toegelaten, sloot Turkije zijn grenzen voor de ongewenste Koerden. Ozul stelde vervolgens voor dat West-Europa de meerderheid van hen zou opnemen, maar dat voorstel werd verworpen. De Koerden bleven in een soort niemandsland en kwamen terecht in het kruisvuur van de oorlog tussen Iran en Irak. Ongeveer vijftig Koerden werden gedood door chemische wapens, namelijk verdikt Somane zenuwgas, van het type dat Irak niet bezat maar de Iraniërs zeker wel.

Aangezien alle Koerdische slachtoffers van de aanval werden gedood door een bepaald zenuwgas, is het meer dan waarschijnlijk dat het Iraanse leger verantwoordelijk was voor hun dood. Sinds april Glaspie's door Bush georganiseerde steekoperatie tegen Irak begon, is het aantal Koerden dat door chemische wapens is gedood, gestegen van 50 naar 50.000.

Net zo schaamteloos als de Britten de Koerden gebruikten om hun eigen doelen te bereiken, net zo schaamteloos gebruikt de regering-Bush ze om haat tegen Irak aan te wakkeren, en hoopt zo het hele Midden-Oosten te veranderen in een moeras van gedestabiliseerde landen. Bij dit alles verliest men gemakkelijk het doel van Bush uit het oog, namelijk doorgaan onder de imperialistische vlag van "We vechten voor olie". Het is Mexico helemaal opnieuw.

Dit rapport, geschreven en gepubliceerd in 1991, bleek juist te zijn, maar hier zijn we weer met de familie Bush die de wereld in een nieuwe oorlog tegen Irak stort met dezelfde "belofte" van een "rechtvaardige Palestijnse staat" die Blair, met instemming van G.W. Bush, de Arabische wereld voorhoudt. De Amerikanen die de genocide tegen Irak in 1991 blindelings steunden, ontdekken nu dat hun blind vertrouwen totaal misplaatst was. Zij ontdekken dat de Golfoorlog slechts het begin en niet het einde is van een drama zonder einde. Door het zaad van de oorlog tegen Irak te zaaien, heeft president Bush ook het zaad gezaaid van toekomstige oorlogen in de regio, die wel eens zouden kunnen eindigen in een 30-jarige oorlog.

De doelstellingen van president Bush en zijn assistenten waren glashelder: de Iraakse natie vernietigen door economische wurging die zou leiden tot pest, ziekte en hongersnood. Maar dat lukte niet, dus nam de genocide op Irak de vorm aan van een Amerikaanse invasie. Wat we vandaag meemaken is slechts een pauze, een voorbode van wat komen gaat.

Irak zal een tweede Vietnam worden. Miljoenen mensen zijn voorbestemd te sterven door toedoen van de regering-Bush onder het motto "Wij vechten voor olie". Jordanië, Syrië, Libanon en Libië zullen volgen in het kielzog van de vernietiging van de Iraakse natie, bevochten voor een rechtvaardig doel: "Wij vechten voor olie". Syrië zal als eerste vallen. Vrienden van de Verenigde Staten zullen ontdekken dat de snelste manier om hun soevereiniteit te verliezen is een bondgenoot van de Verenigde Staten te worden. Egypte moet deze les nog leren, die snel genoeg zal komen.

Hoewel "read my lips" Bush het met veel moeite ontkende, is de stationering van Amerikaanse troepen in Saudi-Arabië op permanente basis wel degelijk het doel. Een dergelijke regeling is al vijf jaar van kracht. De Verenigde Staten zullen een permanente troepenmacht van 150.000 man in Saoedi-Arabië handhaven. Wat zal hun rol zijn? Elk moslimland aanvallen dat van het rechte pad afdwaalt. Kortom, de VS wordt het nieuwe "Vreemdelingenlegioen" in het Midden-Oosten, een imperialistisch doel om alle olie in het Midden-Oosten te controleren. De twee olieproducerende landen, Algerije en Libië, zijn al overgenomen door de Amerikaanse en Britse imperialisten. De tweede invasie van Irak door Amerikaanse militairen vond plaats in 2003. Iran wordt praktisch belegerd. Van één ding kunnen we zeker zijn: een "vriendelijkere, zachtere" George Bush zal niet tevreden zijn totdat alle olie in het Midden-Oosten onder Amerikaanse imperiale controle staat. President Saddam Hoessein heeft de schuld gekregen van de benarde situatie van de Koerden. Gezien het lot van de gebroeders Diem, generaal Somoza, Ferdinand Marcos,

Torrijos, Noriega en de Sjah van Iran, zou het de regering-Bush absoluut niet passen om Irak niet voor een tweede keer binnen te vallen. Persberichten hadden de geloofwaardigheid van de voormalige Amerikaanse ambassadeur in Irak al onderuit gehaald door te verklaren dat April Glaspie niet tegen haar taak opgewassen zou zijn als ze ooit een echt grondig kruisverhoor door een competente aanklager zou moeten ondergaan. Nu komt de bevestiging van de undercover operatie uit een andere bron. Dennis Kloske, een hoge ambtenaar van het Ministerie van Handel, getuigde voor een subcommissie van het Huis op 8 april 1991, dat tot de invasie van Koeweit, de regering Bush zich tot het uiterste had ingespannen om Irak te voorzien van "hoogwaardige technologie".

Kloske beschuldigde het State Department ervan zijn waarschuwingen en aanbevelingen te negeren om de stroom van Amerikaanse technologie naar Irak te stoppen. Noch het Ministerie van Handel, noch het Ministerie van Buitenlandse Zaken wilde naar hem luisteren, vertelde Kloske aan de Commissie Buitenlandse Zaken van het Huis. Voor zijn moeite werd Kloske ontslagen door een "vriendelijker en vriendelijker" George Bush. In het geval van Irak zal "de waarheid niet naar buiten komen" en zal nooit boven water komen. Wat is die waarheid? We voeren een imperialistische oorlog om Iraakse olie.

Daarom hebben Bush en zijn zoon de agressie tegen Irak opgevoerd. Als Irak geen olie had, zouden onze relaties met het land zoet zijn. Een imperiale Verenigde Staten zou geen ruzie hebben met Irak of Iran. We zouden het internationale recht en de Amerikaanse grondwet niet schenden, zoals we sinds 1991 duizenden keren hebben gedaan. De familie Bush heeft een campagne gevoerd van gewelddadig misbruik van de grondwet in haar jacht op olie.

Toen Bush zijn ambt verliet nadat hij was ontsnapt aan de afzettingspogingen van vertegenwoordiger Henry Gonzalez, moedigde hij zijn zoon George aan om in zijn voetsporen te treden en na te streven wat het familiemotto had moeten zijn:

"We vechten voor olie". Dankzij een goocheltruc koos het Amerikaanse Hooggerechtshof G.W. Bush en verdrong Al Gore van de verkiezing. Dit was een verbazingwekkende schending van de Amerikaanse grondwet, aangezien verkiezingen verkiezingen van staten zijn en niet onder de federale jurisdictie vallen, maar het leidde niet tot een constitutionele crisis. Meteen na zijn aantreden nam Bush het anti-Hussein refrein over tot een drumbeat van haat; de strijd om olie werd met wraak gelanceerd! De zoon van Bush genoot bredere steun dan zijn vader, niet van het Amerikaanse volk - meer dan 160 miljoen mensen stemden ofwel helemaal niet ofwel tegen hem - maar van slim vermomde "conservatieve" figuren die met hun valse oprechtheid de Amerikaanse opinie voortdurend wisten te misleiden. De leider van deze opmerkelijke propagandacoup was een zekere Irving Kristol. Deze man werd de vaandeldrager van een nieuwe reeks aanvallen op Irak, als belangrijkste vertegenwoordiger van Richard Murdoch, de persmagnaat die het Amerikaanse volk voortdurend misleidt.

Murdoch, Kristol, Perle en Wolfowitz wisten hoe ze het circuit moesten bewerken om de steun van de Bush/Cheney olie junta te winnen. Zichzelf 'neo-conservatieven' noemen was een meesterzet. Amerikanen houden van labels. Murdoch stak het geld in de financiering van een krant genaamd *The Weekly Standard*. Deze publicatie is een front voor Rothschild-Rockefeller oliebelangen, waarin de wens om Iraakse olie te grijpen alomtegenwoordig is. Er gaat niets boven de dorst naar olie om het bloed te laten pompen. Kristol heeft zich nu aangesloten bij de Amerikaanse imperialisten, terwijl hij zich voordoet als "conservatief".

De "bende van vier" miljardairs ging snel in de hoogste versnelling om een keizerlijk presidentschap te promoten. De Verenigde Staten stonden op het punt om van een Republiek naar een Keizerrijk te gaan, geleid door een Keizer. De overgang, mogelijk gemaakt door de 'big bang' van 9/11, ging opmerkelijk snel. Opeens werd de grondwet met voeten getreden en naar de achtergrond gedrongen. De "bende van vier" die de meeste schuld had aan de ondergang van de Amerikaanse grondwet kwam uit de gelederen van de Trotskisten, waarvan William Buckley deel uitmaakte.

Onder toezicht van de CIA begon Kristol senior, een levenslange communist, door te dringen in de conservatieve gelederen en halverwege de jaren vijftig had hij onder leiding van de "conservatieve" William Buckley bijna elke conservatieve instelling in zijn greep. De Trotskisten waren klaar voor hun bloedeloze staatsgreep en hun grote doorbraak kwam toen Richard Perle en Paul Wolfowitz vitale posities kregen in de inner circle van Bush. Het toneel was nu klaar voor de grote zet, het grote offensief in het voortdurende drama om de controle over de wereldolie. Als we dieper graven in de "conservatieve" achtergrond van William Kristol, ontdekken we het volgende: Voormalig minister van Buitenlandse Zaken Henry Kissinger had banden met Kristol en zijn uitgeverijen *National Affairs* en *The National Interest*. Later was er nog een derde publicatie genaamd *The Public Interest*. Waar kwam de financiering van deze "tijdschriften" vandaan? Deze werd verstrekt door de Lynde and Harry Bradley Foundation en het schijnt dat deze rijke stichting ook Kristol's American Enterprise Institute financierde, een andere "conservatieve" organisatie.

Andere "conservatieven" in het spel met Kristol waren William Bennett, Jack Kemp en Vin Weber, allemaal nominaal "conservatieve" Republikeinen, hoewel we er zeker van kunnen zijn dat mannen als de grote Daniel Webster en Henry Clay, korte metten zouden hebben gemaakt met die bewering. Helaas hebben we vandaag de dag geen mannen van het kaliber van Clay en Webster in de politiek. Kristol en zijn mannen zagen het als hun taak Irak te vernietigen. Dat was hun doel, en in een poging dat duidelijk te maken aan het Amerikaanse publiek, riepen ze enkele van de meest fanatieke zogenaamde "televangelisten" in dienst van hun zaak. Een van hen beweerde onlangs op televisie dat "de antichrist in Duitsland, Frankrijk en Rusland springlevend is". Met zulke leiders is het geen wonder dat zoveel Amerikaanse christenen volledig in de war zijn.

Met de komst van 11 september was de tijd gekomen voor

Kristol, Perle, Wolfowitz, Cheney en Rumsfeld. Zij hadden nu de cause célèbre, de "big bang", de "Pearl Harbor" die zij nodig hadden om hun plannen kracht bij te zetten. We zullen misschien nooit de hele waarheid over 11 september kennen, maar één ding is zeker: onze controleurs betreuren de dag dat ze het publiek toegang gaven tot het internet. Terwijl Pearl Harbor bijna drie decennia lang een geheim bleef bij gebrek aan andere nieuwsmedia dan de gecontroleerde media, vinden er nu al serieuze discussies plaats over 11 september, waarbij velen twijfelen aan de bewering van de regering dat zij niet op de hoogte was van wat er ging gebeuren. Er is nu openlijke en groeiende twijfel over deze bewering. David Broder, een columnist van de *Washington Post*, kopte zijn artikel op 17 maart: "9/11 heeft alles veranderd voor Bush". Dit is een zeer ingrijpende kop, want het veranderde Bush van een rustig mannetje in een man vol plotseling vertrouwen tot op het punt van autoritair gedrag. In één woord, 11/09 'transformeerde' George Bush. Hier is een deel van wat Broder schreef:

> Het was een lange weg naar dat moment van beslissing over Irak, maar de onvermijdelijkheid van de bestemming was duidelijk. Wanneer historici toegang krijgen tot de memo's en dagboeken van insiders uit de regering-Bush, zullen zij ontdekken dat president Bush zich kort na de terroristische aanslagen van 11 september, zo niet eerder, ten doel had gesteld Saddam Hoessein uit de macht te verwijderen. Alles wat de president in het openbaar heeft gezegd - alles wat vice-president Cheney heeft herhaald in zijn televisie-interviews op zondag - bevestigt dat de aanslagen op het World Trade Center en het Pentagon Bush' vastberadenheid rechtvaardigden om elke leider te ontwapenen die aannemelijk zou kunnen meewerken aan een soortgelijke aanval of erger. En voor hem betekent ontwapenen duidelijk het verwijderen van die potentiële aanvaller uit de macht. Afgelopen voorjaar kondigde de president een nieuwe doctrine aan en zijn nieuwe veiligheidsteam vulde die snel aan, waarbij het beleid van beheersing uit de Koude Oorlog werd vervangen door een nieuw beleid van pre-emption.

Bush' toespraak in West Point en het daaropvolgende Witboek

verklaarden dat de Verenigde Staten en hun bondgenoten krachtig zouden optreden tegen elke natie of macht die massavernietigingswapens verzamelt die de Amerikaanse veiligheid zouden kunnen bedreigen - en niet passief zouden wachten tot de aanval zou plaatsvinden. Het werd al snel duidelijk dat Irak was gekozen als test voor de nieuwe doctrine.

We vragen ons af waarom? Stel dat Irak geen olie had, zou het dan zo belangrijk zijn geweest om de natie te "ontwapenen"? De zaak tegen Noord-Korea was veel sterker.

Noord-Korea heeft openlijk toegegeven kernwapens te bezitten - maar het is nog steeds niet door de VS en Groot-Brittannië aangepakt omdat het, zoals logisch zou zijn, geen olie heeft! Dus waar gaat het om in Irak? Gaat het om de "ontwapening" van Irak of om de inbeslagname van zijn rijke olievelden? Wij durven te stellen dat 90% van de wereld zou kiezen voor het laatste als de echte reden waarom Groot-Brittannië en de VS Irak wilden verpletteren.

Vervolgens gebruikte de president nog niet genomen VN-besluiten om de meeste leden van het Congres ervan te overtuigen de doctrine van pre-emption als Amerikaans beleid te onderschrijven en op Irak toe te passen. En eenmaal gesteund door het Congres, was hij in staat de VN Veiligheidsraad ervan te overtuigen Saddam Hoessein een unaniem ultimatum te stellen: ontwapenen of ontwapend worden.

Wat is daar mis mee?

Wat er mis is, is dat het hele systeem 100% ongrondwettelijk is en toch is Bush ermee weggekomen omdat het Amerikaanse volk zijn grondwet niet kent, laat staan zijn vertegenwoordigers in het Huis en de Senaat.

Er is nog nooit een Amerikaans congres geweest dat de grondwet zo slecht kent. Daardoor kon Bush zich zonder formele verklaring in de oorlog bluffen, wat een impeachable offence is. Wat we wel weten is dat het dreigende vooruitzicht van een preventieve oorlog tegen Irak de betrekkingen van Amerika met een groot deel van de wereld heeft geschaad - het heeft scheuren doen ontstaan met belangrijke handelspartners als Duitsland, Frankrijk en China. Feit is dat Bush veel porselein heeft gebroken voordat het eerste schot werd gelost. Het is onmogelijk de secundaire effecten op de buurlanden Canada, Mexico en het Midden-Oosten in te schatten of te beoordelen.

Dus nu komen we bij een van de ergste travesties van gerechtigheid die deze natie ooit is overkomen: We gingen Irak aanvallen zonder een rechtvaardige reden.

De Amerikaanse grondwet bepaalt dat de VS geen oorlog mag voeren tegen een land, tenzij dat land verifieerbare oorlogshandelingen tegen de VS heeft verricht. Zelfs Perle en Wolfowitz konden niet beweren dat Irak oorlogshandelingen tegen de VS had gepleegd. Er was geen grondwettelijke reden voor een "preventieve aanval". Het was een illegale, ongrondwettelijke daad die niet past in het beleid van een natie waarvan de grondwet de hoogste wet van het land is.

HOOFDSTUK 4

Brits imperialisme en Amerikaanse diplomatie met geweld

Hoe zijn de Verenigde Staten van een erfenis van de Founding Fathers en de generatie die daarop volgde, gekomen tot het huidige ongrondwettelijke geloof dat zij elk land dat zij als een bedreiging zien, kunnen aanvallen? Wat er gebeurd is, is dat de Verenigde Staten zichzelf hebben omgevormd tot een imperialistische macht op zoek naar olie. De Anglo-Amerikanen mengen zich in de buitenlandse aangelegenheden van landen. We zouden deze strijd "oliediplomatie" kunnen noemen, omdat ze verweven is met commerciële en militaire kwesties. Deze worden niet altijd onthuld, omdat geheimhouding soms de voorkeur heeft. Moderne economie draait om macht. De natie die de olie beheerst, zal de wereld domineren. Dit is het imperialistische beleid van de Amerikaanse regering.

De politieke afscheiding van de erfenis van wijsheid die de Founding Fathers van Amerika hadden nagelaten, werd door de Spaans-Amerikaanse oorlog geschonden. "Isolatie", zoals degenen die Amerika wilden internationaliseren het noemden, "is niet langer mogelijk", bazuinde McKinley, een refrein dat door Woodrow Wilson werd overgenomen:

> Of we het nu leuk vinden of niet, we nemen deel aan het leven in de wereld. De belangen van alle naties zijn ook onze belangen. Wij zijn partners met anderen. Wat de naties van Europa en Azië aangaat, is ook onze zaak.

De overname van het internationale socialisme was het begin van het einde van het Amerika van de Founding Fathers. Het leidde tot "vrije handel" en Wilson's verwijdering van onze handelsbarrières die de VS tot een grote natie hadden gemaakt. Wilson negeerde volledig de waarschuwing van George Washington dat de Verenigde Staten niet betrokken en verstrikt moesten raken in buitenlandse intriges. Maar door imperiale oorlogen voor olie te voeren, zou dit onmogelijk blijken. Geen enkele natie kan de imperialistische eisen van Washington trotseren en in leven blijven, zoals Irak nu ondervindt. De volkeren van de wereld verachten alom wat Amerika is geworden onder de familie Bush, vader en zoon. Zij hebben de hele moslimwereld van zich vervreemd door zich gretig vast te klampen aan olie.

Vice-admiraal Plunkett merkte in januari 1928 op:

> De straf voor commerciële en industriële efficiëntie is onvermijdelijk oorlog; als ik de geschiedenis goed lees, is dit land dichter bij oorlog dan ooit, omdat onze commerciële positie ons nu in concurrentie stelt met andere grote handelsnaties. Als je het woord "olie" waar nodig vervangt, beginnen we het te begrijpen.

Zoals de Franse premier Clemenceau zei:

> Olie is net zo noodzakelijk als bloed in de gevechten van morgen.

Henri Berringer, een Franse diplomaat en plaatsvervanger van Clemenceau, schreef een memorandum dat het citeren waard is:

> Wie olie bezit zal de wereld bezitten, want hij zal de zeeën beheersen met zware oliën, de lucht met ultra-geraffineerde oliën en de aarde met benzine en verlichtende oliën. Bovendien zal hij zijn medemensen in economische zin beheersen, vanwege de fantastische rijkdom die hij uit olie zal halen - die wonderbaarlijke stof die gewilder en waardevoller is dan goud zelf.

President McKinley zei:

> Isolatie is niet langer mogelijk of wenselijk.

President Wilson zei:

Of we het nu leuk vinden of niet, we nemen deel aan het leven van de wereld.

Ze praten als echte imperialisten, vooral als je bedenkt dat de VS in die tijd minder dan 12% van de oliereserves in de wereld hadden. Ongeveer 70% bevond zich in landen waarvan de zwakte de grootmachten uitnodigde hun economisch en politiek grondgebied te betreden. In de tijd van Wilson gold dit voor het Midden-Oosten, het Caribische bekken, de Golf van Mexico en Rusland. Landen met grote olievoorraden verdedigden hun bezittingen door wetten aan te nemen die hun bevolking en regeringen rechten op de ondergrond gaven en door beperkende barrières, voorschriften en hoge royalty's in te voeren. De grote imperiale mogendheden, Groot-Brittannië en de Verenigde Staten, noemden deze zelfverdediging "opstandigheid" en oefenden diplomatieke druk uit om deze barrières te slechten. En toen dat niet lukte, grepen ze terug op gewapende interventie.

Houd dat in gedachten en denk aan die woorden de volgende keer dat u Bush en Cheney hoort rondbazuinen hoe noodzakelijk het was om "Saddam te ontwapenen" en dan zullen we beginnen te begrijpen dat we in Irak zijn voor zijn olie. 11 september was een kunstmatige situatie, net als Pearl Harbor, en "massavernietigingswapens" waren slechts een vals spoor dat langs het oliespoor werd gesleept.

Lord Curzon sprak na de verschrikkelijke tragedie van de Eerste Wereldoorlog de waarheid toen hij zei:

> De geallieerden dreven naar de overwinning op een golf van olie.

Alle andere redenen die Bush aanvoert zijn steeds minder geldig als we de problemen onderzoeken. Zoals ik al zei, bevindt ongeveer 70% van de olie in de wereld zich in landen die economisch en nationaal zwak zijn. Door hun zwakte nodigen zij de Verenigde Staten en het Verenigd Koninkrijk uit om zich in hun nationale aangelegenheden te mengen. Het voorbeeld van Irak zien we nu; Venezuela heeft net een aanval van de VS achter surrogaten overleefd. Elke natie met oliereserves die die naam waardig is, wordt nu bedreigd door het Amerikaanse en Britse imperialisme, en ze zullen één voor één vallen.

De zelfverdediging van deze landen om hun bevolking te beschermen en hun bezittingen te behouden tegen de roofzuchtige greep van Amerikaanse en Britse oliemagnaten wordt omschreven als "onverzettelijkheid" of "wraakzucht", die eerst wordt beantwoord met "diplomatieke druk" en vervolgens met wapengeweld. De familie Bush heeft dit dubieuze pad gevolgd en we hebben hun beleid zien culmineren in een brute aanval op Irak, een land dat half zo groot is als Californië.

Groot-Brittannië en de Verenigde Staten hebben de meeste oliereserves van de wereld al in handen. Wat zij niet kunnen winnen via diplomatie, zullen zij winnen via massale golven van bommenwerpers, kruisraketten en raketten, terwijl de schijn en de pretentie van goede en christelijke naties wordt opgegeven. In de huidige strijd in de wereld staan naties met weinig of geen olie tegenover de "enige supermacht" van de wereld, of beter nog, het "imperialisme", de Verenigde Staten. Rusland vecht om zijn plaats in de wereld van de olie te behouden, terwijl Groot-Brittannië en de Verenigde Staten proberen dit land omver te werpen. De strijd om olie zal dus uitmonden in een grote cataclysmische strijd tussen de Verenigde Staten en Rusland, en die dag is niet zo ver weg meer. In de nabije toekomst zullen Amerika's zonen en dochters worden opgeroepen om voor olie te vechten in een totale wereldoorlog.

Het Amerikaanse ministerie van Buitenlandse Zaken geeft over het algemeen toe aan de eisen van de grote oliemaatschappijen. Dit wordt ondersteund door een agressieve oliepolitiek van de Verenigde Staten, zoals verklaard door A.C. Bedford, president van Standard Oil of New Jersey in 1923. Vanwege dit vaste beleid volgen Amerikaanse consuls in het buitenland altijd de lijn van de olie als het gaat om kwesties van buitenlands beleid. In 1923 steunde de Federal Trade Commission dit officiële Amerikaanse regeringsbeleid. Alle Amerikaanse ambassades en diplomatieke missies ontvingen op 16 augustus 1919 de volgende memo:

> *Heren: Het vitale belang van het veiligstellen van een*

adequate aanvoer van minerale aardolie, zowel voor de huidige als voor de toekomstige behoeften van de Verenigde Staten, is sterk onder de aandacht gebracht van het Departement (het Departement van Staat). Onderdanen van verschillende landen en concessies voor minerale aardolierechten worden actief gezocht naar de ontwikkeling van bewezen exploratievelden in nieuwe gebieden in vele delen van de wereld. Het is wenselijk te beschikken over de meest volledige en actuele informatie betreffende deze activiteiten, ongeacht of deze worden uitgevoerd door burgers van de VS of anderen.

Charles Evans Hughes getuigde voor het Amerikaanse Congres en de Coolidge Oil Board:

"... Het buitenlands beleid van de regering, uitgedrukt in de uitdrukking 'open deur' en consequent uitgevoerd door het State Department, heeft op intelligente wijze onze Amerikaanse belangen in het buitenland bevorderd en op passende wijze de behoeften van ons volk gewaarborgd."

De strijd om olie in het Midden-Oosten begon met de komst van de Australiër William K. D'Arcy en de Amerikaan Admiraal Colby Mitchell Chester (1844-1932). D'Arcy en de Amerikaan Admiraal Colby Mitchell Chester (1844-1932). In 1901 verkreeg D'Arcy een concessie van de Sjah van Perzië voor vijf zesden van het Perzische Rijk voor een periode van 60 jaar. D'Arcy betaalde 20.000 dollar in contanten en stemde ermee in een royalty van 16% te betalen op alle geproduceerde olie. Admiraal Chester kreeg niets en D'Arcy keerde terug naar Londen om de Anglo Persian Company te organiseren. Hij keerde terug naar het Midden-Oosten om te proberen het Mosul olieveld in Perzië over te nemen. In 1912 werd de Turkish Petroleum Company, bestaande uit de Brits-Nederlandse Shell Oil en de Berlijnse Deutsche Bank, opgericht om Mosul te exploiteren.

Sir Henri Deterding (bekend als de "Napoleon" van de olie-industrie) van de Koninklijke Nederlandse Shell Maatschappij was een belangrijke speler in de intriges rond oliebezittende naties. De Britse regering was actief in de persoon van E.G. Prettyman, Civil Lord, die ervoor zorgde dat het Britse kapitaal de Turkse Petroleum Company, die D'Arcy aan de Fransen dreigde te verkopen, aan banden legde. In 1913 vertelde Deterding het House of Lords dat hij olie controleerde in Roemenië, Rusland, Californië, Trinidad en Mexico. Hij was, zei Deterding, Perzië aan het uitknijpen, dat een vrijwel onaangeroerd gebied was van immense omvang en wemelde van de olie.

Sir Thomas Browning vertelde de Lords dat Royal Dutch Shell veel agressiever was in olie dan de Standard Oil Trust van Amerika. Deterding had de exclusieve controle over 's werelds machtigste organisatie voor de productie van een energiebron. Winston Churchill, destijds First Lord of the Admiralty en vers van zijn ervaringen in de Boerenoorlog, mengde zich in de strijd om olie. Churchill vertelde het Hogerhuis dat hij geloofde ... dat we eigenaar moeten worden, of in ieder geval de controleurs aan de bron, van tenminste een deel van de voorraad natuurlijke olie die we nodig hebben.

HOOFDSTUK 5

Nieuwe doctrine: Mexico onder druk

Het imperialistische beleid van de VS was nu een nieuwe fase ingegaan, een fase van "preventieve aanvallen", om Bush' terminologie te gebruiken. De Britse regering probeerde de olie in Mosul, in het huidige Noord-Irak, in handen te krijgen. De Britten kochten een kwart van de Turkish Petroleum Company, terwijl de Duitsers en Turken de andere aandelen in handen hadden.

In drie maanden tijd, dankzij "diplomatie door misleiding", hadden de Britten driekwart van de aandelen in handen en werden de Turken volledig uit hun eigen bedrijf gezet. De Koerden, die de oliegronden boven Mosoel bezaten, kregen geen cent. Ook Turkije, dat het land rond Mosoel controleerde, bleef in de kou staan.

Dat was nog maar het begin. De Britse regering kocht toen een meerderheidsbelang in Anglo Persian voor 12 miljoen dollar. Het werd al snel duidelijk dat olie niet alleen oorlogen won, maar dat oorlogen werden gevoerd vanwege olie.

Als we naar de geschiedenis van de Eerste Wereldoorlog kijken, wordt dit duidelijk, zoals Clemenceau later erkende. De oorlogen eindigden niet met de Eerste Wereldoorlog. Integendeel, Groot-Brittannië en de Verenigde Staten voerden een agressief imperialistisch beleid tegen Perzië (Irak) en Turkije in een poging de greep van nationalistische elementen te ondermijnen. In mei 1920 publiceerde het State Department een nota waaruit bleek dat Groot-Brittannië in stilte voorbereidingen trof om alle olievelden in Mosoel in beslag te nemen. De oliepolitiek bleef de krantenkoppen in de Verenigde Staten domineren. President Harding verklaarde in een toespraak:

> "Na landbouw en vervoer is de olie-industrie de belangrijkste aanvulling op onze beschaving en ons welzijn geworden."

De regering Wilson raakte verwikkeld in een strijd om de controle over Mexico's olie na de ontdekking van grote oliereserves in de Golf van Mexico. Toen de Mexicanen zich tegen de exploitatie verzetten, werden Amerikaanse oorlogsschepen naar Tampico gestuurd. Wilson zei

> "...de enige bedoeling van de Verenigde Staten is het behoud van de democratie in Mexico."

De VS zijn ook op andere gebieden druk bezig, door met Groot-Brittannië te onderhandelen over een aandeel in de Turkse Petroleum Maatschappij, met de Mosul olievelden als prestigieuze prijs. Turkije wordt volledig uit zijn eigen bedrijf gedrukt. Maar de Verenigde Staten concentreren zich vooral op de Mexicaanse velden, die Edward Doheny dankzij zijn vriend president Diaz bij Hacienda del Tulillo had bemachtigd. Doheny verkreeg al snel andere velden, met name Potrero Del Llano en Cerro Azul. Maar Diaz haalde Doheny in en liet Weetman (Lord Cowdrey) toe tot de Mexicaanse oliewereld.

De strijd om olie leidde tot onrust tussen de "bondgenoten" toen de Verenigde Staten besloten president Diaz, die al 35 jaar aan de macht was, omver te werpen.

Zoals gebruikelijk in dit soort gevallen werden Amerikaanse inlichtingendiensten en economische huurmoordenaars gestuurd om Diaz' gelederen in beroering te brengen. De VS lokten de omverwerping van Diaz rechtstreeks uit, zoals later werd bevestigd in een getuigenis voor de Commissie Buitenlandse Betrekkingen van de VS.

Lawrence Converse, een Amerikaanse stafofficier, getuigde:

> De heer Madero zelf vertelde mij dat zodra de rebellen een goede krachtmeting lieten zien, verschillende grote bankiers uit El Paso bereid waren hem een voorschot te geven - ik

geloof dat het om een bedrag van 100.000 dollar ging; en diezelfde mannen (gouverneur Gonzalez en staatssecretaris Hernandez) vertelden mij ook dat de belangen van Standard Oil hen steunden en obligaties hadden gekocht van de Voorlopige Regering van Mexico. Ze zeiden dat de belangen van Standard Oil hen steunden in hun revolutie.

Standard Oil zou een hoge rente krijgen en er was een voorlopige overeenkomst voor een olieconcessie in de zuidelijke Mexicaanse staten. Madero werd afgezet en geëxecuteerd, en generaal Huerta kwam aan de macht. Toen president Wilson aan de macht kwam, verzette hij zich openlijk tegen Huerta en zei dat de Verenigde Staten... geen sympathie konden opbrengen voor degenen die de macht van de regering wilden grijpen om hun persoonlijke belangen of ambities te bevorderen. Tegelijkertijd verleende Wilson erkenning aan een revolutionaire regering in Peru.

Oliebelangen, in de persoon van Albert Fall, begonnen te eisen dat de Verenigde Staten strijdkrachten naar Mexico zouden sturen om de Amerikaanse belangen te "beschermen" en "te helpen bij het herstel van de orde en de handhaving van de vrede in dat onfortuinlijke land en om de bestuurlijke functies in handen te geven van bekwame en patriottische Mexicaanse burgers". Toen Wilson aan de macht kwam, legde hij het Congres het volgende voor:

> De huidige situatie in Mexico is onverenigbaar met de nakoming van Mexico's internationale verplichtingen, met de beschaafde ontwikkeling van Mexico zelf en met de handhaving van aanvaardbare politieke en economische omstandigheden in Midden-Amerika.

Wilson maakte zich nu op voor een gewapende interventie omdat de Amerikanen in Mexico werden "bedreigd". Het was het soort refrein dat we later zouden horen van George Bush in zijn eindeloze klachten over president Hoessein, en net als bij Wilson klonken ze onoprecht.

Het Amerikaanse volk, dat zo gemakkelijk werd misleid dat dit een nationale en historische tragedie was, was ervan overtuigd dat Mexico een "bedreiging" voor hen vormde, wat voor Wilson de weg vrijmaakte om een brief te sturen naar de Amerikaanse consuls in Mexico met de opdracht dat zij moesten waarschuwen

> "de autoriteiten dat elke intimidatie of mishandeling van Amerikanen de kwestie van interventie aan de orde zal stellen."

Hier hebben we een duidelijk geval van een imperiale Amerikaanse president die een excuus zocht om zich te mengen in de binnenlandse aangelegenheden van Mexico, een gedrag dat werd herhaald door de imperiale familie Bush, vader en zoon die een excuus zochten om de olie van Irak in te pikken en zij kwamen met het zwakke excuus dat Irak "massavernietigingswapens" had. Gewapend met de wetenschap dat hij het Amerikaanse volk had wijsgemaakt dat hun onderdanen in Mexico werden mishandeld en dat een "verschrikkelijke dictator aan de macht was en moest worden geëlimineerd" (hoort u hier het refrein "Saddam Hussein"?), werd Wilson moediger:

> Ik ben ervan overtuigd dat het mijn onmiddellijke plicht is om de verwijdering van Huerta uit de Mexicaanse regering te eisen en dat de Amerikaanse regering nu de nodige middelen moet aanwenden om dit resultaat te bereiken.

Echo's van "Saddam moet opstappen of de Amerikaanse strijdkrachten doen het", die door de president keer op keer zijn geslingerd alsof hij het recht had om zich als een struikrover en een bandiet te gedragen, net zoals Wilson dat recht had. Wilson en Bush kwamen beiden weg met brute agressie tegen respectievelijk de soevereine staat Mexico en Irak, omdat het Amerikaanse volk zijn grondwet niet kent. Heeft niemand de regering Bush voor de rechter uitgedaagd om met bewijzen uit de Amerikaanse grondwet te komen waaruit blijkt waar deze verbazingwekkende macht plotseling vandaan komt?

Waar komt deze verbazingwekkende macht vandaan die gewoonlijk is voorbehouden aan keizers over hun rijk? Zeker niet uit de Amerikaanse grondwet of het internationaal recht. Ze is ontstaan onder de vlag van het imperialisme en door onder die vlag op de trom te slaan, werd het blijkbaar legaal voor de Verenigde Staten om zich te mengen in de soevereine aangelegenheden van een soevereine staat!

Totdat het Amerikaanse volk zijn grondwet kent, kunnen tirannen wegkomen met inmenging in de soevereine aangelegenheden van soevereine staten (zoals Mexico en Irak), en totdat kennis van de grondwet in de plaats komt van onwetendheid, zullen we blijven zien hoe het Amerikaanse buitenlandse beleid overal ter wereld verwoestingen aanricht. Omdat het Amerikaanse volk zijn grondwet niet kent, heeft het geen grondwet meer. Het Amerikaanse volk stond toe dat Wilson wegkwam met nieuwe daden van imperialisme in Mexico en dat de regering-Bush Irak teisterde nadat hun plannen om Hoessein te vermoorden niet konden worden uitgevoerd.

In november 1912 gaf Wilson het volgende verbazingwekkende bevel, verbazingwekkend omdat zijn militaire commandanten de grondwet uit hun hoofd hadden moeten kennen en dus wisten dat wat hij beval ongrondwettelijk was en dat zij de bevelen hadden moeten negeren.

> Snij hem (Huerta) af van buitenlandse sympathie en hulp en nationaal krediet, moreel of materieel, en dwing hem weg te gaan naar ..... Als generaal Huerta zich niet gedwongen terugtrekt, moeten de Verenigde Staten hem met minder vreedzame middelen verwijderen.

Wilson voelde zich nu gesterkt en ging verder op het pad van de imperiale tirannie, door zich te mengen in de soevereine staat Mexico, door de leider en het volk te bedreigen, en erger nog, door te verklaren dat het de "plicht" van de Verenigde Staten was om de gekozen leider af te zetten als hij niet aftrad! Zelfs Caesar, in zijn keizerlijke majesteit, heeft nooit zo gesproken.

Zelfs vandaag, al die jaren later, wekt Wilsons brutaliteit nog steeds verbazing. En wat was de reactie van het Amerikaanse volk op Wilsons dreigementen? Precies niets! In feite moedigde het Amerikaanse volk Wilson door zijn stilzwijgen aan om het juiste te doen en zijn grondwet te schenden. Plotseling gaven de Verenigde Staten zichzelf het recht om Mexico te pacificeren. In antwoord op een Brits voorstel om Huerta te laten aftreden, schreef minister Bryan nog een opzienbarende brief:

> De president wil zich ontdoen van Huerta door Amerikaanse steun te verlenen aan de rebellenleiders. De vooruitzichten voor vrede, veiligheid van eigendommen en snelle betaling van buitenlandse verplichtingen zijn veelbelovender als Mexico wordt overgelaten aan de krachten die er nu vechten. Hij (Wilson) wil daarom vrijwel onmiddellijk het verbod op de uitvoer van wapens en munitie uit de Verenigde Staten opheffen.

Dit gebeurde vlak nadat Huerta was herkozen in vreedzame en eerlijke verkiezingen. Tientallen jaren later zou het Amerikaanse volk zich opnieuw afzijdig houden en toestaan dat hun regering een imperiale politieke ravage aanrichtte in Irak en Afghanistan, en dat alles onder het mom van de Amerikaanse grondwet. De realiteit is dat Bush, vader en zoon, in staat van beschuldiging gesteld hadden moeten worden, uit zijn ambt gezet en berecht wegens verraad. Het lijkt er echter op dat dit nooit zal gebeuren en het Amerikaanse volk verdient het nu zijn grondwet te verliezen, omdat het heeft ingestemd met de vertrapping ervan door de oliemaatschappijen zonder ook maar een kik te geven.

Geen wonder dat de natie in de problemen zit als we toestaan dat een zogenaamde "opperbevelhebber", die niet in dienst is geroepen, deze natie naar een oorlog leidt, waar hij geen recht toe heeft, omdat het Congres de oorlog niet heeft verklaard, in functie blijft en de criminele verspilling van mensenlevens en miljarden dollars uit onze nationale schatkist veroorzaakt. We verdienen alles wat we krijgen voor onze ontstellende verwaarlozing van de grondwet.

Het vooruitzicht van Amerikaanse inmenging in Mexico baarde Chili, Argentinië en Brazilië grote zorgen, die besloten te interveniëren om Mexico te helpen met een aanbod tot verzoening. Toen deze drie landen met een aanbod tot verzoening kwamen, probeerde Wilson de conferentie van Argentinië, Brazilië en Chili te blokkeren toen deze in Niagara Falls bijeenkwam. Net als de familie Bush in 1991 en 2002 wilde

Wilson geen vrede; hij wilde Huerta met geweld verdrijven omdat hij degenen die onder de vlag van het olie-imperialisme vooruitgingen in de weg stond. Wilson toonde zijn ware gezicht en zijn minachting voor de Amerikaanse grondwet door direct in te grijpen in Mexico en tegelijkertijd de pogingen om tot een vreedzame regeling te komen te saboteren.

Wilson isoleerde de regering van Huerta door financiële machinaties en een blokkade van wapens en munitie voor zijn regeringstroepen. Tegelijkertijd voorzag hij de rebellenleiders Carranza en Villa van wapens en geld. Hij verzon het vlagincident in Tampico als excuus voor de bezetting van Vera Cruz. Toen generaal Huerta zich verontschuldigde voor het vlagincident, weigerde Wilson, als de valse Princeton-heer die hij was en verrader in hart en nieren, dit te accepteren.

In dit betreurenswaardige gedrag zien we soortgelijke daden en handelingen in de manier waarop de familie Bush Saddam Hoessein behandelde. In beide gevallen, generaal Huerta en president Hoessein, zien we de oliemannen zich als kakkerlakken in het duister bewegen, weigeren hun belasting aan Mexico te betalen en helpen Carranza bij elke stap. Het Amerikaanse volk heeft nooit kunnen weten wat voor een imperiale president Wilson was, en het betaalde de prijs voor zijn onwetendheid toen hij, in strijd met de Dick Act, zijn zonen van het nationale leger naar de slagvelden van Frankrijk stuurde om te sterven, hoewel zijn procureur-generaal Wickersham hem herhaaldelijk vertelde dat hij geen grondwettelijke bevoegdheid had om de nationale strijdkrachten te sturen om buiten de Verenigde Staten te vechten. Omdat het Amerikaanse volk zich zo onbeschermd heeft laten voelen, bevinden hun zonen zich opnieuw op slagvelden buiten de Verenigde Staten, in strijd met de grondwet, en opnieuw staat het Amerikaanse volk toe dat de overtreders, de familie Bush, de grondwet met voeten treden en de gevolgen van hun geweld ontlopen, dit alles in een imperiaal streven naar olie die het nationale eigendom is van andere naties.

Voor de Commissie Buitenlandse Betrekkingen van de Senaat in 1919 pochte Doheny dat alle Amerikaanse oliemaatschappijen hadden deelgenomen aan de uitschakeling van Huerta, net zoals later alle leidinggevenden van de oliemaatschappijen zich moesten inzetten om de Sjah van Iran te verzwakken en uit de macht te verdrijven. De strijd om olie ging door, waarbij het imperiale leger van de Verenigde Staten marcheerde onder de vlag van de oliemaatschappijen terwijl zij hun oorlogslied zongen:

> "Christelijke soldaten vooraan, marcherend als in een oorlog, met de vlag van de olie-industrie, voorop."

Er werd vele nachten champagne gedronken over Huerta's afzetting in de kantoren van Standard Oil. Maar de oliebazen misrekenden zich. Carranza probeerde de revolutie af te doen als iets van het volk en kwam terug op de olieconcessies die hij aan de Amerikaanse oliemaatschappijen had gegeven. Toen generaal Obregon aan de macht kwam, kwam heel Mexico in beroering door de machinaties van de Amerikaanse olielobby, volledig gesteund door het ministerie van Buitenlandse Zaken en minister Hughes.

Hughes beweerde dat de actie van Wilson om Amerikaanse troepen en twee oorlogsschepen naar Tampico te sturen "moreel gerechtvaardigd" was. Dit waren loze woorden, niet te vinden in de Amerikaanse grondwet, en bedoeld om indruk te maken op een wereld die zich ernstig zorgen maakte over imperialistische inmenging van de VS in de binnenlandse aangelegenheden van zijn buurland. In een verklaring voor het Republikeinse Nationale Comité in 1924 hield Hughes vast aan zijn "morele" toon:

> Huerta's opstand was geen revolutie met de aspiraties van een onderdrukt volk. Het was een poging om het presidentschap te grijpen: Het betekende de ondermijning van elke constitutionele en ordelijke procedure. Weigeren om de gevestigde regering te helpen, zou onze morele invloed aan de kant hebben gezet van hen die de vrede en orde in Mexico uitdaagden...

Jaren later, in 1991 en 2006, zouden we dezelfde refreinen horen van de familie Bush, vader en zoon, dat hun aanvallen op Irak "moreel" waren.

In werkelijkheid was er niets "moreels" aan - het was gewoon openlijke imperialistische agressie tegen een kleinere, zwakkere natie met het oog op oliebelangen; Hughes en Wilson vochten niet voor de moraal - ze marcheerden onder de vlag van het olie-imperialisme. Amerikaanse oliemensen bleven zich tijdens de hele regering Coolidge met Mexico bemoeien, en een correspondent van *de New York World* schreef vanuit Mexico een artikel waarin de situatie werd samengevat:

> Het is bijvoorbeeld een keizerlijk feit dat in het recente verleden de persoonlijke associatie van de ambtenaren van de Verenigde Staten niet de regering was waarbij zij geaccrediteerd waren, maar die klasse van Mexicanen, waaronder zich de rijke, beschaafde en soms charmante mensen bevonden, die de opstand financieren en uitlokken. Het is niet minder bekend dat veel van de advocaten en vertegenwoordigers van de oliemaatschappijen niet alleen hun aanspraken op grond van het internationale recht deden gelden, maar openlijk en hardnekkig alle invloed aanwendden die zij bezaten om de Mexicaanse regering te ondermijnen.

Dit beruchte gedrag heeft zich uitgebreid tot Venezuela, Irak en Iran, waar agenten van de VS, oliemaatschappijen en hun CIA-bondgenoten alles in het werk hebben gesteld om de regeringen van deze landen omver te werpen en te vervangen door marionettenregimes die gunstig zijn voor degenen die opereren onder de vlag van het olie-imperialisme. Dit oorlogszuchtige gedrag duurt al meer dan 90 jaar, tot op de dag van vandaag, toen de daders er bijna in slaagden de gekozen leider van Venezuela omver te werpen, de Sjah van Iran omver te werpen en nu in Irak een totale oorlog te beginnen om Mosoel en andere lang begeerde Iraakse olievelden in handen te krijgen. De imperialistische neigingen van degenen die ongebreideld macht uitoefenen en achter de schermen in Washington opereren, zijn goed blootgelegd door *El Universal*, de krant van Mexico-Stad:

> Amerikaans imperialisme is een fataal product van de

economische evolutie. Het heeft geen zin te proberen onze buren in het noorden ervan te overtuigen dat zij geen imperialisten moeten zijn; zij kunnen er niets aan doen dat zij imperialisten zijn, hoe goed zij het ook bedoelen.

Laten we de natuurlijke wetten van het economisch imperialisme bestuderen, in de hoop een methode te vinden waarmee we, in plaats van ons blindelings tegen hen te verzetten, hun acties kunnen afzwakken en in ons voordeel kunnen ombuigen.

HOOFDSTUK 6

Olie, niet massavernietigingswapens, was de aanleiding voor de invasie van Irak.

Men kan niet langer ontkennen dat het fatale imperialisme nu welig tiert in de Verenigde Staten, nadat de familie Bush en hun aanhangers, Richard Cheney, Kristol, Perle, Wolfowitz en de christelijke fundamentalisten carte blanche hebben gekregen. Dit sluipende Bush-imperialisme zal niet ophouden bij Irak, wanneer we dat land onder water hebben gezet, het zal doorgaan totdat de Bush-imperialisten, geheel in strijd met de Amerikaanse grondwet, alle olieproducerende naties van het Midden-Oosten onder water hebben gezet en de Arabieren hebben beroofd van hun erfgoed aan natuurlijke hulpbronnen.

En daarbij worden de naties van het Midden-Oosten leeggeroofd. Neem de Engels-Perzische overeenkomst, gekocht voor 12 miljoen dollar. Winston Churchill zei dat Engeland 250 miljoen dollar verdiende aan de deal tussen 1921 en 1925. Feit is dat de hebzucht van de oliebaronnen om de Mosul olievelden in Irak in handen te krijgen, de oorzaak was van de Eerste Wereldoorlog.

De onzalige puinhoop in het Midden-Oosten werd rechtstreeks veroorzaakt door de inmenging van Britse oliemensen en Amerikaans imperialisme. Het verraderlijke Sykes-Picot akkoord leidde tot niets anders dan tweedracht en bloedvergieten in Palestina, dat tot op de dag van vandaag voortduurt.

Het is vreemd om de geschiedenis van deze periode te lezen en te beseffen dat wat toen voor nationale politiek doorging (1912-1930) niets anders was dan vuile oliepolitiek. Het is inderdaad ontnuchterend om de geschiedenis van deze periode te lezen - waarvoor aan beide zijden van de strijd miljoenen levens nodeloos werden opgeofferd. Nadat de Britten in 1916 de Turken hadden verslagen (grotendeels dankzij Lawrence of Arabia's Arabieren in ruil voor beloften om hen Palestina te geven, die nooit werden nagekomen), bood het Sykes-Picot akkoord steun aan voor Franse aanspraken op Syrië en Mosoel in ruil voor Franse hulp in het Midden-Oosten. Het Britse offensief tegen Bagdad was succesvol in het voorjaar van 1917. Maar door de val van hun tsaristische Russische bondgenoten konden de Britten Mosoel niet bereiken.

De wapenstilstand maakte een einde aan het Turks-Duitse leger dat Mosoel verdedigde. Dit was niets anders dan manoeuvreren en tegen manoeuvreren door westerse naties, vooral Groot-Brittannië en de Verenigde Staten, om de begeerde olievelden van Mosoel veilig te stellen. De landen in de regio werden niet eens geraadpleegd. Dit was keizerlijke oliediplomatie op zijn lelijkst.

Om het tumult veroorzaakt door de roofzuchtige oliemaatschappijen te sussen, werd in november 1922 een conferentie gehouden in Lausanne, Zwitserland, maar vóór deze gebeurtenis leidden Britse troepen een opmars naar Mosoel, terwijl minister van Buitenlandse Zaken Hughes verklaarde dat de Verenigde Staten de Britse aanspraak op Mosoel niet als ongeldig zouden erkennen. De Britten dachten dat ze Mosoel "in de zak" hadden dankzij de bezetting en de correspondent van *de London Times kon* zijn vreugde niet verbergen:

> Wij Britten hebben het genoegen te weten dat drie enorme velden in elkaars nabijheid, die gedurende vele jaren in de oliebehoeften van het Rijk kunnen voorzien, vrijwel geheel door een Brits bedrijf worden geëxploiteerd. Geologen van Turkish Petroleum hebben het bestaan van drie grote velden in de Mosul-concessie bevestigd. Het noordoostelijke veld loopt van Hammama Ali naar Kind-I-shrin via Kirkuk en Tuz Kharmati. Een tweede strekt zich uit ten zuiden van Mosoel, van Khaiyara tot Jebej Oniki Imam via Kifri. Een ander bekken begint ten zuidwesten van Mosoel en strekt zich uit

in de richting van Bagdad langs de Tigris tot aan de Fet Haha pas en Mandali.

Het was om deze rijke trofee te grijpen dat George Bush senior in 1991 Irak aanviel na "er niet in geslaagd te zijn Hussein weer op de rails te krijgen", om John Perkins te parafraseren. We kunnen de politieke retoriek over het Irakese volk dat onder een dictator leeft negeren. We kunnen de vrome gemeenplaatsen over de bijdrage van de democratie aan Irak vergeten. We kunnen de leugens vergeten die in 1991 uit het Witte Huis kwamen en de leugens die in 2008 uit de mond van de oliejuntas komen. Wat we wel kunnen begrijpen is het harde bewijs dat wat de oliemagnaten vandaag in Irak doen, en wat ze al sinds 1914 doen, gewoon een voortzetting is van hun imperialistische zoektocht naar olie. Nergens is dit imperialistische streven naar olie openlijker gebleken dan bij de aanval met kruisraketten op Bagdad op 20 maart 2003. In strijd met alle beginselen van het internationaal recht en zonder een greintje gezag van de Amerikaanse grondwet, om nog maar te zwijgen van het feit dat de VN de oliejuntas van Bush en Cheney geen groen licht gaven om Irak aan te vallen, begonnen de bombardementen op Bagdad.

De vrome platitudes van George Bush jr. kunnen gerust naar de vuilnisbak van de geschiedenis worden verwezen, want de keizerlijke familie Bush vertegenwoordigt het Amerikaanse volk niet. G.W. Bush is aan de macht gekomen door het Hooggerechtshof van de Verenigde Staten. De eerlijkheid gebiedt te zeggen dat als het Hooggerechtshof George Bush niet had gekozen, er vandaag geen olieoorlog zou zijn, want het is een bekend feit dat Al Gore openlijk heeft verklaard dat als hij de verkiezingen zou winnen, er geen aanval op Irak zou komen en dat het Amerikaanse volk niet gedwongen zou worden exorbitante prijzen voor benzine aan de pomp te betalen.

Wat volgt moet aantonen hoe weinig de imperialisten en hun antecedenten om het volk geven, hoe hol de woorden van George Bush Jr. klonken toen hij zijn liefde voor het Iraakse volk verklaarde, belichaamd in zijn wens om zich te ontdoen van "Saddam" die hen onderdrukte. De context van dit verslag van de saga van de olieoorlogen is dat de Verenigde Staten de Armeense rechten op Mosul meedogenloos afwezen en deden alsof de meer dan een miljoen Armeniërs van geen enkel belang waren.

Vahan Cardashian, advocaat van de delegatie van de Republiek Armenië, probeerde deze verwaarlozing van de Armeense rechten te benadrukken in een verzoek om een hoorzitting en een onderzoek door de Senaat. In zijn brief van 14 maart 1928 aan senator Borah verklaarde hij dat als de Commissie Buitenlandse Betrekkingen zijn verzoek niet zou inwilligen, hij president Coolidge zou vragen het Amerikaans-Armeense geschil ter beslechting voor te leggen aan het Tribunaal van Den Haag. De brief van Cardashian aan Senator Borah luidt als volgt:

> *Ik beschuldig twee leden van het kabinet van de president ervan dat zij tijdens de conferentie van Lausanne over de Armeense zaak hebben gemarchandeerd en hebben samengespannen om de verdrijving van bijna een miljoen Armeniërs uit hun voorouderlijke huizen te beïnvloeden.*

> *Ik beschuldig deze mannen en hun medeplichtigen in deze wandaad ervan dat zij het ministerie van Buitenlandse Zaken hebben gebruikt en gebruikt als een gewillig instrument om hun snode plan uit te voeren, en dat het ministerie van Buitenlandse Zaken, in een poging om de sporen te dekken van degenen die zijn beleid in dit opzicht dicteerden, zijn toevlucht heeft genomen tot verkeerde voorstellingen, intriges en zelfs terrorisme, en het land heeft overspoeld met onverantwoordelijke en schaamteloze propaganda.*

> *Wat is onder deze omstandigheden het motief, het doel van het Turkse beleid van het State Department? Wij zeggen dat het olie is. Een regering die afstand heeft gedaan van legitieme Amerikaanse rechten en vervolgens de onbeschaamdheid heeft gehad om de lucht te vullen met trivialiteiten, wilde insinuaties en leugens om de aandacht af te leiden van haar oneerbaar beleid; een regering die doelbewust de grondwet van de Verenigde Staten met voeten heeft getreden in haar buitenlandse betrekkingen - een dergelijke regering, zo verwijt ik haar, zou niet aarzelen en*

heeft niet geaarzeld om het Armeense volk en hun huizen te verkopen voor olie, in het belang van een bevoorrechte groep.

Indien, om welke reden dan ook, de Commissie Buitenlandse Betrekkingen van de Senaat niet in staat en niet bereid is het onrecht dat een moedig volk is aangedaan te onderzoeken, dan zal ik de President van de Verenigde Staten vragen de kwestie tussen de regering en Armenië voor te leggen aan het Permanente Hof van Arbitrage in Den Haag voor een beslissing.

Als de aanklacht van advocaat Vahan Cardashian vandaag opnieuw zou worden geformuleerd, en de namen van de Amerikaanse oliejuntas zouden worden vervangen door die van Cheney, Bush, Rumsfeld, Blair et al, en de "Armeniërs" zouden worden vervangen door "Irak" en het "Iraakse volk", zouden we een perfecte aanklacht hebben om aan het Internationaal Gerechtshof in Den Haag voor te leggen en druk uit te oefenen op het feit dat deze mensen, zich verschuilend achter het masker van valse "correctheid", in feite hun imperiale overname van de olie van Irak bevorderen. We moeten eerst bij de voorzitter van de Senaat en de voorzitter van het Huis van Afgevaardigden een specifieke klacht indienen, waarin we de leden van de oliejuntas beschuldigen van verraad, het Huis vragen hen af te zetten en de Senaat vragen hen schuldig te verklaren en hen uit hun ambt te zetten. We moeten dan een verzoekschrift indienen om deze mannen te berechten voor de rechtbanken van het land, zoals voorzien in de grondwet van de Verenigde Staten.

En als deze oproepen en petities aan dovemansoren gericht zijn, dan moeten we onze zaak voor het Wereldgerechtshof in Den Haag brengen en eisen dat de leden van de imperialistische oliejunta worden berecht. Niets minder zal volstaan, en niets minder zal deze oliejunta ervan weerhouden amok te blijven maken in de wereld, want zoals altijd negeert zij alle naties onder de vlag van de olie-industrie.

In 1991 werd een poging gedaan door vertegenwoordiger Henry Gonzalez om G.W.H. Bush af te zetten, maar deze werd gesmoord door politici van beide partijen die geen respect hadden voor de grondwet van de Verenigde Staten. Het lijdt geen twijfel dat een gelijkaardige resolutie tegen George W. Bush hetzelfde lot zou ondergaan, aangezien de politici in het Huis en de Senaat vandaag nog minder achting hebben voor de Grondwet dan zij die er in 1991 waren. Als de resolutie op onverschilligheid of politieke aanmatiging stuit, dan hebben de mensen de remedie om de zaak voor te leggen aan het Internationaal Gerechtshof in Den Haag. Laat op zijn minst een stap worden gezet in de richting van herstel van de grondwet en laat de oliejuntas deze niet langer met voeten treden.

De imperialisten die vechten om olie hebben hun inspanningen niet beperkt tot Irak, Iran en Mexico. Zij hebben zich over de hele wereld verspreid en hebben zelfs de soevereine rechten van het Russische volk geschonden, om nog maar te zwijgen van hun interventie in Venezuela. Een van de meest buitengewone incidenten vond plaats in Siberië, waarover weinig is geschreven.

In 1918 probeerde Japan de Siberische kust te bezetten. Wilson probeerde hen via diplomatie tegen te houden, maar toen dat niet werkte, stuurde hij zonder toestemming van het Congres een Amerikaans leger naar Siberië, niet zozeer om Rusland te helpen, maar om te voorkomen dat Japan beslag zou leggen op de waardevolle olie- en steenkoolvoorraden van Sachalin, omdat Wilson die wilde hebben voor Sinclair Oil, het Amerikaanse bedrijf. Rusland stond positief tegenover Sinclair, omdat het geloofde dat de Amerikanen "schone handen" hadden. Maar degenen die opereren onder de imperiale vlag van de olie-industrie spelen het niet eerlijk. Ze spelen vuile spelletjes, zoals ze gewend zijn te doen.

Terwijl de Russen Sinclair Oil bevoordeelden, spanden de oliemagnaten achter hun rug om samen en verzetten zich tegen de Russische controle over de Kaukasus en zijn kostbare olievelden. Het was hetzelfde verhaal als in Mexico. De Verenigde Staten steunden in het geheim dissidente Georgische groepen in de overtuiging dat, als zij zouden slagen, zij de gewenste olieconcessies zouden krijgen. De VS wilden graag de controle over de Grosni-Baku olievelden, maar Moskou onderdrukte de opstand en nam de documenten in beslag die de inmenging van de VS in Grosni-Baku bewezen.

De imperialisten stapten vervolgens naar het Congres en probeerden erkenning te krijgen van een "Nationale Republiek Georgië", waarvan de regering in ballingschap in Parijs verbleef. Maar het State Department, in cahoots met de Bolsjewieken, verzette zich tegen het project en het ging niet door. Rockefeller-Standard liet zich niet afschrikken en verkreeg concessies om Russische olie te kopen tegen lage prijzen, en de Anglo-Amerikaanse oliemaatschappij kocht 250.000 ton olie uit Bakoe. Plotseling stopte de anti-bolsjewistische Rockefeller-olielobby met het belasteren van Rusland en begon het te prijzen. Rockefeller probeerde vervolgens steeds grotere contracten te sluiten met Russische olieleveranciers en kocht in 1927 500.000 ton.

Het begon heel goed te gaan tussen Rockefeller en de Bolsjewieken, ondanks de horrorverhalen die uit het door de communisten gecontroleerde regime kwamen. In juni 1927 bestelde Standard Oil 360.000 ton extra olie en ondertekende Vacuum-Standard een contract van 12 miljoen dollar per jaar met de bolsjewieken.

De horrorverhalen van de imperialistische oliejuntas (Bush, Cheney en Rumsfeld) over Saddam Hoessein (het beest) maakten de weg vrij voor een ongekende aanval op Irak, een zogenaamde "preventieve aanval", die elk beginsel van de Amerikaanse grondwet schond en het internationaal recht met voeten trad.

Toch deden ze graag zaken met de bolsjewistische beesten, wier staat van dienst van wrede moord en onderdrukking van vrijheden in Rusland alles wat Saddam Hoessein zijn volk aandeed honderdduizend keer overtreft. De regering Bush durft in verheven termen te spreken over de "moraal" die aan haar kant staat, en vervolgens vertellen fundamentalistische christelijke tv-predikers de natie dat deze kwaadaardige imperiale oliejunters een "rechtvaardige oorlog" voeren.

Het Britse tijdschrift *The Outlook* vatte de situatie van de oliehandel met de bolsjewieken samen, en het daarin verwoorde standpunt zou perfect passen bij de oliejuntas van Bush, Cheney en Rumsfeld als we het tijdsbestek zouden veranderen van 1928 in 2003:

De Britse en Amerikaanse autoriteiten beschouwen de handel met Russische olie als legitiem... Het simpele feit is dat verschillende bedrijven elkaar de loef hebben proberen af te steken.

De smerige intriges en concurrentie zijn al luguber genoeg; de pogingen om ze te verklaren in termen van moraal en ethiek zijn pure hypocrisie. Het is onfatsoenlijk en walgelijk.

Nu komen we bij de "moraliteit" van de imperiale oliejuntas van Bush-Cheney aan het roer van de Verenigde Staten. Zij hebben Irak aangevallen, zonder een enkel fragment, een enkel restje gezag van de Amerikaanse grondwet en het internationaal recht, en hebben duizenden bommen en kruisraketten op de open en onverdedigde stad Bagdad gegooid, in strijd met het internationaal recht, en zij hopen vol vertrouwen de straf en het oordeel van de Neurenberg-protocollen te ontlopen.

Bovendien heeft de imperialistische junta enorme winsten behaald met de "wederopbouw" van Irak na de bombardementen. De bedrijven Haliburton en Bechtel, vice-president van de oliejunt, Richard Cheney, haalden ruim voor het begin van de "vijandelijkheden" een lucratief contract van 6 miljard dollar binnen. Als het Amerikaanse volk dit accepteert, verdient het het lot dat hen is overkomen.

Voor zijn moed ontving Bechtel in het geheim een CBE (Commander of the British Empire) van koningin Elizabeth II. Het succes van de enorme propagandamachine verhinderde elke redelijke discussie door het Amerikaanse volk dat, zoals we aan het begin van de aanval zeiden, de oorlog van de oliejuntas tegen Irak met een marge van 75% steunde. Als gevolg daarvan is de waarheid over de barbaarse aanval van 20 maart 2003 bij relatief weinig mensen bekend.

George Orwell zou de oliejuntas en hun imperiale mars naar Irak hebben begrepen. De in 1903 geboren meester-technicus, opgeleid in de kunst van propaganda en diplomatie door misleiding, zou niet geaarzeld hebben de oliejuntas van Bush-Cheney-Rumsfeld aan te pakken. Maar helaas voor Amerika stierf Orwell in 1950, de wereld achterlatend met een diepgaand begrip van hoe dingen werken in zijn boek 1984. De samenvatting geschreven door Paul Foot en gepubliceerd op 1 januari 2003 is het citeren waard:

> Dit jaar, vermoed ik, zal voor velen van ons het jaar van George Orwell zijn. Geboren in 1903 en gestorven in 1950, bleef hij de Britse literaire scène domineren. In dit eeuwfeestjaar zullen de linkse debatten tussen zijn aanhangers, waartoe ik behoor, en zijn tegenstanders, die zich de goede oude tijd van kameraad Stalin herinneren, zeker onderhoudend worden herhaald.

HOOFDSTUK 7

De overgang naar barbarisme

We beginnen Orwells jaar door eraan te herinneren dat zijn beroemde satire, "1984", een afschuwelijke wereld voorzag die verdeeld was in drie machtsblokken, die voortdurend van kant wisselden om elkaar te blijven bestrijden.

De regeringen van deze drie landen houden de trouw van hun burgers in stand door te beweren dat er altijd één oorlog, één vijand is geweest. De partij zei dat Oceanië nooit een bondgenootschap met Eurazië had gesloten. Hij, Winston Smith, wist dat Oceanië pas vier jaar geleden een bondgenootschap met Eurazië was aangegaan. Maar waar bestond deze kennis? Alleen in zijn eigen bewustzijn. Het enige wat nodig was, was een eindeloze reeks overwinningen op z'n eigen geheugen. Reality control, zoals ze het noemen: Novlangue; 'doublethink'.

We hebben deze "doublethink" over Irak en het bestaat op andere plaatsen dan onze gedachten. Er is Margaret Thatchers staat van dienst van Oceanië (de VS en Groot-Brittannië) en haar verraderlijke complot om de VS in 1991 een oorlog met Irak te laten beginnen. En dan is er de dubbelzinnigheid van April Glaspie om president Saddam Hoessein in deze val te lokken, een volgende stap op de lange weg die bezaaid is met pogingen van Amerikaanse imperialisten om Irak van zijn olie te ontdoen.

Het Amerikaanse volk heeft door zijn zwijgen in 1991 en opnieuw in 2008 imperialistische daden van barbarij en massavernietiging goedgekeurd zonder een kik te geven. Het Amerikaanse volk heeft weinig aandacht geschonken aan de opzettelijke vernietiging van zijn grondwet door de opeenvolgende Bush-regeringen en heeft geen kik gegeven. Waarom zou Duitsland zich moeten houden aan de doctrine van "collectieve verantwoordelijkheid" en de Verenigde Staten niet, na hun acties in Irak? Waar is de collectieve verantwoordelijkheid voor de oorlogsmisdaden die in opdracht van George Bush, Margaret Thatcher en hun imperialistische collega's tegen Irak zijn begaan? Twaalf jaar lang bleven documenten ongezien in Britse en Amerikaanse archieven, documenten waarin gedetailleerd wordt beschreven hoe "Oceanië" Irak bedroog en voorloog. Margaret Thatcher gaf, voordat ze Hoessein aanklaagde, meer dan 1,5 miljard dollar uit om Irak uit te rusten met "massavernietigingswapens". Dit werd gedaan omdat "Oceanië" een blok had gevormd met Irak, en Hussein was het blauwogige kind van het Oceanische regime. Tijdens het gigantische Scott-onderzoek dat in 1996 in Groot-Brittannië werd gehouden, lekten enkele details van deze gigantische dubbelhartigheid uit.

In de jaren tachtig leverde de regering Thatcher Irak de meeste militaire uitrusting die volgens de wet "verboden" zou zijn. Chieftain tanks werden naar Jordanië gesmokkeld, vanwaar ze naar Bagdad werden verscheept. De voorschriften voor werktuigmachines werden "versoepeld" om Iraakse wapenproducenten in staat te stellen hun bedrijf te starten. Kredieten voor de aankoop van militair materieel werden vermomd als "civiele ontwikkelingsbehoeften".

In de jaren tachtig werd de "gedurfde strategie", zoals beschreven in de Whitehall-dossiers, om leningen aan de failliete Iraakse dictator te garanderen, gesteund door mevrouw Thatcher zelf, haar minister van Buitenlandse Zaken Douglas Hurd en haar minister van Handel en Industrie Nicholas Ridley. Deze werden op hun beurt hard onder druk gezet door ambtenaren van Whitehall's Arms Sales Department - de defensie-exportorganisatie - die nauwe banden hadden met de wapenbedrijven. De Iraakse garanties waren te riskant om echte commerciële voorstellen te zijn. Ze werden verleend op grond van afdeling twee van een speciale bepaling die zogenaamd "in het nationaal belang" was.

De garanties zouden alleen betrekking hebben op civiele projecten. Maar één bedrijf, RACAL, dat onder Sir Ernie Harrison regelmatig 80.000 dollar per jaar doneerde aan de Tories, ontving vervolgens een geheime "defensietoelage" van 45 miljoen dollar van het ECGD nadat het in 1985 een contract met Irak had binnengehaald. Uit ECGD-documenten blijkt dat ambtenaren protesteerden tegen het feit dat één bedrijf vrijwel alle voordelen van deze geheime samenwerking kreeg. Maar ze werden afgewezen.

RACAL bouwde een fabriek in Irak toen de Golfoorlog uitbrak. Vervolgens moest de ECGD een verzekeringscheque van 18 miljoen dollar uitschrijven aan de bankiers van RACAL. In 1987 kreeg Marconi Command and Control een banklening van 12 miljoen dollar met een garantie van de belastingbetaler om AMERTS - het artillerie weersysteem - aan het Iraakse leger te verkopen. Cruciaal voor nauwkeurig artillerievuur, AMERTS gebruikt weerballonnen gekoppeld aan radar om de windsnelheid te meten.

Het waren twee van deze mobiele eenheden die de Amerikaanse WMD-jagers met veel tamtam aankondigden als "biologische wapens", om vervolgens rood aangelopen terug te krabbelen toen deskundigen zeiden dat ze werden gebruikt om artillerie-opsporingsballonnen met waterstof te vullen.

Maar de geheime ECGD toewijzing was gebruikt voor RACAL. Dus lieten ambtenaren van het Ministerie van Defensie het contract herclassificeren als civiel. De duistere deal bracht ECGD ambtenaren ertoe om privé te protesteren dat ze misleid waren door het MvD. ECGD schreef uiteindelijk een cheque uit voor 10 miljoen dollar toen Marconi zijn geld niet kreeg.

Tripod Engineering, gesteund door John Laing International, is erin geslaagd een contract van 20 miljoen dollar als civiel te laten classificeren, hoewel het ging om een opleidingscomplex voor gevechtspiloten voor de Iraakse luchtmacht. Bij de onderhandelingen profiteerde Tripod van de hulp van een Air Vice-Marshal die, kort na zijn pensionering, door Tripod werd betaald als consultant, zonder de toestemming van het Ministerie van Defensie te vragen, zoals de regels voorschrijven. In het Scott-rapport werd geconcludeerd dat zijn gedrag, ook al was het onbedoeld, aanleiding kon geven tot verdenking.

Het Scott-rapport noemt herhaaldelijk opeenvolgende wapencontracten met Irak die de natie 1,5 miljard dollar hebben gekost.

Conservatieve kabinetsleden weigerden te stoppen met het lenen van gegarandeerde fondsen aan president Saddam. De bedrijven die profiteerden van de aanbesteding hebben sindsdien hun chips verzilverd. Midland Bank werd verkocht aan de Hong Kong bank (HSBC) en Grenfell werd verkocht aan de Duitse Deutsche Bank.

Zelfs als Groot-Brittannië nu herstelbetalingen krijgt van president Saddam...

Gezien de wanbetalingen op leningen van 1,5 miljard dollar zal dit niet genoeg zijn om de kosten van de oorlog voor Groot-Brittannië te dekken. Deze kosten zijn geschat op 4-6 miljard dollar, afhankelijk van hoeveel bezetting en administratie Groot-Brittannië moet doen.

Amerika zal nooit de kosten van deze oorlog of de betrokkenheid van bijvoorbeeld de Amerikaanse reuzenconglomeraten Bechtel en Haliburton kennen. Maar we weten wel dat de kosten van de oorlog tot nu toe worden geschat op 650 miljard dollar (cijfers van medio 2008). Het dubbele verraad van April Glaspie en George Bush is ongestraft gebleven; Oceanië's dubbele denktrant is erin geslaagd de wereld te misleiden.

Deze novellistische dubbelzinnigheid was groots toen Oceanië (Groot-Brittannië en de VS) de oorlog tegen Irak begon. Wij, de Winston Smiths van nu, weten dat de VS en Groot-Brittannië 15 jaar geleden een bondgenootschap met Irak sloten. Wij weten dat de Britse minister van Buitenlandse Zaken de kant van Saddam Hoessein koos toen hij zijn eigen volk al die vreselijke dingen aandeed die in het recente doublethink-dossier van Jack Straw worden opgesomd.

We weten dat onze regering haar eigen richtlijnen veranderde om Saddam de ingrediënten te verkopen voor de massavernietigingswapens die hij al dan niet had. We weten ook dat de belangrijkste bases van waaruit Amerikaanse bommenwerpers opstegen om Irakezen te doden in Saoedi-Arabië liggen, wiens regime nog dictatorialer, wreder en terroristischer is dan dat van Saddam Hoessein. (En, we haasten ons eraan toe te voegen dat Koeweit tien keer erger is dan Irak en Saoedi-Arabië als het gaat om brute dictatuur). Maar waar bestaat deze kennis? Het bestaat alleen in ons bewustzijn.

Orwells grote roman was niet alleen een satire, maar ook een vreselijke waarschuwing. Hij wilde zijn lezers waarschuwen voor de gevaren van het toegeven aan de leugens en verdraaiingen van machtige regeringen en hun mediaspelers.

De anti-oorlogsbeweging heeft zich in Groot-Brittannië en de Verenigde Staten niet snel ontwikkeld. Gelukkig kunnen we nog steeds, zoals Orwell in een andere passage aanspoort, "ons geweten in kracht omzetten" en ons ontdoen van de oorlogszuchtigen "zoals paarden zich ontdoen van vliegen". "Als we dat niet doen, maken we ons op voor een nieuwe vreselijke cyclus van overwinningen op ons eigen geheugen en doublethink....".

We moeten "af van de oorlogszuchtigen" en hun nieuwe leugens. We moeten de media, hun waakhonden en hun sycofanten in het juiste perspectief plaatsen, onder de noemer "aangeboren leugenaars". Doen we dat niet, dan zijn we gedoemd te leven onder een regime dat net zo angstaanjagend is als het regime dat in Orwells 1984 wordt beschreven. Daar kunnen we absoluut zeker van zijn. Ga terug naar 1991 en herbeleef de leugens, het bedrog en de dubbelzinnigheid van George Bush Sr, April Glaspie, Margaret Thatcher en haar trawanten en leg uw herinneringen aan die gebeurtenissen naast uw bewustzijn van de gebeurtenissen van vandaag en zie de opvallende gelijkenis. Laat dan uw stem van protest horen.

Laten we onze aandacht richten op de genocidale oorlog die nog steeds wordt gevoerd tegen de voormalige kleine natie Irak, een volk en een natie die de Verenigde Staten nooit kwaad hebben gedaan, hoewel wij in de Verenigde Staten juist een lange geschiedenis hebben van pogingen om hen kwaad te doen. Sinds de jaren 1920 getuigen honderden pagina's historische documenten van deze waarheid. Geheime regeringen, de olie-industrie en mediawaakhonden die samenspannen met Oceanië hebben al vreselijke schade toegebracht aan een onschuldig volk.

De Britse inspanningen om Irak te strippen zijn nog erger dan die van de Verenigde Staten, hoewel zij evenveel verantwoordelijkheid moeten nemen voor hun brute barbaarsheid jegens deze kleine en vrijwel weerloze natie. De Britse inspanningen kristalliseerden zich in het opdelen van een deel van Irak en noemden het "Koeweit". Met wapengeweld creëerden zij een nieuwe "staat" die zij Koeweit noemden, een marionet van Westminster, geleid door enkele van de ergste tirannen in de geschiedenis van het Midden-Oosten, de familie Al Sabah.

Maar toen Irak probeerde terug te eisen wat rechtmatig van hen was, stuurde Bush van Oceanië Glaspie om Hoessein en het Amerikaanse volk schaamteloos voor te liegen door de Iraakse troepen groen licht te geven om Koeweit binnen te vallen en te ontmantelen. Glaspie's dubbele tong vertelde Hoessein:

> "Wij mengen ons niet in grensgeschillen tussen Arabische staten.

Erger nog, toen ze later voor de Senaat werd gebracht (voor haar verdwijning), loog Glaspie opzettelijk en is ze tot nu toe aan de gevolgen van haar verraad ontsnapt. Ze heeft het volk van Oceanië bedrogen. Deze vrouw, deze minnares van de oliejunta's, is rechtstreeks verantwoordelijk voor de dood van meer dan een miljoen Irakezen in de imperiale strijd om olie.

Wat is het verschil tussen wat Duitsland deed, dat eindigde in de tribunalen van Neurenberg, en wat Oceanië met Irak deed? Er is geen enkel verschil. De huidige en vroegere leiders van Oceanië moeten schoppend en schreeuwend voor de rechter worden gesleept en berecht voor hun gruwelijke en ernstige misdaden.

Zolang dat niet gebeurt, zal er geen vrede in de wereld zijn. Ondertussen gaan de hogepriesters van Oceanië door met hun dubbelzinnigheid. Rumsfeld was een van de beste beoefenaars van dit soort desinformatie. Op 20 maart 2003 beweerde hij dat er een groot aantal "coalitiepartners" was in de oorlog tegen Irak, terwijl er in feite maar twee waren: Australië en Groot-Brittannië. Het gebruik van het woord "coalitie" om steun voor zijn zaak op te bouwen was dus in feite een misleiding. De enige echte krachten in de alliantie zijn de Amerikaanse marine, het leger en de luchtmacht.

De categorische eis van president Bush dat mensen zich onderwerpen aan een rangorde: Men kan inderdaad voor de Verenigde Staten zijn en tegelijkertijd volledig tegen de wrede barbaarsheid zijn die tegen het Iraakse volk wordt uitgeoefend. Bush verwacht dat de meerderheid zich neerlegt bij zijn dubbele standaarden, maar in ons geweten moeten we ons tegen hem verzetten. Deze oorlog gaat niet over "vaderlandsliefde" en "steun aan de troepen". Deze oorlog gaat over de waarheid, en de waarheid is dat de imperialistische Verenigde Staten tweemaal een kleine, zwakke natie hebben aangevallen zonder reden en zonder rechtvaardiging, maar zich nu proberen te onttrekken aan de afschuwelijke misdaad die ze hebben begaan.

De enige manier om op te staan en meetellen is de waarheid op straat te brengen. We komen nergens met het Amerikaanse Congres. Het heeft zich door deze vreselijke crisis heen geworsteld, opgesloten in de armen van de oliejuntas, zijn oren doof en gesloten voor de aanhoudende wereldwijde protesten, doodsbang voor de multinationals. We moeten onszelf opnieuw classificeren als tegenstanders van de olie junta, die de natie naar de ondergang leidt, en we moeten ons verzetten tegen degenen die marcheren onder de vlag van de olie-industrie.

George Orwell:

> Zet je geweten om in kracht. Schud de oorlogszuchtigen af als vliegen.

Alleen zo kunnen we hun streven naar een nieuwe wereldorde

verslaan. Als we falen, zullen de oorlogsstokers van Oceanië ons verpletteren, en dat mogen we niet laten gebeuren. Als we een toekomst voor onze kinderen en onszelf willen, moeten we Oceanië verslaan. Helaas is het Amerikaanse volk niet opgewassen tegen de uitdaging om in de oorlog te worden meegesleurd door een oorlogszuchtige Republikeinse partij die, in de nasleep van 9/11, alle beperkingen (inclusief de door de Amerikaanse grondwet opgelegde controles) overboord heeft gegooid, en dus is er geen terughoudendheid geweest bij de Amerikaans-Britse imperiale militaire aanval op Irak, onder het zwakke voorwendsel van het vinden van niet-bestaande "massavernietigingswapens" (in de taal van Tavistock), maar in werkelijkheid met het doel de Iraakse olie te ontfutselen.

Het succes van de enorme propagandamachine die zonder terughoudendheid tegen het Amerikaanse volk wordt ingezet, is een van de belangrijkste ontwikkelingen in de geschiedenis van deze wetenschap, die een lange weg heeft afgelegd sinds de dagen van Wellington House, Bernays en Lipmann. Met de gemiddelde aandachtsspanne van de Amerikaan van slechts twee weken, zullen de leugens en verdraaiingen over "massavernietigingswapens" spoedig worden vergeten, en zullen de Britse en Amerikaanse regeringen van Blair en Bush worden vergeven. Het probleem is gewoon te groot om onder het tapijt te vegen, maar het zal vervagen als de tijd het van de voorpagina's van de nieuwsmedia verdrijft.

In zijn State of the Union toespraak tot het Amerikaanse Congres op 28 januari 2003 vertelde president Bush de wereld dat er geen tijd te verliezen was, geen tijd om te wachten. Zich laten tegenhouden door de VN of door de massale wereldwijde protesten tegen de aanval op Irak, zei Bush, zou de Verenigde Staten en Groot-Brittannië blootstellen aan "Saddams massavernietigingswapens".

Bush heeft categorisch verklaard dat Irak zich moet verantwoorden voor... 25.000 liter antrax, 38.000 liter botulinum toxine, 500 ton sarin, mosterdgas, VX zenuwgas en verschillende mobiele laboratoria voor biologische wapens, alsmede geavanceerde ontwikkelingen op het gebied van nucleaire wapens.

Op basis van deze bewering, die in de Verenigde Naties werd herhaald door minister Powell en in het Britse parlement door premier Blair, werd 51% van de Amerikanen overgehaald om in te stemmen met een onmiddellijke militaire aanval op Irak, ondanks het feit dat dit volgens de Amerikaanse grondwet verboden is en dat de VN-Veiligheidsraad heeft geweigerd een oorlog tegen Irak goed te keuren. We zullen hier niet ingaan op de grove schending van het internationaal recht door de Amerikaanse en Britse regering, maar het volstaat te zeggen dat de invasie van Irak door de Amerikaanse strijdkrachten in strijd was met elk van de vier Verdragen van Genève, de Haagse regels van 1922 over oorlogsvoering vanuit de lucht en de Protocollen van Neurenberg. In het Britse parlement hield Blair een hartstochtelijke toespraak om weifelende leden van zijn eigen partij te overtuigen, waarbij hij meelevend verklaarde dat Irak binnen 45 minuten een aanval op Groot-Brittannië zou kunnen uitvoeren met chemische en biologische massavernietigingswapens. Hij vertelde het Lagerhuis dat de inlichtingendiensten bewijs hadden geleverd dat Irak massavernietigingswapens bezat en bereid was deze te gebruiken. Zonder Blairs overredingskracht, gecombineerd met wat hij beweerde dat inlichtingenrapporten waren die zijn beweringen ondersteunden, zou het Parlement niet hebben ingestemd met de haast om oorlog te voeren tegen Irak. Nu blijkt dat de weg naar de oorlog geplaveid was met leugens. Zoals de krant de *Independent* stelde:

> De argumenten om Irak binnen te vallen om zijn massavernietigingswapens te elimineren waren gebaseerd op het selectieve gebruik van inlichtingen, overdrijving, het gebruik van bronnen waarvan bekend was dat ze in diskrediet waren gebracht en regelrechte verzinsels, enz.

Met het einde van het bewind van de Iraakse president verwachtten we dat dergelijke wapens zouden worden gevonden, vooral omdat premier Blair het Parlement vertelde dat ze in 45 minuten klaar en operationeel konden zijn. Het is heel moeilijk om raketten te verbergen op een lanceerplatform of -voertuig, allemaal geladen met brandstof en klaar om te worden afgevuurd. Toch was er op 15 mei 2008 nog geen dergelijk wapen gevonden, ondanks een reeks intensieve doorzoekingen door teams van 6000 Amerikaanse en Britse "inspecteurs". President Bush weigerde categorisch toestemming te geven voor de terugkeer van VN-wapeninspecteurs naar Irak, zoals gevraagd door hoofdinspecteur Hans Blix, ondanks de resolutie van de VN-Veiligheidsraad die nog steeds van kracht was. Een koppige Bush verzette zich tegen het hoofd van het VN-zoekteam. Er komt geen terugkeer van de VN-zoekteams naar Irak. Bush was even onvermurwbaar dat de wapens gevonden zouden worden. Aangevallen voor zijn gebrek aan vooruitgang in dit opzicht werd 'coalitiepartner' Jack Straw, die Blair had gesteund met minstens 35 positieve verklaringen dat Irak een gevaar vormde voor de hele wereld vanwege zijn massavernietigingswapens, op 15 mei 2004 in het Parlement gedwongen terug te krabbelen.

Volgens een verslag van de Londense politiek correspondent Nicholas Watt over de debatten in het Huis van Afgevaardigden (Groot-Brittannië krabbelt terug op de "omstreden kwestie van Iraakse wapens"), heeft Groot-Brittannië zich moeten terugtrekken op het zo belangrijke punt van de massavernietigingswapens. Jack Straw heeft een voorbeeld genomen aan de Amerikaanse minister van Buitenlandse Zaken Powell en nationaal veiligheidsadviseur Rice, die probeerden het dilemma van het niet ontdekken van de legendarische wapens van Irak te omzeilen:

> Groot-Brittannië is teruggekomen op de kwestie van de massavernietigingswapens van Irak, waarbij minister van Buitenlandse Zaken Jack Straw moest toegeven dat er misschien nooit harde bewijzen zullen worden gevonden. Hij zei dat het "niet van cruciaal belang" was om ze te vinden omdat het bewijs van Irak's wandaden overweldigend was. Hij wuifde de betekenis van het niet vinden van verboden wapens weg door te verwijzen naar het feit dat Hans Blix, de VN's hoofd wapeninspecteur, voor de oorlog een

"fenomenale hoeveelheid bewijsmateriaal" had ontdekt. Deze "fenomenale hoeveelheid bewijsmateriaal" bestond uit 10.000 liter antrax, waarmee een tankwagen slechts gedeeltelijk was gevuld.

"Het valt nog te bezien of we een derde van een tank benzine kunnen vinden in een land dat twee keer zo groot is als Frankrijk," zei de heer Straw.

"We zijn geen oorlog begonnen op basis van quota. We zijn ten strijde getrokken op basis van bewijs dat volledig beschikbaar was voor de internationale gemeenschap."

Zijn opmerking, die door critici van de oorlog wordt herhaald, is een dramatische stap terug ten opzichte van de bewering van de ministers dat Saddam Hoessein binnen 45 minuten een chemische en biologische aanval zou kunnen uitvoeren. De heer Straw zou ook problemen kunnen krijgen met Dr. Blix, die zich zou kunnen verzetten tegen de bewering dat hij "overweldigend bewijs" heeft geleverd voor het bestaan van verboden wapens. De altijd voorzichtige Dr. Blix zei alleen dat er een "sterk vermoeden" bestond dat Irak 10.000 liter miltvuur had.

Als advocaat was de heer Straw voorzichtig om te zeggen dat Dr. Blix slechts had "gesuggereerd" dat Irak antrax had, maar hij probeerde aan te tonen dat het bestaan van antrax kon worden aanvaard toen hij de ontdekking van chemische en biologische combinaties beschreef als "verder bewijs". "

Alice Mahon, het Labour parlementslid voor Halifax, die een van de meest uitgesproken critici van de regering is, zei:

"De hele basis van de oorlog is gebaseerd op een onwaarheid. De hele wereld kan zien dat ministers terugkomen op hun beweringen. De mensen geloofden echt wat de premier zei over het wapenprogramma van Irak en zijn vermogen om binnen 45 minuten een aanval uit te voeren. Dat maakt de oorlog nog illegaler."

Labour dissidenten, onder leiding van voormalig minister van Defensie Peter Kilfoyle, zullen de druk op de regering opvoeren door een motie in het Lagerhuis in te dienen waarin bewijs van massavernietiging wordt geëist. Zij zijn vooral bezorgd over deze kwestie omdat een aantal ministers, onder leiding van Tony Blair, vóór de oorlog de steun van weifelende parlementsleden hebben gewonnen door alarmerende waarschuwingen over de dreiging van Saddam Hoessein af te geven. Toen de kritiek op het niet vinden van verboden wapens toenam, worstelden de ministers met het vinden van een plausibele verklaring. Maar tot nu toe waren hun verklaringen nep.

HOOFDSTUK 8

De onvindbare ADM's

Het onderzoeksteam voor massavernietigingswapens in Irak beëindigt zijn werkzaamheden zonder bewijzen te hebben gevonden dat Saddam Hoessein voorraden chemische, biologische of nucleaire wapens had. Het team heeft talrijke locaties onderzocht die volgens de Amerikaanse inlichtingendienst waarschijnlijk massavernietigingswapens bevatten, maar heeft nu toegegeven dat het onwaarschijnlijk is dat er wapens worden gevonden.

De operaties worden afgebouwd en een kleinere eenheid, de Iraq Survey Group, zal het overnemen. Het hoofd van de US Army's Exploitation Task Force 75, kolonel Richard McPhee, zei dat zijn team van biologen, chemici, computerwetenschappers en documentenspecialisten in Irak aankwam op basis van de waarschuwing van de inlichtingendiensten dat Saddam een "vrijgavevergunning" had gegeven aan degenen die de leiding hadden over een chemisch arsenaal. "We hebben al deze mensen niet voor niets in gevaarlijke pakken gestoken," zei hij tegen de *Washington Post*. Maar als ze van plan waren deze wapens te gebruiken, moest er iets zijn om te gebruiken en dat hebben we niet gevonden. Hier zullen nog lang boeken over geschreven worden in de inlichtingenwereld.

Saddams vermeende bezit van dergelijke wapens was een van de belangrijkste voorwendsels die door Washington en Londen werden gebruikt om de oorlog tegen Irak te rechtvaardigen. In een presentatie voor de Verenigde Naties in februari 2000 noemde de toenmalige Amerikaanse minister van Buitenlandse

Zaken Colin Powell locaties die volgens hem WMD produceerden. Toen George Bush op 1 mei aan boord van de USS Abraham Lincoln zijn overwinningsverklaring aflegde, zei hij:

> We zijn begonnen met het zoeken naar verborgen chemische en biologische wapens en we weten al van honderden locaties die zullen worden onderzocht.

Er is enige vooruitgang geboekt. Er werd gemeld dat een team van MVW-deskundigen had geconcludeerd dat een bij de stad Mosul in Noord-Irak gevonden aanhangwagen een mobiel laboratorium voor biologische wapens was. Het team was het daarmee eens, maar andere deskundigen waren het daar niet mee eens. Sommige functionarissen beweren dat er wel drie van dergelijke laboratoria zijn ontdekt, hoewel in geen enkel ervan biologische of chemische agentia zijn aangetroffen. (Het bleek dat de "mobiele laboratoria" voertuigen waren die waren uitgerust om artillerie-opsporingsballonnen te vullen met waterstofgas, hoewel deze informatie verborgen bleef in de achterpagina's van Britse en Amerikaanse kranten).

Op 11 mei zei generaal Richard Myers, voorzitter van de Amerikaanse Joint Chiefs of Staff, dat de MVW nog steeds in handen zouden kunnen zijn van Iraakse speciale eenheden. Zijn ze volledig ingezet en hadden ze tegen ons gebruikt kunnen worden, of liggen ze misschien nog ergens in een soort bunker en hadden ze gebruikt kunnen worden? zei hij in het regionale hoofdkwartier van de VS in Qatar. Maar de mensen ter plaatse waren sceptischer. US Central Command begon de oorlog met een lijst van 19 verdachte prioritaire wapenlocaties. Op twee na werden ze allemaal doorzocht zonder dat er bewijzen werden gevonden. Nog eens 69 locaties werden geïdentificeerd als aanwijzingen voor de locatie van massavernietigingswapens. Daarvan werden er 45 zonder succes doorzocht.

Volgens sommige deskundigen was een van de problemen dat de WMD-zoekteams te lang werden opgehouden, waardoor de Iraakse troepen de apparatuur konden ontmantelen of vernietigen. Anderen geloven dat de inschatting van het bestaan van dergelijke wapens verkeerd was. Een functionaris van de Defense Intelligence Agency zei:

"We kwamen naar het land van de beer, we kwamen geladen voor de beer en we ontdekten dat de beer er niet was. De vraag was 'waar zijn de chemische en biologische wapens van Saddam Hoessein?' Wat is nu de vraag? Dat proberen we uit te zoeken.

Tegen 2008 was het duidelijk dat het hele verhaal over het bezit van massavernietigingswapens door Hoessein niets anders was dan een walgelijke leugen van enorme proporties, zoals werd bevestigd door het rapport van de Senaatscommissie onder leiding van senator Jay Rockefeller. Deze commissie heeft Bush en Cheney met naam en toenaam veroordeeld en hen ervan beschuldigd het Amerikaanse volk en het Congres opzettelijk te hebben misleid. De zoektocht naar massavernietigingswapens wordt voortgezet onder auspiciën van de Iraq Survey Group, die ook informatie zoekt over de regering van president Hoessein. Het Witte Huis beweert dat deze eenheid groter is dan de task force. Maar functionarissen hebben toegegeven dat het aantal personeelsleden dat belast is met het vinden van wapens is verminderd. Wekenlang hebben we eindeloze berichten gehoord over de mogelijke ontdekking van chemische en biologische wapens door Amerikaanse en Britse troepen in Irak. Enkele uren of dagen later, als je de achterpagina's van de kranten doorbladerde, ontdekte je dat het gewoon weer een vals alarm was. Maar wat nooit werd vermeld was dat deze wapens, zelfs als ze ooit hebben bestaan, vijf, tien of vijftien jaar geleden zijn gemaakt, en vrijwel zeker onbruikbaar zouden zijn geweest, ver voorbij hun stabiele levensduur, volgens de eigen documenten van het Ministerie van Defensie, gebaseerd op een decennium van internationale inspecties, elektronisch toezicht en informatie verstrekt door "spionnen en overlopers".

Er is nooit sprake van geweest dat Irak programma's voor massavernietigingswapens had, maar geen daadwerkelijke wapens, noch was de wereld naïef genoeg om erop te vertrouwen dat Saddam Hoessein niet zou proberen deze wapens voor de VN-inspecteurs te verbergen.

De rechtvaardiging voor de Amerikaanse invasie was echter dat Irak na een decennium van sancties, oorlog, Amerikaanse bombardementen en VN-inspecties nog steeds een levensvatbare nucleaire, chemische en biologische bedreiging vormde. De regering-Bush verklaarde dat deze wapens buiten de grenzen van Irak konden worden ingezet of aan terroristische groeperingen konden worden geleverd.

Helaas voor Bush is er absoluut geen basis voor dit argument, dat zo krachtig naar voren werd gebracht door de toenmalige minister van Buitenlandse Zaken Colin Powell in de Verenigde Naties, toen hij beweerde duidelijk bewijs te hebben dat er in Irak enorme voorraden lagen opgeslagen van alles en nog wat, van sarin-gas, ook bekend onder de NAVO-benaming GB, tot miltvuur, tot raketten die de sancties kunnen doorbreken, klaar voor gebruik.

Het deed er niet toe dat dezelfde Iraakse overloper die Powell vertelde over de voorraden chemische en biologische wapens ook zei dat ze volledig waren vernietigd, wat Powell verzuimde de Verenigde Naties en de wereld te vertellen. Het deed er niet toe, zelfs als het waar was - wat het niet was - omdat die voorraden vrijwel zeker onbruikbaar zouden zijn geworden en vergaan na al die jaren op de plank.

Vreemd genoeg verzuimden de Amerikaanse media bijna zonder uitzondering te vermelden dat de meeste biochemische middelen een vrij beperkte levensduur hebben. De weinigen die dat wel deden, citeerden meestal Scott Ritter, voormalig VN-wapeninspecteur voor Irak en controversieel tegenstander van de oorlog. Volgens Ritter zijn de bekende chemische wapens van Irak, zoals Sarin en Tabun, vijf jaar houdbaar, terwijl VX iets langer meegaat. Saddams belangrijkste biologische wapens zijn niet veel beter: botulinum toxine is ongeveer drie jaar werkzaam, en vloeibare antrax ongeveer hetzelfde (onder de juiste omstandigheden). En Ritter voegt eraan toe dat, aangezien alle chemische wapens werden gemaakt in Irak's enige chemische wapencomplex - de Muthanna State Establishment, die werd vernietigd in de eerste Golfoorlog in 1991 - en alle biologische wapenfabrieken en onderzoeksdocumenten duidelijk werden vernietigd in 1998, alle resterende voorraden biologische/chemische wapens nu "ongevaarlijk en nutteloos" zijn.

Anderen hebben Ritters geloofwaardigheid echter in twijfel getrokken. Als voormalig havik en voorstander van een invasie van Irak na de eerste Golfoorlog, schreef hij nog in 1998 in een artikel voor de *New Republic* dat Saddam er wellicht in was geslaagd om alles wat hij bezat, van krachtige biologische en chemische agentia tot zijn gehele nucleaire wapeninfrastructuur, te verbergen voor VN-inspecteurs.

Maar de waarheid is dat de massavernietigingswapens van Irak wellicht een nog kortere levensduur hebben dan Ritter beweert - en de Amerikaanse regering weet dat. De "Militarily Critical Technologies List" (MCTL) van het Amerikaanse ministerie van Defensie is een gedetailleerd overzicht van technologieën die volgens het ministerie "essentieel zijn voor het behoud van superieure Amerikaanse militaire capaciteiten". De lijst geldt voor alle missiegebieden, inclusief antiproliferatie.

Wat was de mening van de MCTL over het chemische wapenprogramma van Irak?

Bij de productie van chemische zenuwgas produceerde Irak een inherent instabiel mengsel. Toen de Irakezen chemische munitie produceerden, leken zij zich te houden aan een "maak en gebruik" regime. Te oordelen naar de door Irak aan de VN verstrekte informatie, die later bij inspecties ter plaatse werd geverifieerd, was de kwaliteit van de door Irak geproduceerde zenuwgasjes slecht. Deze slechte kwaliteit was waarschijnlijk te wijten aan een gebrek aan zuivering. Het middel moest snel naar het front worden vervoerd of in de munitie worden afgebroken.

In het rapport van het Ministerie van Defensie staat:

> Bovendien bevatte de chemische munitie die na de (eerste) Golfoorlog in Irak werd aangetroffen sterk verouderde agentia, waarvan een aanzienlijk deel zichtbaar lekte.

De houdbaarheid van deze middelen van lage kwaliteit was

hooguit enkele weken, waardoor het onmogelijk was grote voorraden chemische wapens aan te leggen. Kort voor de eerste Golfoorlog zouden de Irakezen binaire chemische wapens hebben gemaakt, waarbij de relatief niet-giftige ingrediënten van het middel pas worden gemengd vlak voordat het wapen wordt gebruikt, zodat de gebruiker zich geen zorgen hoeft te maken over houdbaarheid of giftigheid. Maar volgens de MCTL "hadden de Irakezen een klein aantal verbasterde binaire munitie waarbij een ongelukkige persoon voor gebruik het ene ingrediënt in het andere moest gieten uit een bus" - een handeling waar maar weinig soldaten toe bereid waren.

Irak heeft mosterdgas geproduceerd, dat iets stabieler is dan zenuwgas. Misschien is het langer houdbaar en worden er nog krachtige vormen van het middel gevonden. Maar het is de vraag in hoeverre we ons zorgen moeten maken over slecht gemaakte agentia uit Irak, jaren nadat ze zijn geproduceerd. En, zoals Ritter nu benadrukt, elke chemische wapenfabriek die de afgelopen jaren in bedrijf was, kan, net als zijn nucleaire tegenhanger, uitlaatgassen hebben uitgestoten; en elk nieuw programma voor biologische wapens zou vanaf nul moeten beginnen. Beide activiteiten zouden gemakkelijk zijn ontdekt door de westerse inlichtingendiensten, maar er is nooit bewijs geleverd omdat er nooit bewijs is gevonden, om de eenvoudige reden dat het niet bestond.

Het argument van de nucleaire dreiging van Irak rustte op een nog wankeler fundament, maar dat weerhield de haviken er niet van het gebrek aan bewijs uit te buiten om onwillige politici af te schrikken.

Net toen het Congres op het punt stond te stemmen over de resolutie die het gebruik van geweld in Irak toestond, koos de regering van Tony Blair dit moment om een schijnbare bom bekend te maken: Britse inlichtingendiensten hadden documenten verkregen waaruit bleek dat Irak tussen 1999 en 2001 had geprobeerd "aanzienlijke hoeveelheden uranium" te kopen van een niet nader genoemd Afrikaans land, "ondanks het feit dat het geen actief civiel nucleair programma had dat het nodig zou kunnen hebben".

De senior verslaggever van The *New Yorker*, Seymour Hersh, schreef dat op dezelfde dag dat Blair dit vermeende "smoking gun" onthulde, CIA-directeur George Tenet de documenten tussen Irak en Niger, het Afrikaanse land in kwestie, besprak tijdens een besloten hoorzitting van de Commissie Buitenlandse Betrekkingen van de Senaat over de kwestie van massavernietigingswapens in Irak. Blair had de documenten overhandigd aan de Amerikaanse inlichtingendienst, en precies op het juiste moment; het bewijs van Tenet was doorslaggevend voor de steun van het Congres aan de oorlogsresolutie, die, zoals we al zeiden, geen bevoegdheid is waarin de Amerikaanse grondwet voorziet. De grondwet vereist dat een oorlogsverklaring wordt goedgekeurd door een gezamenlijke zitting van het Huis en de Senaat. Alles wat minder is, is ongrondwettelijk, en de "resolutie" was ongrondwettelijk en ondoeltreffend omdat ze niet voldeed aan de criteria voor een oorlogsverklaring.

De Internationale Organisatie voor Atoomenergie (IAEA) zou de authenticiteit van deze belangrijke documenten verifiëren voor de VN-Veiligheidsraad, maar kreeg ze pas na maandenlang aandringen van de Amerikaanse regering - een vreemde vertraging, aangezien het Witte Huis van Bush zo graag Saddams nucleaire bedoelingen wilde bewijzen aan een sceptische wereld. Zoals we nu weten heeft Mohamed El Baradei, directeur-generaal van de IAEA, de VN Veiligheidsraad verteld dat de documenten van Niger over de verkoop van uranium duidelijk vervalsingen waren. Deze documenten zijn zo slecht dat ik me niet kan voorstellen dat ze van een serieuze inlichtingendienst komen. Gevraagd naar de vervalsingen tijdens een latere hoorzitting in het Huis, zei minister van Buitenlandse Zaken Colin Powell:

> "Het kwam uit andere bronnen. Het werd te goeder trouw aan de inspecteurs verstrekt."

Vingers wijzen naar de Britse MI6 als de daders; Arabische bronnen wijzen naar de Israëlische Mossad. Deze regering heeft vaak verzwegen dat de VN alle infrastructuur en faciliteiten van Irak's kernwapenprogramma had vernietigd voordat de inspecteurs in 1998 vertrokken. Zelfs als Hoessein de afgelopen vijf jaar in het geheim de materialen had ingevoerd die nodig waren om ze opnieuw op te bouwen, terwijl de VN-sancties, het vliegverbod en de krachtige spionage door westerse troepen stevig van kracht bleven, kon Irak de gassen, hitte en gammastraling die de centrifuge-installaties uitstraalden - en die onze inlichtingendiensten al zouden hebben geïdentificeerd - niet verbergen. Een week na de bom van het IAEA riep senator Jay Rockefeller (D-WV) officieel op tot een FBI-onderzoek naar de zaak, waarbij hij verklaarde dat

> "de vervaardiging van deze documenten kan deel uitmaken van een bredere misleiding om de publieke opinie ... over Irak te manipuleren."

De FBI heeft nooit iets gepubliceerd over deze belangrijke kwestie. Terwijl insiders van het Witte Huis en de media toegaven dat ze niet langer verwachtten veel of geen massavernietigingswapens in Irak te vinden, werden verschillende weinig overtuigende scenario's rondgeslingerd: de wapens gingen naar Syrië, ze werden slechts enkele uren voor de Amerikaanse invasie effectief vernietigd, enzovoort. De waarheid lijkt echter te zijn dat Irak een papieren tijger was, met weinig of geen capaciteit om de VS of Israël te bedreigen.

De regering-Bush heeft haar standpunt over Iraakse massavernietigingswapens, de reden waarom zij de oorlog is ingegaan, gewijzigd. In plaats van te zoeken naar grote voorraden verboden materiaal, hoopt zij nu bewijsstukken te vinden. Deze verandering in retoriek, kennelijk deels bedoeld om de verwachtingen van het publiek te temperen, vond geleidelijk plaats in het verleden, toen Amerikaanse militaire task forces weinig vonden ter ondersteuning van de bewering van de regering-Bush dat Irak enorme voorraden chemische en biologische agentia verborg en actief werkte aan een geheim kernwapenprogramma.

De regering-Bush lijkt te hopen dat de ongemakkelijke feiten uit het publieke debat zullen verdwijnen. "Het gebeurt in grote mate," zei Phyllis Bennis van het Institute for Policy Studies (IPS), een liberale denktank, die tegen de oorlog was. Weinig politici hebben de kwestie ter sprake gebracht, niet bereid om een populaire militaire overwinning ter discussie te stellen. De Californische afgevaardigde Jane Harman, leider van de House Intelligence Committee, uitte echter haar bezorgdheid:

> Hoewel ik vóór de oorlog overtuigd was van de zaak, maak ik mij steeds meer zorgen over het gebrek aan vooruitgang bij het ontdekken van de wapens van Irak. We hebben een volledig overzicht nodig van de inlichtingen waarover het Congres en de oorlogsplanners voor en tijdens het conflict beschikten.

In een peiling *van de New York Times/CBS* zei 49% van hun lezers dat de regering de hoeveelheid verboden wapens in Irak had overschat, terwijl 29% zei dat haar schattingen juist waren en 12% zei dat ze laag waren.

Eerder, in een toespraak op 7 oktober 2005, zei de heer Bush:

> Het Iraakse regime... bezit en produceert chemische en biologische wapens. Het probeert nucleaire wapens te verwerven. We weten dat het regime duizenden tonnen chemische stoffen heeft geproduceerd, waaronder mosterdgas, Sarin-zenuwgas, VX-zenuwgas... En uit bewakingsfoto's blijkt dat het regime de faciliteiten herbouwt die het gebruikte om chemische en biologische wapens te produceren.

In zijn State of the Union toespraak in januari 2006 beschuldigde Bush Irak ervan genoeg materiaal te bezitten... om meer dan 25.000 liter antrax te produceren - genoeg om miljoenen mensen te doden... meer dan 38.000 liter botulinum toxine - genoeg om miljoenen mensen te laten sterven door ademhalingsproblemen... tot 500 ton sarin mosterd en VX zenuwgas.

Tijdens zijn presentatie voor de Veiligheidsraad van de Verenigde Naties op 6 februari verklaarde minister van

Buitenlandse Zaken Colin Powell dat Washington "wist" dat Bagdad raketwerpers en kernkoppen met biologische wapens had verspreid over locaties in het westen van Irak:

> Wij beschikken ook over satellietfoto's waaruit blijkt dat verboden materialen onlangs zijn verplaatst uit een aantal Iraakse installaties voor massavernietigingswapens. Het lijdt geen twijfel dat Saddam Hoessein biologische wapens bezit en de capaciteit heeft om er snel nog veel meer te produceren.

In de getuigenis van het Congres in april zei Powell dat de wapens gevonden zouden worden. In zijn toespraak tot de VN zei hij dat alles wat we daar hadden, beveiligd was.

Een Iraakse legergeneraal heeft gezegd dat de regering van Saddam Hoessein mogelijk voorraden chemische wapens heeft vernietigd enige tijd voordat de VS Irak aanviel om president Hoessein omver te werpen. Maar generaal-majoor David H. Petraeus, commandant van de 101e Luchtlandingsdivisie, zei dat het nog te vroeg was om de locatie of status van Irak's vermoedelijke arsenaal aan onconventionele wapens definitief vast te stellen. Vanuit Mosul sprak generaal Petraeus via de videofoon tot verslaggevers in het Pentagon:

> ... Het lijdt geen twijfel dat er jaren geleden chemische wapens waren, ik weet alleen niet of alles jaren geleden is vernietigd... of ze vlak voor de oorlog zijn vernietigd, of dat ze nog steeds verborgen zijn. Onze eigen chemische afdeling heeft de trailer onderzocht en bevestigd dat hij heel dicht en identiek is aan de eerste trailer die vorige week door speciale eenheden hier in het zuidoosten is gevonden.

Militaire teams doorzochten tientallen verdachte locaties, maar vonden geen illegale wapens. Het bleek dat de trailer deel uitmaakte van een artillerie opsporingsdienst die met gas gevulde ballonnen gebruikte om de nauwkeurigheid van artillerievuur te meten en niets te maken had met kernwapens. Generaal Tommy R. Franks, commandant van de Amerikaanse strijdkrachten in Irak, zei dat de teams uiteindelijk wellicht enkele duizenden locaties zullen moeten doorzoeken op bewijzen voor dergelijke wapens. Generaal Petraeus gaf echter nieuwe details over een vermoedelijk mobiel laboratorium voor biologische wapens dat volgens hem op 9 mei werd ontdekt in Al Kindi, een militair onderzoekscentrum bij Mosul.

Amerikaanse teams hebben nu delen van drie mobiele laboratoria gelokaliseerd, volgens militaire en civiele functionarissen. Generaal Petraeus zei echter dat de bij Al Kindi gevonden trailer niet compleet was. Het zou toch aannemelijk zijn geweest dat als Saddam Hoessein dacht dat zijn laatste uur naderde, hij meer geneigd zou zijn groen licht te geven voor het overhandigen van massavernietigingswapens aan Al Qaida. Het Witte Huis van Bush en het Pentagon lijken echter geen rekening te hebben gehouden met dergelijke mogelijkheden. Zij hebben zich meer beziggehouden met het vinden van bewijzen voor massavernietigingswapens (wat Bush zou helpen de oorlog te rechtvaardigen) dan met het tegengaan van de veronderstelde dreiging die van Irak's massavernietigingswapens uitgaat.

Waarom is het Iraq Survey Team niet aan het begin van de oorlog opgezet en klaar om zo snel mogelijk in te grijpen om te proberen deze objecten die de Verenigde Staten bedreigden te lokaliseren en veilig te stellen? De oorlog was tenslotte geen verrassing. En het nieuws uit Irak was niet bemoedigend. Plunderaars ruimden Irak's nucleaire faciliteiten op lang voordat Amerikaanse onderzoekers ze bereikten. Waren het gewoon aaseters die onbewust radioactief materiaal in handen kregen dat een gevaar vormde voor de gezondheid en het milieu? Of waren het terroristen op zoek naar materiaal voor een vuile bom? In beide gevallen is een legitieme vraag voor Bush, minister van Defensie Donald Rumsfeld en andere ambtenaren van de regering en het Pentagon: waarom hebben jullie niet geprobeerd deze locaties onmiddellijk te beveiligen?

Op 4 mei meldde Barton Gellman van de *Washington Post* dat een speciaal opgeleid team van het ministerie van Defensie pas op 3 mei, na een maand van officiële besluiteloosheid, naar het nucleaire onderzoekscentrum in Bagdad werd gestuurd: de eenheid trof de locatie - waar de overblijfselen van de in 1981 door Israël gebombardeerde kernreactor waren ondergebracht en radioactief afval werd opgeslagen dat zeer aantrekkelijk zou zijn voor een maker van vuile bommen - geplunderd aan, aldus Gellman:

"Het onderzoek van het team bleek nieuw bewijs te leveren dat de oorlog de gevaarlijkste technologieën van het land buiten iemands medeweten of controle heeft verspreid."

Bush hoefde geen uitleg te geven over de trage zoektocht naar massavernietigingswapens of het gebrek aan voorafgaande oorlogsplanning op dit cruciale front. Gelukkig voor hem besteedden de Democraten meer tijd aan kritiek op zijn praatje over het maken van foto's op een vliegdekschip (waardoor de nieuwszenders beelden van "Top Gun" in een lus lieten zien). Maar tijdens de briefing van het Witte Huis op 7 mei werd perschef Ari Fleischer onder druk gezet om te zeggen of de VS niet had gehandeld om de verspreiding van massavernietigingswapens (als ze bestonden) te voorkomen. De uitwisseling was verhelderend.

Vraag:

"Dat weet ik, maar u legt deze verklaringen af zonder de directe vraag te beantwoorden, namelijk wat deze regering weet, niet alleen over wat er is gevonden - u bent het nog aan het controleren - maar ook over wapenmateriaal of daadwerkelijke wapens die het land mogelijk hebben verlaten?".

Fleischer:

"Nou, daar hebben we niets concreets over te melden."

Precies, en het Witte Huis heeft niet veel gezegd over zijn inspanningen om te voorkomen dat materiaal in verband met massavernietigingswapens aan terroristen wordt gegeven of in handen komt van terroristen. Het door het Witte Huis vóór de oorlog vastgestelde risico was niet, zoals de heer Fleischer suggereerde, dat Saddam Hoessein massavernietigingswapens tegen de VS zou gebruiken, maar dat hij ze zou doorsluizen naar terroristen die dat zouden doen. Maar kan hij beweren dat dergelijke overdrachten tijdens of na de oorlog niet hebben plaatsgevonden? Hij kan zeker niet oprecht beweren dat het Amerikaanse leger hard heeft gewerkt om dit soort nachtmerries te voorkomen. In feite heeft de vernietiging van de commando- en controlestructuur voor al het WMD-materiaal dat zich mogelijk in Irak bevond, de kans alleen maar vergroot dat dit gevaarlijke materiaal in handen van terroristen zou komen.

Fleischer merkte toen op:

> "Zoals ik al eerder zei, hebben we er veel vertrouwen in dat ze massavernietigingswapens hebben. Daar gaat deze oorlog over en dat is het ook."

Met meer dan 110 geïnspecteerde locaties vonden de inspecteurs niets overtuigends. Het was een oefening in vals alarm. Het verdachte witte poeder in Latifiyah was gewoon explosief poeder. De vaten met vermoedelijk Sarin en Tabun zenuwgas waren pesticiden. Toen een dozijn Amerikaanse soldaten een verdachte locatie controleerden en ziek werden, was dat omdat ze kunstmestdampen hadden ingeademd.

Elke tegenslag verhoogt de politieke druk. Aan beide zijden van de Atlantische Oceaan is de strijd tussen regeringsdepartementen en inlichtingendiensten hevig geworden. Nadat een oorlog was gevoerd om Irak van zijn verschrikkelijke wapens te ontdoen, durfden noch de VS noch Groot-Brittannië toe te geven dat Irak nooit zulke wapens had gehad. De zoektocht naar massavernietigingswapens was een fiasco dat op een totale mislukking uitliep.

Het onderzoek was bijzonder belangrijk voor de neobolsjewistische cabal. In de nieuwe wereld van het Amerika van na 11 september was deze selecte groep analisten in het hart van het Pentagon de drijvende kracht achter de oorlog in Irak. De Cabal is niet meer dan een dozijn mensen sterk en maakt deel uit van het Office of Special Plans, een nieuwe inlichtingendienst die het opnam tegen de CIA en won. Waar de CIA aarzelde over Irak, ging het Office of Special Investigation (OSP) door.

Waar de CIA twijfelde, was het OSP standvastig. Het voerde een koninklijke strijd over Irak en werd uiteindelijk afgekeurd en ontoereikend bevonden. De PSO was het geesteskind van minister van Defensie Donald Rumsfeld, die het oprichtte na de terroristische aanvallen van 2001. Het was zijn taak om terug te keren naar het oude terrein over Irak en te laten zien dat de CIA de dreiging die van Irak uitging had verwaarloosd. Maar de verschijning ervan veroorzaakte grote opschudding in de gewoonlijk geheime wereld van het verzamelen van inlichtingen.

Het OSP rapporteerde rechtstreeks aan Paul Wolfowitz, een van de belangrijkste neobolsjewistische oorlogsstokers van de regering. Het OSP omzeilde de CIA en de Defense Intelligence Agency (DIA) van het Pentagon als het ging om het fluisteren in het oor van de president. Ze pleitten krachtig voor een oorlog tegen Saddam voordat zijn wapenprogramma's werkelijkheid werden.

Meer gematigde stemmen van de CIA en de Defense Intelligence Agency werden gesmoord. Er was een vlaag van media lekken. Een CIA-functionaris beschreef leden van de cabal als "gek", op een "missie van God". Maar de cabal en Rumsfeld's Pentagon wonnen en Powell's dovistische State Department verloor. De spanningen tussen de twee waren nu openbaar.

"Rumsfeld creëerde zijn eigen inlichtingendienst omdat hij niet hield van de inlichtingen die hij kreeg," zei Larry Korb, directeur nationale veiligheidsstudies bij de Council on Foreign Relations. "Hij hield niet van Powell's aanpak, een typische diplomaat, te voorzichtig." Voormalige CIA ambtenaren zijn bijtend over het OSP. Onbetrouwbaar en politiek gemotiveerd, zeggen ze, ondermijnden ze tientallen jaren werk van ervaren CIA spionnen en negeerden ze de waarheid wanneer die in strijd was met hun wereldbeeld.

"Hun methoden waren wreed", zei Vince Cannistraro, voormalig hoofd terrorismebestrijding bij de CIA.

"De politisering van inlichtingen was endemisch en opzettelijke desinformatie werd aangemoedigd. Ze kozen voor het slechtste scenario en veel van de informatie was vals."

Maar Cannistraro is met pensioen. Zijn aanvallen stoorden de Cabal niet, die stevig "in the loop" zit met de besluitvormers in Washington. Maar zelfs onder hen was de voortdurende mislukking om massavernietigingswapens te vinden in Irak een groeiende angst. De gevolgen van de oorlog zouden hen ten val kunnen brengen. De waarschuwing stond zwart op wit. Tony Blair citeerde "inlichtingen"-bronnen en produceerde een officieel dossier waarin werd geconcludeerd dat Irak zijn chemische of biologische wapens binnen 45 minuten na een bevel daartoe zou kunnen afvuren. Dit was een angstaanjagend vooruitzicht en versterkte de argumenten voor oorlog toen het dossier werd geproduceerd. Maar een koude analyse onthulde een ander verhaal. Irak werd in de steek gelaten door de VN-wapeninspecteurs, vervolgens gebombardeerd, binnengevallen en uiteindelijk onder Amerikaanse en Britse imperiale militaire controle geplaatst. Gedurende al die tijd is er nooit op de "knop" van de massavernietigingswapens gedrukt. Nu wilden de pro-oorlogspartij en de anti-oorlogslobby weten waarom. Was er een verklaring voor dit mysterieuze falen, of hadden de wapens nooit bestaan?

Maanden voordat het Amerikaanse leger bommen en raketten op Irak afvuurde, werkte het ministerie van Defensie in het geheim samen met het voormalige bedrijf van vice-president Dick Cheney, Haliburton Corp., aan een deal die 's werelds op één na grootste oliedienstverlener de totale controle over de olievelden van Irak zou geven, volgens topmanagers van Haliburton. Bovendien bewijzen geheime Haliburton documenten dat de oorlog in Irak ging om de controle over 's werelds op één na grootste oliereserves en niet om het omverwerpen van het regime van de Iraakse president Saddam Hoessein.

Het contract tussen het ministerie van Defensie en de Haliburton-eenheid van Kellogg, Brown & Root voor het beheer van de Iraakse olie-industrie werd volgens de documenten al in oktober 2002 opgesteld en zou uiteindelijk kunnen worden gewaardeerd op 7 miljard dollar, een meevaller voor Haliburton.

In oktober 2003 ging Haliburton gebukt onder

asbestverplichtingen ter waarde van vele miljarden dollars en leed het bedrijf ook onder een vertraging van de binnenlandse olieproductie. De koers van het Haliburton-aandeel reageerde snel en daalde van een hoogtepunt van 22 dollar in oktober 2002 tot 12,62 dollar in oktober 2002. Alles bij elkaar genomen, en gezien de geschiedenis van een imperiale Amerikaanse regering die in haar buitenlands beleid wordt geleid en gecontroleerd door de olie-industrie, is het redelijk om te concluderen dat zelfs zonder de "verzonnen situatie" van massavernietigingswapens, Irak zou zijn binnengevallen met als enige doel het verkrijgen van controle over haar enorme olievoorraden.

HOOFDSTUK 9

Brutaal imperialisme aan het werk

De olie-industrie heeft de Verenigde Staten veranderd van een goedaardige republiek van vrede en rechtvaardigheid voor iedereen in een mondiaal imperialistisch imperium dat de hoop die de republiek van de Founding Fathers de wereld bood, heeft vernietigd. Het credo van de republiek was gebaseerd op een morele filosofie die uitgesproken niet-materialistisch was. Maar het grootkapitaal en het bankwezen verzetten zich tegen de Amerikaanse Republiek en Amerika werd hebzuchtig, materialistisch, oorlogszuchtig en toegewijd aan totaal commercialisme.

Als hoofdverantwoordelijke voor deze enorme verandering, en als zodanig zwaar verguisd, heeft de olie-industrie alle bekende bijnamen verdiend die haar door een grote verscheidenheid aan critici, zowel van de overheid als van particulieren, worden toegeworpen.

Het doel van de volgende hoofdstukken is een topgeheime groep te verkennen en vast te stellen of de olie-industrie de slechte reputatie verdient die zij ongetwijfeld heeft. Het is een industrie die elke poging om binnen haar muren te dringen heeft overleefd. Zij heeft talrijke onderzoeken van de Senaat, antitrustprocessen en de persoonlijke vendetta's van twee ervaren en vastberaden Amerikaanse senatoren, wijlen Henry Jackson en wijlen Frank Church, overleefd.

Slechts één man, kolonel Kadhafi, is in staat geweest de "majors" te ontregelen; een eenzame bedoeïen uit de woestijnen van Libië, de man die het kartel van de "Seven Sisters" ontregelde, tot grote ontsteltenis - en verbazing - van de "regering binnen de regering", de directeuren en bestuursleden van 's werelds machtigste oliemaatschappijen. Maar in de nasleep van de oorlog van 2003 tegen Irak is Libië overgehaald om "het licht te zien" en staat het nu onder controle van de grote oliemaatschappijen. Met het presidentschap van Reagan gingen de Verenigde Staten openlijk over van republiek naar imperium. Ronald Reagan vulde zijn kabinet met leiders van multinationale ondernemingen; minister van Buitenlandse Zaken George Schultz van Bechtel, minister van Defensie Casper Weinberger, voorzitter van hetzelfde bedrijf, onder anderen. Terwijl president Carter had geprobeerd de vrede te bewaren, begon Reagan aan een oorlogscampagne die de toon zou zetten voor toekomstige Amerikaanse regeringen.

De olie-industrie kan niet worden genoemd zonder dat de naam van John D. Rockefeller (1839-1937) naar voren komt. John D. Rockefeller en Standard Oil of New Jersey zijn synoniem geworden met de imperiale Amerikaanse olie-industrie.

Rockefeller en Standard Oil zijn synoniem geworden met verraad, haat en hebzucht. Ongebreidelde haat is het kenmerk van John D. en zijn zonen streven ernaar de legende in stand te houden, in plaats van stappen te ondernemen om het slechte imago dat hun vader heeft achtergelaten te verbeteren, ondanks het feit dat de oudere John D. streng baptistisch werd opgevoed op een boerderij in de buurt van Cleveland, Ohio. In zijn jonge jaren stond hij bekend om zijn uitzonderlijke zoetekauwen: hij kocht snoepjes en verkocht ze met winst aan andere kinderen.

John D. is altijd een harde werker geweest. Op zestienjarige leeftijd werkte hij in een kruidenierszaak als boekhouder en zijn werkgever was zeer tevreden over zijn ijver. Hij bleek zeer oplettend, zag alles en miste niets. Zelfs op die leeftijd uitte hij nooit de minste emotie. Hij klom op tot enige eigenaar van een handelsonderneming in Cleveland en richtte in 1870 Standard Oil op.

Opmerkelijk is dat de opkomst van Rockefeller's Standard Oil Trust kan worden geverifieerd aan de hand van certificeerbaar bewijsmateriaal dat in zekere zin vergelijkbaar is met een aantekening in de geschiedenis van de buitenlandse politiek. Bijna vanaf de oprichting in 1870 kwam de Rockefeller Standard Oil Trust onder vuur te liggen van verschillende deelstaatwetgevers en het Amerikaanse Congres vanwege zijn dubieuze transacties.

De leiders van de Trust werden in 1872 en 1876 voor congrescommissies gedaagd. De staat Pennsylvania probeerde de Trust in 1879 omver te werpen, en twee jaar eerder werd de Trust gedwongen voor de Interstate Commerce Commission te verschijnen. Een virtuele staat van oorlog tussen de Standard Oil Trust en de staat Ohio bestond in 1882. Een industriële onderzoekscommissie werd aangesteld door president McKinley en er werden 19 delen met getuigenissen afgenomen. Al die tijd stond de Standard Oil Trust als een rots die niet bewogen kon worden. Civiele processen vermenigvuldigden zich, maar het mocht niet baten.

Tijdens het onderzoek naar dit boek ontdekte ik tot mijn verbazing hoezeer miljoenen mensen over de hele wereld de naam Rockefeller en het vlaggenschip van de familie, Standard Oil, verafschuwen. Deze blijvende haat is vandaag, in 2008, even fel als toen de 'grote hand' van Rockefeller voor het eerst opdook in de olievelden van Pennsylvania. Dit geldt vooral voor de afstammelingen van de pioniers die in 1865 naar Titusville en Pithead trokken, toen de "zwarte goudkoorts" op zijn hoogtepunt was. Ik ben dank verschuldigd aan Ida Tarbell, wier uitstekende boek over de "pioniersinspanningen" van John D. Rockefeller een onuitputtelijke bron van voorkennis is geweest over de persoon en het karakter van het hoofd van de Rockefeller-clan.

John D's vermogen om moeiteloos boorders en goudzoekers van hun concessies te beroven, vertoont een opvallende gelijkenis met de methoden die Cecil John Rhodes gebruikte om diamantconcessies van hardwerkende goudzoekers in de Kimberly-velden van Zuid-Afrika te stelen en te roven. Beide mannen waren meedogenloos en niet sentimenteel over de rechten van anderen, en beide mannen toonden nooit emotie.

Als Rockefeller en zijn zonen zelfpromotors waren, dan was wat zij verkondigden niet in het belang van de vrije mensen in de wereld. Nelson Rockefeller zei ooit dat het immense fortuin van zijn familie een ongeluk was, maar de geschiedenis zegt iets anders. John D.'s zwijgzaamheid en oneerlijkheid werden ongetwijfeld doorgegeven aan zijn zonen, evenals zijn paranoia over geheimhouding en zijn totale gebrek aan gevoel. De paranoia van geheimhouding die de majors van de Standard Oil Trust hebben geërfd, blijkt duidelijk uit de barrières die deze bedrijven om zich heen hebben opgeworpen om indiscrete "buitenstaanders" op afstand te houden. Zij vertrouwen hun zaken alleen toe aan de banken van de olie-industrie, zoals Morgan Guarantee, Trust Bank en Chase Manhattan Bank van het Comité van 300, terwijl hun rekeningen en zaken zijn opgesloten achter de dikke muren van Price, Waterhouse, de officiële accountants en auditors van het Comité van 300. Meer dan één Senaatscommissie is verstrikt geraakt in het slijmerige web dat door dit grote accountantskantoor is geweven. Zelfs de beste onderzoekers en controleurs die de regering kon oproepen, werden totaal in de war gebracht door de accountants van Price Waterhouse. Over de oude John D. werd gezegd dat hij sneller kon tellen dan de huidige rekenmachines, een prestatie die hij van zijn vader had geleerd toen hij op beurzen en dergelijke de prijs van zijn "geneesmiddel tegen kanker" berekende. In feite was het "geneesmiddel" gewoon ruwe olie, rechtstreeks uit de oliebronnen, verpakt in kleine flesjes.

In een tijd dat de zaken goed gingen, moest John D. vluchten voor zijn leven omdat de politie hem wilde arresteren omdat hij gedwongen seks had met een zestienjarig meisje. De oude John D. geloofde niet in vriendschappen en waarschuwde zijn zoons om weg te blijven van wat hij noemde "het laten winnen van goede vriendschap". Ook bedroog hij zijn zonen, "om ze in vorm te houden", zoals hij het uitdrukte. Zijn favoriete refrein was dat van de wijze oude uil die niets zei maar veel hoorde. Een oud portret toont een man met een lang, uitgemergeld en sinister gezicht, met kleine ogen zonder een spoor van menselijke emotie.

Door zijn baan als accountant zegt hij niet veel, maar hij houdt zijn boekhouding op orde. Het is des te verbazingwekkender dat een man met zo'n streng gezicht, zwijgzaam en onsympathiek, de gebroeders Clark, van de Clark Brothers raffinaderij, kon overhalen hem een aandeel te verkopen in hun olieraffinaderij, waar hij werkzaam was.

De gebroeders Clark ontdekken al snel dat ze een verschrikkelijke fout hebben gemaakt door Rockefeller in hun bedrijf toe te laten. Snel met cijfers en berekeningen, is John D. in staat de twee broers hun aandeel in de raffinaderij te laten verliezen. Hij beweert steeds dat hij hen heeft "uitgekocht", maar de Clarks antwoorden dat ze zijn "bedrogen".

Sommige auteurs schrijven John D.'s voorliefde voor het dumpen van partners toe aan zijn afkomst, en het is waar dat zijn vader vroeger tegen hem zei "wees zo snel als een jood". Hoewel hij beweerde dat hij van baptistische afkomst was en naar een baptistenkerk ging, is het onwaarschijnlijk dat dit waar is, aangezien zijn ouders uit Oost-Europa kwamen. John D. gaf niet om mensen; hij vertrapte ze en ontdeed zich van zijn oude partners die hem niet meer van nut waren. Hij gaf maar om één persoon, en dat was zichzelf. Zo werd Standard Oil het meest geheimzinnige grote bedrijf in de Verenigde Staten, een traditie die door EXXON wordt gevolgd. Standard is beschreven als afgesloten en gebarricadeerd, als een fort. John D.'s karakter was zo aangetast en hij werd zo alom verafschuwd dat hij een public relations man inhuurde om te proberen zijn imago op te poetsen, geholpen door gulle fiscaal aftrekbare "filantropische" donaties. Maar ondanks de beste inspanningen van Ivy Lee, naar men zegt de eerste PR-man in de Amerikaanse geschiedenis, bleef de erfenis van haat die John D. had verdiend hem bij en blijft tot op de dag van vandaag verbonden met de naam Rockefeller en EXXON.

Rockefellers "grote hand" ruïneerde honderdduizenden boorders, goudzoekers en pachters in Titusville en Pithead. Voor het merendeel waren dit jonge mannen van een andere generatie die dachten het raadsel van de prijsschommelingen te kunnen oplossen - iets wat Rockefeller niet wilde. Hoewel het leven rond Titusville en Pithead nogal tumultueus was, was het nooit rancuneus en ging iedereen eerlijk met elkaar om, dat wil zeggen, totdat Rockefellers "grote hand" werd uitgestoken tegen alle "concurrenten".

Op 26-jarige leeftijd, gesterkt door zijn succes bij het stelen van de raffinaderij van de gebroeders Clark en met Oil City bij Cleveland onder zijn controle, ging Rockefeller op zoek naar nieuwe veroveringen.

Zijn zoon, David Rockefeller, erfde de kalmte van zijn vader en legde zichzelf op. Vroeg in zijn carrière bracht David de meeste off-shore activa van de familie over naar belastingparadijzen, waar het bankgeheim vrijwel onschendbaar was. David Rockefeller bleef de olie-industrie runnen als een regering binnen een regering en, door een gelukstreffer, kocht hij ook INTERPOL, 's werelds politie- en inlichtingensysteem.

Alle grote oliemaatschappijen hebben banden met banken, mijnbouwbedrijven, spoorwegen, scheepvaartmaatschappijen, verzekeringsmaatschappijen en beleggingsmaatschappijen; en in het kader van hun activiteiten wisselen zij informatie uit, maar het was dankzij de vele "spionnen" die hij in dienst had dat de oude John D. en zijn zonen volledig op de hoogte waren van alles wat er gaande was.

Zijn meest effectieve netwerk is gegroeid in omvang en reikwijdte, en tegenwoordig is er geen enkel land meer dat ontsnapt aan Rockefellers inlichtingennetwerk, dat vaak de officiële inlichtingendiensten in omvang en budget overtreft. Er is veel werk aan de winkel. Er mag nooit een moment komen waarop we simpelweg de handdoek in de ring gooien en zeggen "ze zijn te groot, te machtig voor één persoon om er iets zinnigs tegen te doen". Ieder van ons kan en moet een inspanning leveren.

Belastingontduiking stond hoog op het lijstje van de oude John D. Rockefeller, en zijn spionnen konden al snel de beste informatie verschaffen over hoe de belastingwetten in het buitenland konden worden omzeild, meestal via hun 'persoonlijke' (omgekochte) bronnen. Als de belastingwetten streng waren, lieten de Rockefellers ze gewoon aanpassen aan hun doelstellingen van belastingontduiking. Het was deze bacil, geplant in de olie-industrie, die de vloek veroorzaakte van de Amerikaanse afhankelijkheid van uit het buitenland geïmporteerde olie en die op zijn beurt de Amerikaanse producenten de weg naar de vergetelheid deed inslaan.

Het was ook de belangrijkste reden waarom de Verenigde Staten een imperiale macht werden die probeerde landen met bekende en bewezen oliebronnen te domineren. Het kwam de Rockefellers ook op een andere manier ten goede - het schakelde concurrenten buiten de vicieuze cirkel van de "majors" uit zonder dat zij hun toevlucht hoefden te nemen tot het gebruik van dynamiet, zoals de oude John D. in zijn begindagen vaak had gedaan.

Wat was het eindresultaat? Zeker hogere prijzen voor de Amerikaanse consument en hogere winsten voor de grote oliemaatschappijen. EXXON (Standard) maakte en maakt nog steeds enorme winsten. In 1972 bijvoorbeeld - en we hebben dit jaar gekozen omdat het het gemiddelde (mediaan) jaar is van de winsten van de olie-industrie, en we hebben geen geïsoleerd jaar genomen om duidelijk te maken dat wij, de consumenten, grof worden uitgebuit door de olie-industrie - heeft EXXON dat jaar 3700 miljard dollar verdiend, maar slechts 6,5% belasting betaald in de Verenigde Staten. Is dit eerlijk tegenover de Amerikaanse consument? Wij vinden het niet eerlijk, rechtvaardig of redelijk.

EXXON, en eigenlijk alle grote oliemaatschappijen, komen desgevraagd met het zwakke excuus dat ze het grootste deel van hun winst herinvesteren in olie-exploratie, maar als je kijkt naar de winst van Exxon over één jaar, en laten we 1972 als voorbeeld nemen, maakte EXXON alleen al in het derde kwartaal een winst van $2500 miljard, en het is helemaal niet duidelijk dat veel van die enorme winst werd geherinvesteerd in het bedrijf, of dat het

Amerikaanse volk er op enigerlei wijze van profiteerde. 1973 was het jaar van de Arabisch-Israëlische oorlog die door Kissinger en Rockefeller werd aangewakkerd, en in het licht van wat we nu weten over die gebeurtenis, en hoe Kissinger eraan meewerkte door zijn nauwe relatie met David Rockefeller, zou men gedacht hebben dat het Congres deze regeling allang zou hebben onderzocht. Kissinger en David Rockefeller zijn als Siamese tweelingen sinds de "Bamburg Files" in Duitsland werden ontdekt door Kissinger en Helmut Sonnenfeldt, Kissinger's rechterhand en vertrouwde assistent.

De vraag is deze: Wist EXXON dat er een Arabisch-Israëlische oorlog op komst was, en hoeveel profijt had het van deze informatie? Dit soort "voorkennis" zou zijn verstrekt door Rockefeller's privé-leger van inlichtingenofficieren uit de hele wereld, die werden aangestuurd vanuit het hoofdkwartier van de olie-industrie, bekend als Logistics, Information and Communication Systems, gevestigd in het hoofdkantoor van EXXON in New York.

INTERPOL is niet de minste inlichtingendienst van de Rockefellers. Het opereert illegaal vanaf federale overheidseigendommen in Washington, D.C., volledig in strijd met de Amerikaanse grondwet en de hoogste wet van het land, onze grondwet en de Bill of Rights. INTERPOL zou niet mogen opereren in de Verenigde Staten, maar het Congres is bang om een monster zo groot en machtig als de Rockefeller familie aan te pakken. Het is een zorgwekkende situatie die niet wordt aangepakt, wat de vraag oproept: wordt er geld gewisseld om INTERPOL in Washington te houden?

Het Congres heeft een onderzoekscommissie nodig om de zogenaamde "Bankiersfactie" die in de CIA is ingebed te onderzoeken. Dit soort operaties beïnvloedt illegaal ons buitenlands beleid, vaak met gevolgen voor ons dagelijks leven, en wanneer deze organisaties en groepen een oorlog willen, sturen ze onze zonen en dochters om te vechten. De Golfoorlog van Bush is een heel goed voorbeeld van wat er gebeurt. De Rockefellerdynastie vormt de ruggengraat van de imperiale groep die verantwoordelijk is voor het formuleren van het oliebeleid. Het onkruid dat John D. Rockefeller tussen het koren heeft gezaaid, is tot wasdom gekomen en verstikt nu het koren, het leven van de mensen van deze eens zo grote natie. De oude John D. leerde al vroeg in zijn carrière de waarde van de spionagehandel, waarin hij werd geïnstrueerd door Charles Pratt, een van zijn eerste medewerkers. De huidige parallelle geheime regering op hoog niveau die de Verenigde Staten bestuurt, de Council on Foreign Relations (CFR), was het idee van Pratt.

Het Pratt herenhuis in New York werd later het hoofdkwartier van de CFR, en niet toevallig. John D.'s aanwezigheid werd zo alomtegenwoordig en zijn meedogenloze methoden zo bewonderd dat zij op grote schaal werden overgenomen door alle grote ondernemingen, te beginnen met EXXON, en wel in die mate dat de Amerikaanse olie-industrie vandaag de dag in staat is haar gedrag te dicteren aan elke regering in de wereld, inclusief die van de Verenigde Staten.

Er is overvloedig bewijs dat grote oliemaatschappijen in het buitenland het buitenlands beleid van de VS dicteren en sturen, en dat deze bedrijven samen een feitelijke regering binnen onze Amerikaanse regering hebben gevormd. EXXON is de onbetwiste leider van deze imperialistische aanval voor controle over alle oliebronnen en nergens meer dan in Iran.

HOOFDSTUK 10

Dr. Mossadegh vecht tegen het kartel...

Vanaf 1950 hadden de Verenigde Staten en het Britse Anglo-Persian Oil een wurggreep op de Iraanse olie na de Eerste Wereldoorlog, waarin het gedrag van de "geallieerden" naar problemen rook. De invasie en bezetting van Iran tijdens de oorlog op de zwakste gronden moet veel nauwkeuriger worden onderzocht. Kort nadat de "geallieerden" Iran waren binnengevallen, werd de Sjah gedwongen af te treden ten gunste van zijn zoon, Mohammed Reza Pahlevi, die welwillender stond tegenover de door het Iraanse Consortium, de Iraakse Petroleum Maatschappij en ARAMCO opgelegde dictaten. Een van de meest beschamende episodes in de geschiedenis van Groot-Brittannië en de zogenaamde "christelijke" Verenigde Staten was de hongerdood van tienduizenden Iraniërs in deze periode.

Het geallieerde bezettingsleger, bestaande uit 100.000 Russische soldaten (aanwezig op uitnodiging van Winston Churchill) en 70.000 Amerikaanse en Britse soldaten, deed niets om het opeisen van voedsel door het bezettingsleger te verhinderen ten nadele van de Iraniërs, die stierven van de honger. De tyfus verspreidde zich en doodde duizenden anderen terwijl de Amerikaanse en Britse troepen toekeken. Degenen die niet van honger of ziekte stierven, vroren dood in de ijskoude winter, omdat de bevolking geen toegang had tot stookolie.

De bezetters werken aan het creëren en in stand houden van conflicten tussen de verschillende facties in het land, en onderdrukken en onderdrukken de Iraanse regering volledig. In de overtuiging dat de Verenigde Staten een christelijke natie waren die gevoelig was voor humanitaire overwegingen, deed de Iraanse regering een wanhopig beroep op Washington om hulp. In 1942 stuurde Washington generaal Norman Schwarzkopf naar Iran om verslag uit te brengen over de situatie. (In 1991 werd zijn zoon als commandant van "Desert Storm" naar de oorlog tegen Irak gestuurd). Hij bleef in Iran tot 1948, vooral om uit de eerste hand te weten hoe Iran zijn verschillende overheidsdiensten en inlichtingendiensten bestuurde. In plaats van de Iraniërs te helpen, was het Schwarzkopf's missie om zoveel mogelijk informatie over de Iraanse infrastructuur te vergaren voor toekomstig gebruik, wat gebeurde toen de beweging om de Sjah omver te werpen op gang kwam. Tijdens al die jaren van ontbering van het Iraanse volk werd geen hand naar hen uitgestoken, maar in december 1944 diende een sluwe, goed opgeleide en ervaren politicus met de naam Mohammed Mossadegh in het parlement een wetsvoorstel in dat alle olieonderhandelingen met het buitenland verbood, wat een einde maakte aan de schokkende diefstal van Iraanse olie door de VS, Groot-Brittannië en Rusland.

Mossadegh, geboren op 19 mei 1882 als zoon van een Bakhtiari minister van Financiën en een Gujarese prinses, studeerde wetenschappen in Parijs en promoveerde aan de prestigieuze universiteit van Neuchâtel in Zwitserland. Dr. Mossadegh ging in 1920 de politiek in toen hij door sjeik Ahmad Shah Qajar tot gouverneur-generaal van de provincie Fars werd benoemd en van de Shah de titel "Mossadegh os-Saltanch" kreeg. Hij werd in 1921 benoemd tot minister van Financiën en vervolgens gekozen in het Iraanse parlement, waar hij tegen de keuze van Reza Khan als Reza Sha Pahlavi stemde. In 1944 werd Mossadegh opnieuw in het parlement benoemd, waar hij lid was van het Nationaal Front van Iran, een zeer patriottische en nationalistische beweging waarvan hij de oprichter was. De organisatie had tot doel een einde te maken aan alle buitenlandse aanwezigheid in Iran in de nasleep van de Tweede Wereldoorlog en aan de exploitatie van Iraanse olie. Om steun te krijgen voor zijn wetsvoorstel om de prijs van de Iraanse olie te verhogen, onthulde Mossadegh een voorstel van de bezettingsmachten om

Iran onder hen te verdelen, waarbij hij zich beriep op een artikel in The *Times* van 2 november 1944 dat zijn onthulling leek te bevestigen.

Er volgde een bittere strijd die de zaak in 1948 aan de Verenigde Naties voorlegde en leidde tot de terugtrekking van alle buitenlandse troepen uit het land. Iran had een ernstige zonde begaan door de Britse belangen te negeren ten gunste van de Iraanse nationale belangen. Mossadegh zou nu een publieke vijand zijn en het Tavistock Instituut zette een plan op om hem te ondermijnen en uit zijn ambt te zetten. De bezetting van Iran door de Verenigde Staten, de Britten en de Russen liep ten einde, maar er was nog steeds de Anglo-Iranian Oil Company (hoofdzakelijk Brits), die de Iraanse olie controleerde en de Iraanse regering sinds 1919 had geleid. In 1947 diende Dr. Mossadegh een voorstel in bij Londen waarin hij opriep tot een verhoging van het Iraanse aandeel in de inkomsten uit de olieverkoop. De Anglo-Iranian Oil Company maakte in 1948 een winst van 320.000.000 dollar, waarvan de Iraniërs het prinselijke bedrag van 38.000.000 dollar ontvingen. Dr. Mossadegh eiste dat opnieuw over de voorwaarden van de oude overeenkomst zou worden onderhandeld. Er volgde onmiddellijk een zeer wrede aanval op hem, georkestreerd door het Tavistock Instituut en de BBC, die een constante stroom van propaganda vermengd met regelrechte leugens tegen Mossadegh en de Iraanse regering uitzonden. De campagne werd geholpen en bijgestaan door de CIA en de Amerikaanse generaal Huyser. Twee maanden voor het einde van Mossadeghs twee jaar in functie, hadden Britse en Amerikaanse agenten van de inlichtingendienst hun uiterste best gedaan om de doorn in Mossadeghs oog te verwijderen door een reeks obstakels op te werpen voor elke stap die Mossadegh probeerde te zetten.

De Britse en Amerikaanse kartels waren niet gewend aan tegenstand, omdat zij gemakkelijk marionettenregeringen hebben geïnstalleerd in Koeweit, Saoedi-Arabië, Qatar, de Verenigde Arabische Emiraten, Bahrein en Oman, onder het toeziend oog van de CIA en, in mindere mate, MI6. Dit doet me denken aan de opvallende gelijkenis tussen de East India

Company (voorloper van het Comité van 300) en het oliekartel Seven Sisters. Na een charter te hebben ontvangen in 1600 onder Elizabeth I, kreeg de Oost-Indische Compagnie een tweede charter van Charles II, de Stuart-koning, dat haar het recht gaf oorlog te voeren, vrede te sluiten en handel te drijven met alle naties. In 1662 gaf koning James I, de Stuart-koning, de maatschappij toestemming om een naamloze vennootschap te worden. De olie-industrie, hoewel minder geformaliseerd, heeft een soortgelijke structuur. De Britten sleepten 1948 door zonder de minste concessie van Londen. Ondertussen verspreidden Britse en Amerikaanse inlichtingendiensten, met behulp van informatie van generaal Schwarzkopf, verdeeldheid en ontevredenheid onder de Iraanse achterban met als doel de regering te verzwakken in de aanloop naar de nationale verkiezingen van 1949. Het kleine Nationale Front onder leiding van Dr. Mossadegh ging de verkiezingen in met wat de Britten en Amerikanen weinig kans op zetels achtten, maar verraste hen door zes zetels en een zetel in het Parlement te winnen. Erger nog, hun vijand werd benoemd tot hoofd van een parlementaire commissie die de oliedeals tussen Groot-Brittannië en de VS onderzocht. Mossadegh eiste onmiddellijk een gelijk aandeel voor de Anglo-Iranian Oil Company en de Iraanse regering met volledige Iraanse inspraak in de zaken van het bedrijf.

Gesteund door de Verenigde Staten weigerden de Britten alle voorstellen, waardoor Iran in onmin raakte tot april 1951, toen Dr. Mossadegh democratisch tot premier werd gekozen en werd uitgenodigd een regering te vormen. De belangrijkste was dat Mossadegh een communist was die de Iraanse olie voor Rusland wilde veiligstellen. Britse kranten noemden hem onder andere een "slinkse gek". Natuurlijk was er geen greintje waarheid in deze gratuite beschuldigingen. Dr. Mossadegh was een echte Iraanse patriot die niets voor zichzelf wilde en wiens enige doel was het Iraanse volk te bevrijden uit de roofzuchtige greep van de Anglo-Iranian Oil Company, de latere British Petroleum (BP). Het Iraanse parlement stemde in met de aanbeveling van Dr. Mossadegh om de Anglo-Iraanse oliemaatschappij te nationaliseren, met een eerlijke compensatie voor Groot-

Brittannië, dat het Iraanse volk jarenlang had uitgebuit. Het aanbod omvatte hetzelfde niveau van olievoorziening als Groot-Brittannië tot dan toe had genoten en Britse onderdanen die in de olie-industrie in Iran werkten zouden hun baan behouden. Op 28 april 1951 werd de aanbeveling, die absoluut eerlijk was voor Groot-Brittannië, formeel goedgekeurd.

Het Britse antwoord was de Verenigde Staten om hulp te vragen en oorlogsschepen te sturen naar de wateren bij Abadan, waar 's werelds grootste olieraffinaderij staat. In september 1951 kondigden Groot-Brittannië en de Verenigde Staten, die zich niet mochten mengen in de binnenlandse aangelegenheden van Iran, totale economische sancties af tegen Iran en blokkeerden hun oorlogsschepen de wateren bij Abadan. Met deze oorlogshandelingen verzekerden de Verenigde Staten Groot-Brittannië van hun volledige steun als imperiale macht tegen een andere en ondersteunden dit met door de CIA veroorzaakte ontwrichting.

Dit was niet onverwacht, gezien de imperiale oorlogen die in het verleden door Groot-Brittannië en, meer recentelijk, door de Verenigde Staten werden gevoerd, en het feit dat de Britse regering (het Huis Windsor) 53% van de Anglo-Iraanse aandelen bezat. Met marine-eenheden onderweg was de volgende bedreiging de bezetting van Abadan met Britse parachutisten, hoewel Iran volgens het internationale recht volledig in zijn recht stond om de maatregelen te nemen die door de Iraanse regering waren voorgesteld en door het Iraanse parlement waren aanvaard. Angst voor militaire interventie van de Sovjet-Unie aan Iraanse zijde heeft Groot-Brittannië en de Verenigde Staten er wellicht van weerhouden de militaire optie uit te oefenen. Via Kermit Roosevelt, de kleinzoon van Teddy Roosevelt, was de CIA zeer actief in het land en infiltreerde in veel vooraanstaande bank- en economische instellingen. Kopers van Iraanse olie werden ruw bedreigd met represailles en afgeschrikt. Dit is het gedrag van de twee meest tirannieke naties die de wereld ooit gekend heeft. Het veelzeggende effect van de boycot deed de Iraanse economie ineenstorten: de olie-inkomsten daalden van 40 miljoen dollar in 1951 tot minder dan 2 miljoen dollar begin

1952. Mossadegh had, net als Mohammed Reza Pahlavi, de Sjah van Iran, geen idee van de macht en invloed van de Amerikaanse oliekartels en BP. Mossadegh, afkomstig uit een rijke familie, was een begaafd en getalenteerd politicus, maar hij werd aan de wereld afgeschilderd als een dom mannetje dat in zijn pyjama rondliep in Teheran, overmand door emoties. De gevestigde pers in de VS en Groot-Brittannië, in een door Tavistock gecontroleerd programma, denigreerde en ridiculiseerde Mossadegh systematisch, wiens enige misdaad het was te proberen de wurggreep van de majors op de Iraanse olie te doorbreken, en hun imperialistische oliebeleid te durven betwisten.

In 1953 maakte Dr. Mossadegh zonder succes een reis naar Washington om hulp te vragen. In plaats daarvan werd hij tegengewerkt door president Eisenhower, die voorstelde dat W. Averill Harriman een team naar Teheran zou leiden "om hem verslag uit te brengen over de situatie". In Harrimans team zaten Allen Dulles van de CIA en John Foster Dulles, staatssecretaris en lange tijd dienaar van de '300', en generaal Schwartzkopf.

In 1951 werd een gezamenlijke operatie gepland om de regering Mossadegh omver te werpen onder de codenaam "AJAX" en deze werd door President Eisenhower goedgekeurd. We moeten hier stoppen en erop wijzen dat Iran de Verenigde Staten nooit iets misdaan had en nu werd beloond op een manier die de ergste criminele elementen van de maffia waardig is. Ondertussen bracht Groot-Brittannië zijn smerige zaak voor arbitrage naar het Wereldgerechtshof. Dr. Mossadegh, die in Frankrijk en Zwitserland had gestudeerd, vertegenwoordigde zijn land en bepleitte zijn zaak met succes. Dit was niet de eerste keer dat de Britten probeerden de Iraanse regering ten val te brengen. Winston Churchill was een beruchte imperialist, net als zijn meedogenloze voorganger, Lord Alfred Milner, die de eerbare Boerenleiders, die in de Anglo-Boerenoorlog (1899-1902) zo dapper tegen de Britten hadden gevochten, had verbannen. Churchill liet Reza Shah arresteren en verbannen, eerst naar Mauritius en vervolgens naar Zuid-Afrika, waar hij in ballingschap stierf.

Winston Churchill's zonden zijn legio. De Boeren hadden een geweldige campagne gevoerd tegen de Rothschild oligarchie, vastbesloten om het goud en de diamanten die onder de grond van de Transvaal en Oranje Vrijstaat republieken van Zuid-Afrika lagen in beslag te nemen. Toen de Britse verliezen een onaanvaardbaar niveau bereikten, nam Milner zijn toevlucht tot het verbranden van boerderijen, het slachten van vee en het sturen van boerinnen en kinderen naar concentratiekampen, waar 27.000 stierven aan dysenterie en ondervoeding. President Paul Kruger werd verbannen naar Zwitserland, waar hij stierf. Het is dus makkelijk te begrijpen dat Churchill geen scrupules had om Iran te schenden. Er waren genoeg precedenten die zijn acties ondersteunden. Vastbesloten om Iraakse olie veilig te stellen voor de Britse behoeften, hield Churchill een van zijn declaratoire public relations speeches, een en al hoogdravendheid, wind en gebakken lucht, die hem beroemd zou maken:

> Wij (d.w.z. de grote oliemaatschappijen, waaronder BP, dat samenwerkte met de Britse regering) hebben een dictator in ballingschap verdreven en een constitutionele regering geïnstalleerd die zich inzette voor een reeks ernstige hervormingen en herstelbetalingen.

Het is moeilijk om dergelijke hypocrisie en schaamteloze leugens te evenaren van de Britse dictator die Reza Shah besmeurde omdat hij zijn land durfde te verdedigen tegen Britse agressie, maar gezien het enorme aureool rond Churchill, wiens naam synoniem zal zijn met de grote fraudes uit de geschiedenis, kon hij ermee wegkomen. Net als in de Verenigde Staten slaagde British Petroleum erin de legitieme regering van Engeland te laten buigen voor haar eisen, of die acties nu legaal waren of niet. De usurpatie van de buitenlandse politiek door de majors gaat onverminderd door en elke Amerikaanse president sinds president Wilson is een dienaar van deze opgerolde cobra. Dit was het begin van het Amerikaanse imperialisme, vastbesloten om elk olieveld in de wereld in beslag te nemen. Niet afgeschrikt door de internationale spot en in het kielzog van zijn overwinning in het Wereldgerechtshof zette Dr. Mossadegh zijn plan voort om de Iraanse olie te nationaliseren.

Rockefeller was naar verluidt persoonlijk diep beledigd door Mossadegh en werkte nauw samen met andere grote oliemaatschappijen om de olieboycot af te dwingen.

Toen een olietanker, de Rosemarie, die volgens internationaal recht en commerciële normen Iraanse olie vervoerde, de blokkade probeerde te omzeilen, gaf Churchill de RAF opdracht vliegtuigen aan te vallen en het schip te dwingen Aden, een Brits protectoraat, aan te doen. Er was absoluut geen wet die de Britse actie rechtvaardigde, en Churchill liet opnieuw zien dat hij het hoofd was van een imperiale macht die het internationale recht niet respecteerde. Deze schaamteloze daad van piraterij werd volledig gesteund door de Seven Sisters en het Amerikaanse ministerie van Buitenlandse Zaken.

Een collega in Londen, verantwoordelijk voor het toezicht op oliemaatschappijen over de hele wereld, zei dat het Parlement weinig had gedaan om te voorkomen dat Churchill de RAF opdracht gaf Iran te bombarderen. Er is een jaar verstreken, een jaar waarin het Iraanse volk zwaar heeft geleden onder het verlies van olie-inkomsten. In 1955 schreef premier Mossadegh een brief aan president Eisenhower, waarin hij om hulp vroeg in de strijd van zijn land tegen de olie-industrie. Eisenhower, altijd de marionet van de CFR, liet de Iraanse leider bewust wachten op een antwoord. Deze geplande tactiek had het gewenste effect om Dr. Mossadegh bang te maken. Toen Eisenhower uiteindelijk antwoordde, zei hij tegen de Iraanse regering dat zij haar "internationale verplichtingen" moest nakomen en de oliewinning moest toevertrouwen aan Royal Dutch Shell! De "internationale verplichtingen" waarop Eisenhower zich beriep werden nooit gespecificeerd.

Dit zou ons iets moeten zeggen over de macht van de olie-industrie en de geheime parallelle CFR-regering van de imperiale Verenigde Staten. Toch durven we nog steeds te denken dat onze regering integer is en dat we een vrij volk zijn. Als bewijs hiervan stuurden de Verenigde Staten Kermit Roosevelt, die voor de CIA werkte, naar Iran om onrust te stoken en aan te zetten tot onrust onder de bevolking. In overeenstemming met het in 1600 aan de Oost-Indische Compagnie verleende handvest om buitenlands beleid te ontwikkelen en oorlogen tegen naties te voeren, dekten de erfgenamen van de Oost-Indische Compagnie, het Comité van 300, de CIA in door organisaties als het Internationaal Monetair Fonds (IMF) en de Wereldbank te gebruiken om het vuile werk van Roosevelt te financieren, zodat hij niet rechtstreeks in verband kon worden gebracht met de Verenigde Staten.

Op aandringen van de bankiersfactie binnen de CIA werd de Sjah verteld dat het een goede zaak zou zijn als hij Mossadegh afzette, zodat "normale betrekkingen" met Groot-Brittannië en de Verenigde Staten konden worden hervat. Met de hulp van royalistische elementen binnen de Iraanse regering pleegde Kermit Roosevelt een staatsgreep en dwong de arrestatie van Dr. Mossadegh af, wiens invloed was ondermijnd door twee jaar openlijke economische oorlogsvoering door het Britse en Amerikaanse imperialisme. De CIA steunde vervolgens de jonge Reza Shah Pahlevi en bracht hem aan de macht, waarna de economische sancties werden opgeheven. Opnieuw had het beleid van de oliemaatschappijen de regeringen van Groot-Brittannië en de Verenigde Staten aangezet tot een oorlogsdaad tegen een soevereine staat die hen geen kwaad had gedaan. Ze hadden gezegevierd over het Iraanse nationalisme. Het was een herhaling, een virtuele kopie van de gebeurtenissen van de Engels-Boerse oorlog.

De Sjah probeerde toen tevergeefs Mossadegh uit de weg te ruimen, maar Roosevelt, de CIA en het State Department rustten een revolutionaire bende uit en stuurden die het Iraanse leger te lijf. Uit angst voor een moord, ontvluchtte de Sjah het land, en de door de CIA geleide staatsgreep slaagde. Mossadegh werd omvergeworpen en onder huisarrest geplaatst, waar hij de rest van zijn leven bleef.

De Sjah mocht terugkeren naar Iran en kreeg te horen dat hij veilig was zolang hij zijn keizerlijke meesters gehoorzaamde. De kosten van deze illegale onderneming voor de Amerikaanse belastingbetaler bedroegen in 1970 meer dan een miljard dollar. De enige partij die profiteerde van dit achterbakse verraad was het Seven Sisters oliekartel en zijn betaalde marionetten die het allemaal mogelijk maakten.

Hoewel hij het toen nog niet wist, zou de Sjah hetzelfde lot ondergaan als Mossadegh en wel door toedoen van dezelfde imperialistische kliek van oliemaatschappijen, Britse en Amerikaanse regeringsfunctionarissen en de CIA. Sindsdien hebben ook andere landen geleden onder de zweep van het oliekartel in de regering.

HOOFDSTUK 11

Enrico Mattei neemt het op tegen het Seven Sisters-kartel

Een van deze landen is Italië. Verlamd door de Tweede Wereldoorlog en de invasie van zijn grondgebied lag Italië praktisch in puin. Er waren verschillende staatsbedrijven opgericht, waaronder de Alienda Generale Italiana Petroli "AGIP", geleid door Enrico Mattei, die de opdracht kreeg deze te ontmantelen. Maar als eerste man die het bestaan erkende van een oliedictatuur geleid door de Zeven Zusters (Sette Sorelle), was Mattei in open conflict met het kartel. In plaats van de AGIP te sluiten, hervormde en versterkte hij deze en veranderde de naam in Ente Nazionale Idrocarburi, ENI. Mattei zette een olie-exploratieprogramma en contracten met de USSR op die Italië zouden bevrijden uit de wurggreep van de Zeven Zusters en, tot groot verdriet van laatstgenoemden, begon Mattei succes te boeken.

Enrico Mattei, geboren op 29 april 1906, was de zoon van een carabiniere, het Italiaanse militaire korps met politietaken. Op 24-jarige leeftijd ging hij naar Milaan, waar hij zich aansloot bij de Partizanen. In 1945 benoemde het politieke comité van de Partizanen hem tot hoofd van de AGIP, de nationale oliemaatschappij, met de opdracht deze te sluiten. Maar Mattei verkoos het bevel te negeren en ontwikkelde het in plaats daarvan tot een van de opmerkelijkste economische succesverhalen van het naoorlogse Italië.

In 1953 richtte Mattei een tweede energiebedrijf op, ENI, dat vruchtbare overeenkomsten sloot met Egypte en in 1961 2,5 miljoen ton ruwe olie uit Egypte importeerde. In 1957 deed Mattei een moedige aanval op het monopolie op ruwe olie uit Iran door de Sjah rechtstreeks te benaderen. Hij slaagde hierin en, onder de tussen Mattei en de Sjah overeengekomen voorwaarden, werd een partnerschap gevormd tussen de Nationale Iraanse Oliemaatschappij en ENI, waarbij 75% naar Iran ging en 25% naar ENI, en waarbij ENI's zusteronderneming, de Società Irano-Italiana delle Petrole (SIRIP), een exclusieve 25-jarige huurovereenkomst kreeg om 8.800 vierkante mijl aan bekende olievelden te exploreren en te boren.

Mattei verraste de Zeven Zusters toen hij oliedeals sloot met Tunesië en Marokko als onderdeel van een gelijkwaardig partnerschap. Na het sluiten van een overeenkomst met China en Iran verklaarde Mattei dat het Amerikaanse oliemonopolie tot het verleden behoorde. De Britse en Amerikaanse reactie was snel. Een delegatie ontmoette de Sjah en protesteerde hevig tegen Mattei's contract. Maar de mening van de delegatie, hoewel opgemerkt, had geen effect. In augustus 1957 tekende Mattei een contract dat Italiaanse buitenstaanders in Iran bracht. De Italiaanse industrieel maakte zijn standpunt bekend. Voortaan zou hij ernaar streven het Midden-Oosten deel te laten uitmaken van het industriële Europa door een grote infrastructuur in het hele Midden-Oosten aan te leggen.

Mattei was wat wij tegenwoordig een "agitator" zouden noemen en nauwelijks vier jaar na de ondertekening van het contract arriveerde de eerste tanker van ENI in de haven van Bari met 18.000 ton Iraanse ruwe olie. Gesterkt door zijn succes reisde Mattei naar Afrikaanse en Aziatische landen met oliereserves om soortgelijke overeenkomsten te sluiten.

Een van de zaken die het oliekartel in Groot-Brittannië en de Verenigde Staten het meest van streek bracht, was het aanbod van ENI om in landen met olievoorraden raffinaderijen te bouwen, die plaatselijk eigendom zouden zijn en hen tot volwaardige partners zouden maken. De tegenprestatie voor ENI kwam in de vorm van exclusieve contracten voor engineering en technische bijstand en het exclusieve recht van ENI om ruwe olie en afgewerkte producten wereldwijd te verkopen.

De zeven zusters, die de scène vanuit Londen en New York observeerden, waren verbijsterd en boos over het succes van de indringer ENI.

In oktober 1960 kwam het tot een hoogtepunt, toen Mattei naar Moskou reisde voor een ontmoeting met de Russische regering om de wederzijdse oliebelangen te bespreken. Waren de Seven Sisters al eerder met stomheid geslagen, het resultaat van de besprekingen tussen de Russische minister van Buitenlandse Handel Patolitschev en Mattei deed hen versteld staan en deed de transatlantische alarmbellen rinkelen. De ergste vrees van het oliekartel werd bewaarheid toen op 11 oktober 1956 een overeenkomst tussen ENI en Moskou werd ondertekend die als volgt luidde:

- In ruil voor een gegarandeerde levering van 2,4 miljoen ton Russische olie per jaar in de komende vijf jaar heeft ENI een aanzienlijk groter aandeel van Russische olie op de Europese markt verkregen.

- De betaling voor de olie zou niet in geld maar in natura plaatsvinden, in de vorm van gegarandeerde leveringen van oliepijpen met een grote diameter die zouden worden gebruikt voor de aanleg van een uitgebreid netwerk van pijpleidingen om Russische olie van de Wolga-Oeral naar Oost-Europa te vervoeren.

- Het contract voorzag in de uitwisseling van 15 ton ruwe olie per jaar tegen diverse voedingsmiddelen, industrieproducten en diensten.

- De buizen met grote diameter zouden door het Finsider-concern onder toezicht van de Italiaanse regering in Taranto worden gebouwd en naar Rusland worden verscheept in een tempo van 2 miljoen ton per jaar. (De fabriek werd in recordtijd gebouwd en produceerde al in september 1962 buizen, een verbazingwekkende prestatie).

Het contract met Rusland was een grote triomf voor Mattei omdat Italië nu Russische ruwe olie kon kopen voor $1,00 per vat aan boord van schepen in havens aan de Zwarte Zee, vergeleken met $1,59 per vat plus de $0,69 uit Koeweit, en de prijs van Standard Oil van $2,75 per vat. Zoals zo vaak gebeurde, toen bedreigingen voor het monopolie van de Seven Sisters niet met eerlijke middelen konden worden afgewend, nam men zijn toevlucht tot immorele middelen.

Begin 1962 werd Mattei's vliegtuig gesaboteerd. Maar voordat er schade kon worden aangericht, werd een storing in het vliegtuig ontdekt en viel de verdenking op de CIA. Maar Mattei had de tweede keer pech toen op 27 oktober 1962, tijdens een vlucht van Sicilië naar Milaan, zijn vliegtuig neerstortte in het dorpje Bascape in Lombardije. De piloot, Inerio Bertuzzi, een Amerikaanse journalist met de naam William McHale en Mattei kwamen om het leven. Geruchten over vals spel deden de ronde, maar aangezien het onderzoek naar het ongeluk onder de verantwoordelijkheid viel van minister van Defensie Giulio Andreotti, bekend om zijn sympathieën voor de grote oliemaatschappijen en de Verenigde Staten in het bijzonder, liet het officiële onderzoek op zich wachten.

In 2001 zonden Bernard Pletschinger en Calus Bredenbrock een televisiedocumentaire uit waarin zij beweerden dat het bewijsmateriaal op de ramplek van Mattei onmiddellijk was vernietigd. De vlieginstrumenten waren gesmolten in een zuurbad. Na de uitzending van de documentaire werden de lichamen van Mattei en Bertuzzi opgegraven. Stukken metaal, veroorzaakt door een explosie aan boord, werden gevonden in de botten van beide mannen. Het algemene, maar onofficiële, oordeel was dat er een bom aan boord van Mattei's jet was geplaatst en dat deze bedoeld was om te ontploffen wanneer het landingsgestel in de "neer" positie werd gezet.

Hoewel het nooit is bewezen, wijzen de sterkste indirecte en andere bewijzen rechtstreeks naar de CIA en in het bijzonder naar het hoofd van het toenmalige CIA-station in Rome, een zekere Thomas Karamessines, die zijn kantoor op 17 oktober

1962, de dag van Mattei's vliegtuigongeluk in Lombardije, abrupt verliet en nooit meer terugkeerde. Er werd geen verklaring gegeven voor zijn plotselinge en abrupte vertrek. Het CIA-rapport is nooit openbaar gemaakt en blijft tot op heden geheim "in het belang van de nationale veiligheid". Alle Freedom of Information verzoeken zijn afgewezen.

Er is een naschrift bij dit "Onopgeloste Mysterie". Op het moment dat het vliegtuig neerstortte en zijn leven beëindigde, zou Mattei een ontmoeting hebben met de Amerikaanse president John F. Kennedy. Een van de prioriteiten op hun agenda was het oliekartel, waarvan bekend was dat Kennedy die wantrouwde en heimelijk niet mocht, niet in de laatste plaats vanwege de nauwe relatie met de CIA, die hem al lang dwars zat. In zijn binnenste kring was het bekend dat Kennedy de CIA beschouwde als een kankergezwel voor de Amerikaanse natie; Kennedy geloofde dat als de Amerikaanse regering ooit door een coup omver zou worden geworpen, dit door de CIA zou worden geleid.

Nauwelijks een jaar later zou Kennedy het slachtoffer worden van dezelfde samenzweerders van de Amerikaanse inlichtingendienst. Voeg daarbij het verhaal van Enrico Mattei, de brute verkrachting van Mexico in naam van de Amerikaanse en Britse oliebelangen, en de ontelbare schade aan Iran en Irak, en je hebt de meest tragische verhalen van gierigheid, hebzucht en machtswellust die de bladzijden van de geschiedenis van de oliemaatschappijen hebben bezoedeld. De macht van de oliemaatschappijen overstijgt alle regeringen en alle nationale grenzen; zij heeft regeringen omvergeworpen en hun nationale leiders verzwakt en zelfs vermoord. Het heeft de Amerikaanse belastingbetalers miljarden dollars gekost en het einde is nog niet in zicht.

Olie, zo lijkt het, is het fundament van de nieuwe economische wereldorde, met de macht in handen van een paar mensen die buiten de oliemaatschappijen nauwelijks bekend zijn. John D. Rockefeller zag snel het potentieel voor winst en macht, en greep de kans. Hierdoor kon hij enorme persoonlijke macht uitoefenen, ook al ging dit ten koste van duizenden kleine oliemaatschappijen en duizenden levens.

Wij hebben reeds herhaaldelijk verwezen naar de Seven Sisters. Voor degenen die niet bekend zijn met deze groep, het zijn de zeven grote oliemaatschappijen in Groot-Brittannië en de Verenigde Staten, die verantwoordelijk zijn voor de vormgeving van het buitenlands beleid van beide landen. De oliemaatschappijen die het kartel vormen zijn eigenlijk begonnen na de zogenaamde "opsplitsing" van Standard Oil door het Amerikaanse Hooggerechtshof. Het was Enrico Mattei die de naam "Seven Sisters" bedacht. Hun machtige invloed is anno 2008 nog steeds voelbaar.

Standard Oil of New York fuseerde met Vacuum Oil tot Socony Vacuum, dat in 1966 Mobiloil werd, terwijl Standard Oil Indiana opging in Standard Oil Nebraska en Standard Oil of Kansas, en in 1985 AMOCO werd. In 1972 werd Standard Oil New Jersey EXXON.

In 1984 voegde Standard Oil California zich bij Standard Oil Kentucky en werd Chevron, dat vervolgens Gulf Oil Company kocht, eigendom van Mellon. Standard Oil Ohio werd gekocht door BP. In 1990 kocht BP het vroegere Standard Indiana en werd BP-AMOCO. In 1999 fuseerden EXXON en Mobil in een deal van 75 miljard dollar, waardoor EXXON-Mobil ontstond. In 2000 fuseerde Chevron met Texaco tot Chevron-Texaco.

EXXON (in Europa bekend als ESSO), Shell, BP, Gulf Oil, Texaco, Mobil en Chevron maken deel uit van de wereldwijde keten van banken, makelaarskantoren, inlichtingendiensten, mijnbouw-, raffinage-, ruimtevaart-, bank- en petrochemische bedrijven die samen de ruggengraat vormen van het Comité van 300, waarvan de leden ook wel "Olympiërs" worden genoemd. Zij controleren de productie van ruwe olie, de raffinaderijen en de scheepvaart, behalve in Rusland en nu in Venezuela. Geschat wordt dat 75% van de winst van het oliekartel afkomstig is van "downstream"-bedrijven, zoals raffinage, opslag, scheepvaart, kunststoffen, petrochemie, enz.

De tweede grootste raffinaderij ter wereld die eigendom is van en gecontroleerd wordt door het kartel, bevindt zich op Pulau Bukom en Jurong in Singapore. Shell bezit het grootste raffinaderijcomplex ter wereld, gelegen op het eiland Aruba. De bouw van deze enorme faciliteit heeft het belang van Venezolaanse ruwe olie benadrukt. Er is ook een zeer grote raffinaderij van Mobil op Aruba.

In 1991 werd geschat dat 60% van de winst van EXXON afkomstig was van "downstream"-activiteiten. In 1990 nam EXXON de kunststofdivisie van Allied Signal over en sloot tegelijkertijd een overeenkomst met Monsanto en Dow Chemicals op het gebied van thermoplasten en elastomeren. De belangrijkste benzineverkopers zijn EXXON en Chevron-Texaco. Royal Dutch Shell heeft het grootste aantal tankers, met 114 in haar vloot. Het bedrijf heeft wereldwijd 133.000 mensen in dienst. De activa van Shell worden geschat op 200 miljard dollar.

Een andere "downstream" winstproducent is EXXON Mobil, die meer motorolie, transmissieolie en smeervetten produceert dan alle andere "majors". Het bedrijf is aanwezig in meer dan 200 landen over de hele wereld en opereert "solo" in de Beaufortzee, voor de kust van Alaska. Zij bezit enorme stukken land in Jemen, Oman en Tsjaad, in totaal meer dan 20 miljoen hectare. De investering gaat, zoals altijd, over de toekomst van de olievoorziening. EXXON bewaart zijn raffinagegeheimen als staatsgeheimen en Bahrein, waar de meeste raffinage plaatsvindt, wordt bewaakt door oorlogsschepen van de 5e vloot van de Amerikaanse marine. Zelfs Saudi-Arabië heeft geen toegang tot zulke geheimen. Van de meer dan 500 bestaande raffinaderijen bevinden zich er slechts 16 in de Perzische Golfstaten.

HOOFDSTUK 12

DE KONINKLIJKE NEDERLANDSE SCHELP

Veruit de belangrijkste van de oliemaatschappijen van het Comité van 300 is Royal Dutch Shell (Het Koninklijke Nederlandse Shell) van Brits-Nederlandse oorsprong. Het is een van de grootste energiebedrijven ter wereld en een vlaggenschiponderneming van het Comité van 300. De meerderheidsaandeelhouders zijn het Huis van Windsor en het Huis van Oranje van Nederland. Naar verluidt zijn er slechts veertienduizend aandeelhouders, waarbij koningin Elizabeth (die het Huis Windsor vertegenwoordigt), koningin Juliana (die het Huis Oranje vertegenwoordigt) en Lord Victor Rothschild de grootste aandeelhouders zijn. Voor zover bekend zijn er geen directeuren, maar de CEO is Jeroen van der Veer en de voorzitter is Jorma Ollila, beiden Nederlandse zakenlieden.

De kernactiviteiten van het bedrijf zijn olie- en gasexploratie, transport en marketing, met een belangrijke aanwezigheid in de petrochemie. In 2005 had het een jaaromzet van 306 miljard dollar, waarmee het de op twee na grootste onderneming ter wereld was. Het bedrijf heeft een lange weg afgelegd sinds 1901, toen William Knox D'Arcy een concessie kreeg om in Iran naar olie te zoeken.

Net als de Federal Reserve Bank weet niemand echt wie de grootste aandeelhouders van Shell zijn. In 1972 deed de Amerikaanse Senaat één en enige poging om het bedrijf te dwingen de lijst van zijn 30 grootste aandeelhouders openbaar te maken. Het onderzoek was in handen van senator Lee Metcalf, maar zijn verzoek werd categorisch afgewezen. De boodschap: Probeer je niet te bemoeien met de zaken van het Comité van 300. De elitaire Nieuwe Wereldorde - een wereldregering die aan de macht kwam door de ontdekking van olie en het gebruik ervan - duldt geen inmenging van wie dan ook, of het nu gaat om regeringen, leiders, sjeiks of gewone burgers, staatshoofden van grote of kleine naties. De wereld beseft al lang dat het kartel van de Zeven Zusters de olie stevig in zijn hebzuchtige handen heeft, en nog steeds wereldwijd vraag en aanbod van ruwe olie controleert.

De supranationale oliegiganten, wier expertise en boekhoudkundige methoden de knapste koppen van de wereldregering, belastinginners en accountants verbijsteren, maakten de Seven Sisters onbestuurbaar voor gewone regeringen. De geschiedenis van de Seven Sisters laat zien dat regeringen altijd klaar stonden om hun soevereiniteit en natuurlijke hulpbronnen op te delen, zodra deze bandieten het nationale kamp betraden. John D. zou de closed shop, de internationale club, zijn geheime deals en internationale intriges, waarvan het Amerikaanse publiek tot op heden niets weet, van harte hebben goedgekeurd.

In hun geheime schuilplaatsen in New York, Londen en Zürich komen deze almachtige leiders bijeen om overal ter wereld oorlogen te plannen. Zij zijn in 2008 veel machtiger dan ooit sinds het begin van hun activiteiten in de 19e eeuw. Dezelfde leden van het "Comité van 300", waarvan de meesten ook lid zijn van de Illuminati, de oude en beroemde ongelooflijk rijke families, zwelgen in hun macht. Zij zijn degenen die beslissen welke regeringen moeten gaan en welke politieke leiders moeten vallen.

Toen echte problemen op hun geheime deuren klopten - zoals Mossadeghs nationalisering van de Iraanse olie - stonden ze altijd klaar om terug te vechten en de onruststokers te "neutraliseren", als ze niet gekocht konden worden. Toen de Mossadegh-crisis uitbrak, ging het erom de juiste partijen in de onrustige landen aan te spreken, hun macht te tonen en degenen die niet gekocht konden worden af te schrikken. Het enige wat nodig was, was het leger, de marine, de luchtmacht en overheidsfunctionarissen om het ongedierte weg te krijgen. Het was niet moeilijker dan een vlieg doodslaan. De Zeven Zusters werden een regering binnen regeringen, naar het model van de Oost-Indische Compagnie, en niemand probeerde hen lange tijd te verjagen.

Als je het Arabische beleid van Groot-Brittannië wilde weten, hoefde je alleen maar BP en Shell te raadplegen. Als je iets wilde weten over het Amerikaanse beleid in het Midden-Oosten, hoefde je alleen maar EXXON, ARAMCO, Mobil enzovoort op te zoeken. ARAMCO is synoniem geworden met het Amerikaanse beleid ten aanzien van Saoedi-Arabië. Wie had kunnen denken dat Standard Oil uit New Jersey op een dag het ministerie van Buitenlandse Zaken zou leiden? Kunt u zich een andere onderneming of groep voorstellen die enorme speciale belastingvoordelen geniet ter waarde van miljarden dollars? Is er ooit een groep geweest die zo bevoorrecht is als de leden van het olie-industrie kartel?

Mij is vaak gevraagd waarom de Amerikaanse olie-industrie, ooit vol beloften en de garantie voor goedkope benzine aan de pomp, zo in verval is geraakt en waarom de benzineprijzen onevenredig zijn gestegen ten opzichte van het wereldwijde aanbod en de vraag. Het antwoord is de hebzucht van het oliekartel, de Seven Sisters. Geen enkele organisatie of bedrijf kan de hebzucht van de Seven Sisters evenaren.

Een van deze concerns, EXXON, vroeg en kreeg nog grotere concessies en belastingvoordelen, ook al maakte het in het eerste kwartaal van 2008 een recordwinst van 8,4 miljard dollar. Geen cent werd doorgegeven aan de consument in de vorm van lagere benzineprijzen aan de pomp.

Heeft het Amerikaanse volk geprofiteerd van de obscene winsten van Mobil, EXXON en Gulf Oil? Daar is geen bewijs voor. Dankzij het gemanoeuvreer in Washington, waar het nu, dankzij het 17e Amendement, mogelijk is om senatoren en vertegenwoordigers te kopen en te verkopen, hebben de oliemaatschappijen nooit, maar dan ook nooit, iets van hun obscene winsten gestoken in het verlagen van de gasprijs op de binnenlandse markt, of in het zoeken en boren naar olie op het vasteland van de Verenigde Staten. Het is geen mooi verhaal, en het is de schuld van het Congres.

Het 17e Amendement wijzigde de paragrafen 3 en 4 van artikel 1, die betrekking hadden op het feit dat de bevolking van de staten niet langer hun senatoren kon kiezen. Dit betekende nu dat senatoren per stembiljet werden gekozen en, met het potentieel voor misbruik van campagne donaties, opende het een doos van Pandora.

Wij, het volk, zijn ook schuldig aan het laten voortduren van deze stand van zaken. De Amerikaanse consument wordt voortdurend geconfronteerd met stijgende benzineprijzen aan de pomp, terwijl de schatkist van de Seven Sisters steeds groter wordt, de olie-industrie prijsopdrijving en allerlei vormen van bedrog toepast om het Amerikaanse volk af te troggelen, en het Amerikaanse volk zich neerlegt en zich laat verpletteren door de olie-industrie. Hoe je het ook bekijkt - en sommige apologeten proberen de zaak te verwarren door de benzineprijzen in de VS en Europa te vergelijken (een ongeldige vergelijking) - je kunt alleen maar concluderen dat de olie-industrie nooit is afgeweken van de principes en voorschriften van de oude John D. Rockefeller. Het was toen, en is nu nog steeds, een wet op zichzelf. Hebzucht en winst dreven en beheersten het leven van de oude John D., en sinds zijn hoogtijdagen is er weinig veranderd. De winsten die "stroomopwaarts" worden gemaakt in plaatsen als Aruba en Bahrein worden weggehouden van de Amerikaanse consument.

John D. adviseerde zijn zonen om nooit bevriend of "verbroederd" te raken met andere mensen, waardoor hij aspirant onafhankelijken buiten de deur kon houden en kon voorkomen dat zij voet aan de grond kregen op de oliemarkten. Hij aarzelde echter niet om zijn "geen vrienden"-regel te overtreden wanneer hij daar een voordeel in zag.

Zo maakte hij zich geliefd bij Henry Flagler, de

spoorwegmagnaat die Florida ontsloot. Als geboren zakenman besefte John D. al vroeg dat de raffinage en distributie van het eindproduct zijn toegang tot de oliehandel was. Zijn vriendschap met Flagler was voor dit doel, om de controle over raffinage en distributie veilig te stellen, en hij zou aan het langste eind trekken. In het geheim, tot het punt van paranoia, sloot John D. een vertrouwelijke overeenkomst met Flagler, volgens welke zijn bedrijven speciale kortingen op transport zouden krijgen. Op deze manier kon Rockefeller de "concurrentie" verminderen en verschillende van zijn rivalen buiten spel zetten.

Vrije onderneming" was niet iets waar John D. om gaf, en hij gaf nog minder om de mensen die hij ruïneerde door zijn oneerlijke praktijken. Rockefellers credo was om totaal meedogenloos te zijn tegenover zijn rivalen. Geheimhouding was een ander van zijn principes en hij leefde zijn hele leven volgens deze twee "gidsen". Het duurde slechts 7 jaar van meedogenloze praktijken om de meeste concurrenten uit te schakelen en John D. in staat te stellen de Standard Oil Company van Californië op te richten.

In 1870 controleerde Standard al 10% van de Amerikaanse oliemarkt, een verbazingwekkende prestatie. Door Rockefellers slinkse manier van zakendoen te volgen, verkochten de spoorwegen het publiek en staken zichzelf in de zak van John D. De Central Association controleerde de spoorwegtarieven. De Central Association controleerde de spoorwegtarieven, en de andere oliemaatschappijen die toetraden, moesten veel betalen om mee te mogen doen, maar kregen korting op de spoorwegtarieven. Degenen die het spel niet wilden spelen, gingen naar de muur.

Het boek van auteur/docent/journalist Ida Tarbell, "The History of the Standard Oil Company", geeft een duidelijk en beknopt verslag van de uiterst dubieuze tactieken die John D. toepaste, en het was zijn basisgedrag dat hem de haat en vijandschap van de meeste onafhankelijken opleverde, een haat die Standard Oil aan de kant kon schuiven en negeren omdat John D. tegen 1970 markten voor zijn aardolieproducten in Europa had gevestigd, die goed waren voor maar liefst 70% van de omzet van Standard.

Een virtueel monopolie betekende dat de publieke opinie weinig telde.

Om zijn rivalen uit te schakelen, creëerde Rockefeller een privé-leger van spionnen dat in aantal - om nog maar te zwijgen van de capaciteiten - alles overtrof wat de regeringen van de landen waarin Standard opereerde konden opbrengen. In inlichtingenkringen wordt gezegd dat "zelfs geen mus niest zonder dat John D. het weet". Hoewel hij verondersteld werd een strikte Baptist te zijn, was dit een parodie op de Bijbel, waar staat dat er geen mus op de grond valt zonder dat God het ziet, en was het bedoeld om de spot te drijven met de Bijbel, wat John D. graag deed.

Maar Rockefellers mars over het Noord-Amerikaanse continent naar buitenlandse markten bleef niet onopgemerkt, ondanks de geheimzinnige methoden van John D. De publieke haat tegen Standard Oil had nieuwe hoogten bereikt - dankzij de onthullingen van Tarbell en H.D. Lloyd, dat er een corporatie bestond die kennelijk boven de lokale, staats- en federale overheid en de wetten van de Verenigde Staten stond, een corporatie die "vrede verklaarde, over oorlog onderhandelde, rechtbanken, wetgevende lichamen en soevereine staten reduceerde tot een ongekend niveau dat geen enkele overheidsinstantie kon beteugelen". Duizenden boze brieven stroomden naar de Senaat, wat resulteerde in de goedkeuring van de Sherman Anti-Trust Act. Maar de voorwaarden zijn zo vaag (waarschijnlijk met opzet) dat het gemakkelijk is om niet te voldoen, vooral met een gladde klant als John D. Het werd al snel duidelijk dat John D. enorme invloed had in de Amerikaanse Senaat. De Sherman Antitrust Act bleek weinig meer dan een public relations oefening, vol regels maar zonder macht. Uiteindelijk veranderde dat in 1907 toen de wet werd ingeroepen in een rechtszaak van het Amerikaanse Ministerie van Justitie, aangespannen door de Amerikaanse procureur Frank Kellogg.

Tijdens het proces getuigde Rockefeller van zijn publieke geest en beschreef zichzelf als een weldoener van de mensheid en vooral van de Amerikaanse burgers. Toen Kellogg hem onder druk zette om zijn talrijke onregelmatige transacties te verklaren, antwoordde John D. dat hij "het zich niet herinnerde".

Op 11 mei 1911 deed opperrechter Whyte uitspraak: Standard moest al zijn dochterondernemingen binnen 6 maanden afstoten. Rockefeller huurde, zoals gewoonlijk, een heus leger van advocaten en journalisten in om uit te leggen dat de oliehandel niet kon worden geleid zoals andere bedrijven. Kortom, het moest worden behandeld als een speciale Rockefeller entiteit.

Om het effect van de beslissing van rechter Whyte te verzachten, zette Rockefeller een systeem van patronage op, geïnspireerd door de koninklijke hoven van Engeland en Europa, in combinatie met filantropische stichtingen om Rockefellers imperium en fortuin te beschermen tegen de op handen zijnde inkomstenbelastingwetgeving, waarvoor zijn leger van spionnen en gekochte senatoren hem gewaarschuwd hadden en die in 1913 in feite werd uitgevaardigd op een manier die zo omslachtig was dat het de logica en de rede tartte.

HOOFDSTUK 13

John D. Rockefeller, de gebroeders Nobel, Rusland...

Zo ontstond in de Verenigde Staten de geheime, permanente regering op hoog niveau, waardoor de Council on Foreign Relations (CFR) kon ontstaan als de Amerikaanse vertegenwoordiger van het Comité van 300. Het lijdt geen twijfel dat de CFR zijn bestaan te danken heeft aan John D. en Harold Pratt. Het is een formidabel kwaad, onderdeel van de zaak tegen de olie-industrie, die met miljarden dollars en de hulp van de CFR de controle kon overnemen over de natie die zij sindsdien regeert.

Anderen volgden het Rockefeller-plan, met name Occidental Petroleum, het bedrijf van Armand Hammer, dat in de eerste plaats verantwoordelijk was voor de goedkeuring van het Intermediate-Range Nuclear Forces Treaty, waarover werd onderhandeld door Kissinger, de "Siamese tweeling" van David Rockefeller, wiens voortdurende gehechtheid aan zijn mentor duidelijk werd na de ontdekking van de bovengenoemde Bamberg-dossiers. Het INF-verdrag was een van de meest schandalige vormen van verraad van de Amerikaanse belangen. Er zijn ongetwijfeld andere verraderlijke verdragen, maar naar mijn mening overtrof het INF-verdrag ze allemaal.

De oneerlijkheid van John D. is nog steeds voelbaar in het Amerikaanse beleid ten aanzien van een aantal landen, en de verderfelijke invloed van zijn oliemaatschappijen blijft tot op de dag van vandaag bestaan. In 1914 werd in de archieven van het Congres verwezen naar de "Rockefeller geheime regering". Het was in datzelfde jaar dat de "Grote Man" (Winston Churchill) de vernedering had dat zijn aanbod om een "witboek" over John D. te maken werd afgewezen, omdat de vraagprijs van 50.000 dollar "te hoog" werd geacht. Churchill verklaarde toen met chagrijn: "Twee gigantische bedrijven beheersen praktisch de olie-industrie in de wereld." Hij doelde natuurlijk op Shell en Standard Oil. Het eerste bedrijf werd opgericht door Marcus Samuel, die van schelpen decoratieve doosjes voor royalty's maakte, vandaar de naam "Shell Oil Company". Samuel was zijn carrière begonnen met het verschepen van kolen naar Japan, maar toen hij het licht zag, stapte hij over op olie. De verandering bleek uiterst gunstig.

In 1873 verleende de Russische tsaar, slecht geadviseerd door een groep verraders die in zijn innerlijke kring waren geïnfiltreerd, een concessie aan de Nobel Dynamite Company om naar olie te zoeken in de Kaukasus. De Nobel zonen Albert, Ludwig en Robert stapten in de bres, gefinancierd door de Franse Rothschild banken, een zet die uiteindelijk de Rothschilds een wurggreep gaf op de Russische financiën en leidde tot de Bolsjewistische revolutie.

Nobel, Rockefeller, Rothschild en hun bedrijven en banken hebben Rusland verkracht, leeggezogen en vervolgens uitgeleverd aan de bolsjewistische horden om de vernietiging te voltooien van wat altijd een mooi, nobel en christelijk land was geweest.

De deelname van de olie-industrie aan de verkrachting van christelijk Rusland door de bolsjewieken en de val in het donkere tijdperk van slavernij is een belangrijke aanklacht tegen deze regering binnen de regering, die niet lichtvaardig terzijde kan worden geschoven. Het is een aanklacht waarop de olie-industrie nooit is aangesproken.

Na hun succes in Rusland, waarbij Standard vrijwel de Roemeense velden had overgenomen, richtte John D. zijn aandacht op het Midden-Oosten. Het eerste slachtoffer was de voormalige Turkish Petroleum Company. De Britten boden John D. een aandeel van 20% aan in hun partnerschap met Turkije, wat Exxon accepteerde. Toen begonnen de hebzuchtige multinationals belangstelling te krijgen voor Irak, en Mobil, Exxon en Texaco zetten er snel activiteiten op. De overeenkomst voorzag in een gelijkwaardig partnerschap, maar de Irakezen werden vanaf het begin bedrogen. Volgens de overeenkomst van San Remo zou Irak een aandeel van 20% in het consortium krijgen, maar in feite kreeg het niets. Zo begon de diepe afkeer van en angst voor de Britse en Amerikaanse oliemaatschappijen die zich over de hele wereld verspreidde. Exxon sluisde het geld door via een Zwitserse vennootschap om zijn betrokkenheid te verhullen. De Sovjets, die het erg druk hadden in Irak en Iran, verwelkomden de komst van de Amerikaanse bedrijven. Jaren later beschuldigde Shell CEO Henri Deterding EXXON van nauwe samenwerking met de Bolsjewieken, een feit dat ruimschoots wordt ondersteund door MI6-inlichtingendocumenten in het bezit van Lord Alfred Milner. Deterding zei dat EXXON altijd de bolsjewieken had gesteund, met veel van haar programma's die speciaal waren ontworpen om de communistische regering te bevoordelen. EXXON, in ware John D. stijl, sloeg de luiken neer en overleefde de storm van kritiek die de beschuldigingen in de Verenigde Staten veroorzaakten. Wat Deterding betreft, vanwege zijn onthullingen, die de olie-industrie schaadden, kwam hij op de zwarte lijst en viel uit de gratie.

In documenten met betrekking tot de Wit-Russische campagne om het Rode Leger te verslaan, die in de Whitehall archieven worden bewaard, wordt onthuld dat de Wit-Russische generaals, Wrangle en Deniken, door Standard Oil was beloofd dat als zij erin zouden slagen het Rode Leger uit de rijke olievelden van Bakoe te verdrijven, zij aanzienlijke steun zouden krijgen van de Amerikaanse regering.

De taak werd volbracht door de strijdkrachten van de Witte Russen. Ze verpletterden het Rode Leger en dreven het terug tot aan de poorten van Moskou. Maar in plaats van geld en wapens te ontvangen zoals beloofd, trokken Lloyd George, persoonlijk vertegenwoordiger van het Amerikaanse ministerie van Buitenlandse Zaken, en William Bullit, de Britse premier, op instructie van het Comité van 300 via zijn Raad voor Buitenlandse Betrekkingen (CFR), het tapijt onder de Wit-Russische legers vandaan, waardoor ze geen geld, geen wapens en geen andere keuze hadden dan zich te ontbinden.

De boycot van munitie voor de Wit-Russische strijdkrachten was een CFR-samenzwering, geleid door Lloyd George, en zorgde voor de ineenstorting van de enige militaire macht die in staat was het Rode Leger te vernietigen en een einde te maken aan het bolsjewistische regime in Rusland, maar het was niet wat het keizerlijke Groot-Brittannië en een Amerikaanse partner in gedachten hadden.

Waarom staken Bullit en Lloyd George de legers van Wit Rusland in de rug? Waarom handelden de Amerikaanse en Britse regeringen zo verraderlijk toen het Rode Leger een nederlaag in het gezicht staarde, toen de bolsjewistische revolutie op instorten stond? In de reeds genoemde documenten, die zich in het War Office in Whitehall in Londen bevinden, wordt onthuld dat de CFR een deal wilde sluiten om Lenin aan de macht te houden, in ruil voor een eenmalige concessie voor olie uit de enorme Russische velden. Ze dachten dat Lenin eerder een deal zou sluiten dan de Wit-Russische generaals. Dit bedrog, dit verraad, is wat de bolsjewieken hielp terug te komen van de rand van de nederlaag om een machtige kracht te worden die Rusland kon onderwerpen ten koste van het leven van miljoenen burgers.

Toen Groot-Brittannië de bolsjewistische regering in 1924 officieel erkende, was dat op voorwaarde dat een officiële vertegenwoordiger een overeenkomst met British Petroleum (BP) zou ondertekenen, waarin enorme stukken oliegrond werden gegarandeerd voor exploratie door Britse belangen. De basis voor deze overeenkomst was gelegd door Sydney Reilly, een Britse MI6-agent, tijdens de bolsjewistische revolutie. Reilly had zeven paspoorten met verschillende officiële MI6-namen en vertegenwoordigde Lord Alfred Milner, die grotendeels verantwoordelijk was voor de financiering van de bolsjewistische revolutie, directer dan de Britse regering.

Ook Standard Oil uit de Verenigde Staten sloot soortgelijke

overeenkomsten met de imperialistische Lenin. Om de indruk te wekken dat de VS en Groot-Brittannië werkelijk tegen de opkomst van de bolsjewieken vochten, werd een geallieerde expeditiemacht naar Archangel in het uiterste noorden van Rusland gestuurd. De troepen deden niets anders dan rondhangen in hun barakken, behalve één keer, toen ze een ceremoniële mars maakten door de straten van Archangel, waarna de zogenaamde expeditiemacht aan boord ging van een schip en naar huis vertrok.

De enige principiële man in het consortium was Deterding, die categorisch weigerde met de bolsjewieken samen te werken. Over het verraad van de Wit-Russen en de bolsjewistische oliedeal zei Deterding:

> Ik denk dat iedereen op een dag spijt zal hebben dat hij met deze dieven te maken heeft gehad.

Geen wonder dat Deterding naar de vergetelheid werd verbannen! De geschiedenis zal oordelen of zijn woorden profetisch waren, en dan hebben we het niet over de geschiedenis die wordt geschreven door de zogenaamde historici op de loonlijst van Rockefeller. Om toekomstige concurrentie te voorkomen, waarvan Rockefeller zei dat hij er zeker van was dat die zou plaatsvinden, werd op 18 augustus 1928 een geheime bijeenkomst gehouden in Achnacarry Castle in Schotland, op de reservaten van de graaf van Achnacarry. De bijeenkomst werd georganiseerd door de Anglo-Iranian Oil Company (later British Petroleum-BP genoemd) en werd bijgewoond door leidinggevenden van Standard, Shell, Anglo-Iranian Oil Company en Mobil. Deterding was aanwezig als vertegenwoordiger van Royal Dutch Shell, maar zijn leven werd naar de knoppen geholpen door Rockefeller, die er geen geheim van maakte dat hij een hekel had aan de man die zich publiekelijk had verzet tegen zijn oliedeals met de bolsjewieken.

De Anglo-Iranian Oil Company stelde de agenda op, die op 17 september 1928 door alle partijen werd ondertekend. Het enige doel van de imperialisten van Achnacarry was de wereldoliehandel te verdelen in "belangengebieden", die de majors zouden controleren, wat in feite betekende dat alles moest worden gelaten "zoals het is".

De overeenkomst van Jalta die in 1945 volgde was gemodelleerd naar de Achnacarry-overeenkomst, en de "grote drie" konden deze regeling tot 1952 uitvoeren. De Achnacarry-overeenkomst schond de Amerikaanse Sherman-antimonopoliewetten, en meer nog, ze toonde aan dat de oliegiganten machtig genoeg waren om prijzen vast te stellen en voorraden toe te wijzen, ongeacht wat de legitieme regeringen van de wereld zeiden.

Hebben de Amerikaanse consumenten geprofiteerd van de 28-jarige Achnacarry-overeenkomst? Het antwoord is nee. In feite waren de Amerikaanse consumenten het slachtoffer van hogere prijzen op een moment dat de prijzen aanzienlijk verlaagd hadden kunnen worden. In werkelijkheid was de Achnacarry-overeenkomst een reusachtige samenzwering tegen de Amerikaanse antitrustwetten met de bedoeling de consumenten overal ter wereld te bedriegen, maar het was de Amerikaanse consument die de dupe werd van de prijsafspraken.

Als er ooit een flagrante strafzaak was die op vervolging wachtte, dan was dit het wel. Maar blijkbaar waren er slechts een paar dappere mannen in het Amerikaanse ministerie van Justitie bereid het op te nemen tegen de industriële reuzen die de Amerikaanse consument in hun lange geschiedenis consequent hebben "bestolen". Tot zijn eer probeerden "de weinigen" van het Ministerie van Justitie het kartel aan te pakken, maar hun pogingen werden geblokkeerd door Eisenhower en Truman.

Het feit dat de "Grote Drie" goedkope olie uit de hele wereld haalden, maakte het alleen maar erger. Old John D.'s "grote hand" was overal, en naarmate de tijd verstreek, werden eerlijke mannen in de olie-industrie steeds moeilijker te vinden.

Maar het ergste moest nog komen. Niet tevreden met hun opgeblazen winsten, zochten en verkregen de drie grote maatschappijen nu Amerikaanse belastingvoordelen met de hulp van hoge ambtenaren van het State Department. De oliemaatschappijen voerden aan dat hun speciale status gerechtvaardigd was, omdat

"wij voeren het beleid van de Verenigde Staten ten aanzien van deze landen".

Hun verklaring gaat nog verder:

"Wij helpen de brandhaarden koel te houden, terwijl een directe interventie van de Verenigde Staten in deze brandhaarden de situatie alleen maar zou verergeren",

vertelde een leidinggevende de Senaatscommissie Buitenlandse Zaken in 1985. We zullen zien in hoeverre dit argument niet opgaat.

EXXON's belangrijkste push na Baku was naar Saoedi-Arabië. Everette Lee De Goyler zei in 1943:

"Deze olie in deze regio (Saoedi-Arabië) is de grootste prijs in de hele geschiedenis."

Onder het mom van hulp aan de regerende Abdul Azziz-clan tegen de Israëlische dreiging kon EXXON haar positie bepalen door ervoor te zorgen dat de belangen van Saudi-Arabië niet werden geminimaliseerd door de geduchte en dreigende Israëlische lobby in Washington.

Het ministerie van Buitenlandse Zaken speelde zijn rol door Koning Ibn Saud te vertellen dat de VS een onpartijdig beleid ten opzichte van het Midden-Oosten zou voeren als de Saudi's met EXXON zouden samenwerken. Natuurlijk stemde de Koning in met deze beruchte deal. In ruil daarvoor betaalde EXXON het bescheiden bedrag van 500.000 dollar om de exclusieve rechten op Saoedische olie veilig te stellen! Echter, noch EXXON, noch het State Department konden hun belofte nakomen om de onpartijdigheid van Washington's Midden Oosten beleid te handhaven, vanwege de verontwaardiging van de Israëlische lobby. Dit viel niet goed bij de Saoedi's, die zich bitter hadden verzet tegen de oprichting van Israël als staat in 1946. Senator Fulbright had zich altijd onpartijdig opgesteld en kon over het algemeen voet bij stuk houden, zelfs als het er in Washington hard aan toe ging. Echter, toen Fulbright werd

JOHN COLEMAN

voorgedragen als minister van Buitenlandse Zaken, besloot de zionistische lobby samen met Exxon de voordracht te annuleren, die ging naar Dean Rusk, een vijand van Arabische naties en een imperialist van de ergste soort. Als gevolg daarvan is het Amerikaanse buitenlandse beleid ten aanzien van de Arabische/moslimlanden in het Midden-Oosten, dat altijd al vreselijk onevenwichtig en totaal bevooroordeeld was ten gunste van Israël, veel meer pro-Israëlisch geworden.

De Saoedische koninklijke familie eiste vervolgens een jaarlijkse vergoeding van Exxon om de concessie te handhaven, die in het eerste jaar van de uitvoering opliep tot 50 miljoen dollar. Terwijl de goedkope Saudische olieproductie duizelingwekkende hoogten bereikte, groeide de "gouden belastingconcessie" evenredig, en tot op de dag van vandaag blijft het een van de grootste fraudes van monumentale proporties. Volgens een overeenkomst met het ministerie van Buitenlandse Zaken mag EXXON (ARAMCO) de steekpenningen aftrekken van zijn Amerikaanse belastingen, met als argument dat de steekpenningen een legitieme betaling van "Saudische inkomstenbelasting" zijn!

Het was in feite een enorme buitenlandse steunbetaling aan Saoedi-Arabië - zij het niet als zodanig geregistreerd - zodat EXXON goedkope Saoedische olie kon blijven produceren en uitvoeren. Zes jaar nadat dit fiscale achterpoortje was gebruikt, begon Israël zijn deel van de buit op te eisen en ontving het uiteindelijk ongeveer 13 miljoen dollar, dankzij de Amerikaanse belastingbetalers. De totale buitenlandse hulp van Israël uit de Verenigde Staten bedraagt momenteel ongeveer 50 miljard dollar per jaar. Hebben de Amerikaanse belastingbetalers, die de rekening betalen, enig voordeel van deze regeling, zoals lagere benzineprijzen aan de pomp? Immers, als Saoedische olie zo goedkoop is, moet het voordeel dan niet aan de klant worden doorgegeven? Het antwoord is: "niet wat ARAMCO betreft".

Amerikaanse consumenten kregen geen enkel voordeel. Erger nog, de prijs van binnenlandse olie kreeg een enorme piek te verwerken waarvan hij nooit meer is hersteld, aangezien goedkope ruwe olie uit het Midden-Oosten alle lokale inspanningen om de VS energieonafhankelijk te maken door meer gas en olie te produceren uit Amerikaanse bronnen, zoals de Arctische velden, tenietdeed.

HOOFDSTUK 14

Nixon sluit het goudvenster

Een groot aantal kleine onafhankelijke olie-exploratiebedrijven, de "wildcatters", werden gedwongen hun activiteiten te staken vanwege de verhoogde belastingen die hen werden opgelegd en een wirwar van nieuwe, strengere maatregelen die erop gericht waren hun activiteiten te beperken. De gelegenheid om de benzineprijs aan de pomp te verhogen kwam met de minirecessie van 1970, aan het einde van de ambtstermijn van president Nixon. De Amerikaanse economie was in recessie en de rente werd sterk verlaagd, wat een alarmerende vlucht van buitenlands kapitaal veroorzaakte. President Nixon besloot, op advies van Sir Sigmund Warburg, Edmond de Rothschild en andere City of London bankiers die lid waren van het "Committee of 300", het goudloket van de Federal Reserve banken te sluiten.

Op 15 augustus 1971 kondigde Nixon aan dat Amerikaanse dollars niet langer zouden worden ingewisseld voor goud. De centrale bepaling van de Bretton Woods Conferentie viel in duigen. De demonetisering van de dollar deed de benzineprijs aan de pomp stijgen.

Volgens het bewijsmateriaal dat in 1975 aan de Multinational Hearings Committee werd voorgelegd, maakten de grote Amerikaanse oliemaatschappijen bijna 70% van hun winst in het buitenland, winst waarover zij geen Amerikaanse inkomstenbelasting hoefden te betalen. Aangezien de meeste van hun activiteiten "upstream" waren (in het buitenland), waren de grote Amerikaanse maatschappijen niet van plan veel kapitaal te investeren in lokale boringen en exploratie, waarover zij belasting zouden moeten betalen.

Waarom geld uitgeven aan het zoeken en exploiteren van olievelden in de Verenigde Staten als het product belastingvrij en tegen een lagere prijs in Saoedi-Arabië kan worden verkregen? Waarom kleine onafhankelijke exploitanten toestaan naar olie te zoeken en belangrijke vilayets te vinden, waardoor de winsten van de Seven Sisters onvermijdelijk zouden dalen? EXXON deed wat het het beste weet. Het wendde zich tot de volgzame leden van het Congres en eiste (en kreeg) de heffing van een zware belasting op olie-exploratie in de continentale Verenigde Staten.

De Amerikaanse consumenten zijn de imperialistische majors in het buitenland blijven subsidiëren, terwijl ze aan de pomp kunstmatig hoge prijzen betalen, die, als je de kosten van alle verborgen belastingen erbij optelt, de Amerikaanse benzine tot een van de duurste ter wereld maken, een schokkende en kunstmatig gecreëerde situatie die al decennia geleden had moeten worden afgeschaft. De immoraliteit van deze regeling is dat als de majors niet zo hebzuchtig waren geweest, zij in de VS meer benzine hadden kunnen produceren en verkopen dankzij een veel lagere prijs. Volgens ons stelt de manier waarop de olie-industrie een illegale praktijk aanmoedigde haar bloot aan een strafrechtelijke aanklacht wegens samenzwering om de Amerikaanse consument op te lichten.

In 1949 diende het Amerikaanse ministerie van Justitie een strafrechtelijke aanklacht in tegen het "internationale oliekartel", waartoe de grote Amerikaanse oliemaatschappijen behoorden, maar voordat de zaak erg ver kwam, grepen Truman en Eisenhower in en dwongen het ministerie van Justitie de aanklacht terug te brengen tot een civiele zaak.

Toen de zwevende wisselkoersen de economische wereld troffen, eisten en kregen de Arabische olieproducerende landen de belofte van een vaste prijs voor olie, om niet onverwachts een scherpe daling van hun olie-inkomsten door valutaschommelingen te ondergaan. De grote oliemaatschappijen voldeden hieraan door de benzineprijzen te manipuleren. Zo betaalden de oliemaatschappijen belastingen op een kunstmatige prijs, die niet de werkelijke marktprijs was, maar die werd gecompenseerd door de lagere belastingen die zij in de Verenigde Staten betaalden, een voordeel dat geen enkele andere industrie in de Verenigde Staten ooit heeft genoten. Hierdoor konden EXXON en Mobil, evenals de andere majors, gemiddeld slechts 5% belasting betalen, ondanks de enorme winsten die zij maakten. Uit het bovenstaande blijkt duidelijk dat de grote oliemaatschappijen niet alleen de Amerikaanse belastingbetaler hebben opgelicht - en zij blijven de consumenten oplichten voor wat zij waard zijn - maar dat zij ook het imperialistische buitenlandse beleid van de VS ten uitvoer legden door op te treden als geldschieters van buitenlandse landen, waarvan zij de olie tegen spotprijzen kochten. Deze regeling plaatste de grote oliemaatschappijen boven de wet en gaf hun een positie van waaruit zij voortdurend konden dicteren aan gekozen regeringen. Hoe kwam deze klinkende overwinning op de Amerikaanse consument tot stand? Om deze vraag te beantwoorden, moeten we terug naar de geheime bijeenkomst op het eiland Saltsjöbaden, eigendom van de Zweedse Wallenbergs, leden van het Comité van 300. In mei 1973 hield de Bilderberg Groep een geheime bijeenkomst in aanwezigheid van Sir Eric Roll van Warburg, Giani Agnelli van het Fiat-conglomeraat, Henry Kissinger, Robert O. Anderson van Atlantic Richfield Oil Company, George Ball van Lehman Brothers, Zbignew Brzezinski, Otto Wolf von Armerongen en David Rockefeller. De belangrijkste strekking van de bijeenkomst was hoe een wereldwijd olie-embargo in werking te stellen om de olieprijzen met wel 400% te verhogen.

De bijeenkomst in Saltsjöbaden was zeker een hoogtepunt voor het Comité van 300, want nooit eerder hadden zo weinigen de economische toekomst van de hele wereld in handen gehad. De maatregelen die zij besloten te nemen om hun doel van een verhoging van de olie-inkomsten met 400% te bereiken, en de daaruit voortvloeiende enorme stimulans voor de dollar, zijn niet bekend, behalve voor degenen die de vergadering bijwoonden. Maar het resultaat van hun beraadslagingen liet niet lang op zich wachten.

Nauwelijks zes maanden later, op 6 oktober 1973, begonnen Egypte en Syrië een oorlog tegen Israël, de zogenaamde "Jom Kippoer"-oorlog. Laten we alle ogenschijnlijke redenen voor de aanval op Israël even buiten beschouwing laten en achter de schermen kijken. Van wat we hebben kunnen ontdekken door het lezen van een reeks berichten en rapporten, is het vrijwel zeker dat Henry Kissinger het uitbreken van de oorlog vanuit Washington orkestreerde via indirecte diplomatieke kanalen. Het is bekend dat Kissinger zeer nauwe banden had met de Israëlische ambassadeur in Washington, een zekere Simcha Dinitz. Tegelijkertijd werkte Kissinger aan zijn Egyptisch-Syrische betrekkingen. Kissinger gebruikte de oudste formule ter wereld: hij verdraaide opzettelijk de feiten voor beide partijen.

Op 16 oktober 1972 kwam de OPEC in Wenen bijeen en kondigde de wereld aan dat zij de prijs van haar olie zou verhogen van $1,50 tot $11 per vat en dat zij de Verenigde Staten zou boycotten vanwege hun schaamteloze en voortdurende bevoordeling van Israël. Nederland werd speciaal aangevallen omdat het de belangrijkste Europese oliehavens herbergt. De Bilderberg plotters hebben hun doel bereikt. Als we kijken naar de olieprijzen van 1949 tot 1970, zien we dat de prijs van een vat ruwe olie slechts met ongeveer 1,89 dollar steeg. In januari 1974 was de prijs van ruwe olie met 400% gestegen, het doel dat de Bilderberg-groep in Saltsjöbaden had gesteld.

Het lijdt weinig twijfel dat Henry Kissinger, namens de Bilderberg Groep, het plan dat in de Wallenberg retraite is opgesteld heeft georkestreerd en uitgevoerd, terwijl hij de Arabische en OPEC-producenten de schuld gaf van de stijging van de prijs van ruwe olie met 400%, ondanks het feit dat het wereldverbruik van olie sinds 1949 5,5 keer zo groot is geworden. Senator 'Scoop' Jackson riep op tot de onmiddellijke ontmanteling en desinvestering van de grote oliemaatschappijen, en beschreef hun winsten als "obsceen".

Dan gaan we weer naar Mexico en de veel gehate Henri

Deterding van Shell, die een aantal concessies van Cowdrey opkocht (die John D. had afgewezen omdat hij vond dat ze toch niet veel waard waren). Dit was het begin van de corrupte praktijken van de oliemaatschappijen, gesteund door een regering waarvan de ambtenaren zeer gevoelig waren voor steekpenningen.

De olie werd in Mexico ontdekt door de Britse bouwmagnaat Weetman Pearson, die we al eerder hebben ontmoet. Pearson zat niet echt in de oliebusiness, maar hij ontdekte de olie bij toeval na een bezoek aan Laredo, Texas, volgens zijn verslag van de gebeurtenissen. De Mexicaanse president Porfirio Diaz gaf Weetman het recht om (privé) te boren en de Britse zakenman zette zijn boorinstallatie op op land waarvan men dacht dat het enorme oliereserves bevatte, naast de plaats waar de oude John D. zijn claims had ingediend. John D., altijd snel gehaat, begon Weetman's claims op te blazen en stak zijn bronnen in brand. Alle smerige trucs die William 'Doc' Avery had geleerd, werden onmiddellijk tegen zijn rivaal gebruikt. Maar Weetman bleef bij zijn taak en voor het eerst in zijn leven werd Rockefeller gedwarsboomd. Toen Rockefeller de controle over alle oliebronnen van Amerika in handen had, vond hij dat niet leuk. Zijn masker van welwillende filantropie, getoond in rechter Whyte's rechtszaal, valt weg en onthult de volledige lelijkheid van de man zijn karakter, een gezicht gevormd in meedogenloze roofzucht.

Weetman was slimmer dan Rockefeller, waardoor hij zich misrekende. "Ik denk dat de Mexicaanse olievelden te duur zijn," zei hij tegen Avery, maar hij wist niet dat zijn inschatting van de Mexicaanse situatie helemaal verkeerd was. Maar achter de schermen was Rockefellers privé-inlichtingendienst vastbesloten Weetman maximale problemen te bezorgen, en onrust en bloedvergieten voor het Mexicaanse volk.

De Britse regering bevorderde Weetman tot House of Lords als erkenning voor zijn werk in de Mexicaanse olievelden voor zijn land, en voor het bouwen van bommenwerpers voor het Royal Flying Corps (RFC) tijdens de Eerste Wereldoorlog. Hij was goed bevriend met Sir Douglas Haig, die het programma van het Royal Flying Corps (RFC) lanceerde. Vanaf dat moment stond hij bekend als Lord Cowdrey. Hij raakte al snel goed bevriend met de pas verkozen president Woodrow Wilson.

Woedend dat hij verslagen was, begon John D. enorme druk uit te oefenen op Wilson. Standard Oil wilde weer meedoen, en als ze daarvoor het Amerikaanse leger moesten gebruiken, dan was dat maar zo. Dit was imperialisme op zijn ergst, waarbij de oliemaatschappijen het Amerikaanse leger gebruikten als hun eigen privé-leger, zoals we zagen toen president Bush later de opdracht gaf tot de invasie van Panama en Irak.

In Mexico zaaide Rockefellers privé-inlichtingendienst de klok rond onrust en om de dreigende crisis kracht bij te zetten, koos Mexico generaal Huerto als nieuwe president. In zijn verkiezingsprogramma had Huerto gezworen dat hij de Mexicaanse olie weer in handen van zijn volk zou krijgen. Via Lord Cowdrey vroeg de Britse regering Wilson om Amerikaanse hulp bij het uit de weg ruimen van de temperamentvolle Huerto. Groot-Brittannië en de Verenigde Staten bundelden hun krachten "tegen de gemeenschappelijke vijand", zoals Cowdrey het uitdrukte, terwijl hij dag en nacht zoveel mogelijk ruwe olie pompte voordat de ballon opsteeg. Maar het waren de Verenigde Staten die Mexico de meeste schade berokkenden door het land in een reeks burgeroorlogen te storten, die ten onrechte "revoluties" werden genoemd, en door nodeloos het bloed van honderdduizenden Mexicanen te vergieten zodat de buitenlandse imperialisten de controle over Mexico's natuurlijke rijkdommen konden behouden. Mexico werd geplaagd door bitterheid en conflicten, maar ondertussen werd Cowdrey steeds rijker. Zijn persoonlijke imperium omvatte Lazard Frères, het internationale bank- en effectenhuis, "Penguin Books", "The Economist" en de "Financial Times" van Londen, allemaal gebouwd op het bloed en de tranen van het Mexicaanse volk en het bloed van miljoenen gesneuvelden in de Eerste Wereldoorlog, die niet gevoerd had kunnen worden als er geen Mexicaanse olie was gebruikt. Het Mexicaanse volk werd blind beroofd, eerst door Cowdrey en daarna door Shell, dat de belangen van de miljardair in Mexico kocht in 1919, aan het einde van de Eerste Wereldoorlog, toen Cowdrey, zwaar gewond door de dood van zijn zoon in de Eerste Wereldoorlog, besloot dat hij genoeg geld had verdiend om met pensioen te gaan.

Er volgde een burgeroorlog (in de Britse en Amerikaanse pers "revolutie" genoemd) toen het Mexicaanse volk probeerde de controle over zijn natuurlijke rijkdommen terug te krijgen. Terwijl Cowdrey in totale luxe leefde, waren de Mexicaanse oliearbeiders slechter af dan de slaven van de Farao, in ellendige ellende bijeengedreven in onbeschrijfelijke olie-"steden" die bestonden uit de smerigste krotten zonder sanitaire voorzieningen of water.

In 1936 waren 17 buitenlandse landen bezig de olie op te pompen die rechtmatig aan Mexico toebehoorde. Toen Mexicaanse oliearbeiders op het punt stonden in opstand te komen tegen hun werkgevers vanwege hun omstandigheden, eiste de Mexicaanse president Lazaro Cardenas uiteindelijk betere omstandigheden en lonen voor hen. In Amerika kondigde de pers aan dat "het communisme probeerde de macht te grijpen in Mexico".

De 17 overtredende bedrijven weigerden toe te geven aan de rechtvaardige eisen van de arbeiders, en Cardenas nationaliseerde vervolgens alle buitenlandse oliemaatschappijen, zoals zijn goed recht was. Toen de brute agressie van Churchill de economie ruïneerde door een wereldwijde boycot van Iraanse olie in te stellen, kondigden de Britse en Amerikaanse regeringen aan dat zij een embargo zouden instellen tegen iedereen die olie uit Mexico zou verschepen. PEMEX, het nationale bedrijf dat de olie-industrie beheert, werd zo verstoord door de boycot dat het volledig incompetent werd en naarmate de boycot voortduurde, begonnen de werknemers van PEMEX te bezwijken onder omkoping en corruptie. Al deze wandaden waren het werk van Rockefellers privé-leger van agenten en spionnen, die overal aanwezig waren. In 1966 probeerden verschillende vooraanstaande schrijvers de rol van de Britse en Amerikaanse imperialisten in Mexico bloot te leggen. Cowdrey nam toen Desmond Young, een prominente schrijver uit die tijd, in dienst om een witboek over zijn activiteiten voor te bereiden, waarvoor Young het gangbare tarief voor prostituees kreeg betaald.

Om terug te keren naar Europa, net voor de Tweede Wereldoorlog. In 1936 probeerden de communisten Spanje in handen te krijgen. Het was hun hoofdprijs na de verovering van Rusland. Texaco, die een meevaller zag aankomen, koos de kant van generaal Franco. Zijn tankers, geladen met Mexicaanse olie, werden omgeleid naar Spaanse havens, gecontroleerd door Franco.

Dat is waar Sir William Stephenson om de hoek komt kijken, de man die plande om de Amerikaanse inlichtingendienst over te nemen tijdens de Tweede Wereldoorlog en vervolgens de moord op president John F. Kennedy beraamde. Stephenson kwam achter de Texaco-Franco oliedeal en vertelde het onmiddellijk aan Roosevelt. Wanneer rechtse regeringen in een strijd op leven en dood verwikkeld zijn tegen communistische krachten die hen proberen omver te werpen (zoals in Cuba), neemt de CFR, zoals de gewoonte is van de Amerikaanse geheime regering - en dit heeft een lange geschiedenis - ofwel een neutrale positie in, terwijl zij in het geheim de legitieme regering ondermijnt en de communistische krachten steunt, ofwel kiest zij openlijk de kant van de opstandige krachten (zoals in Spanje en later Zuid-Afrika).

In de Spaanse oorlog tegen het communisme, bekend als de Spaanse Burgeroorlog, was Amerika officieel "neutraal". Maar Roosevelt gaf de CFR toestemming om in het geheim geld, wapens en munitie te leveren aan de communisten tegen wie Franco vocht. Toen Stephenson zijn kantoor binnenkwam met het "slechte nieuws", werd Roosevelt erg boos en beval Texaco verontwaardigd de neutraliteitswetten te respecteren en geen olie meer te leveren aan Franco.

Roosevelt stopte echter niet de stroom geld, wapens en voedsel naar de communisten. Evenmin gaf hij de bolsjewieken opdracht geen mannen in de VS te rekruteren om voor de communisten in

Spanje te vechten.

De communisten begonnen snel Amerikaanse vrijwilligers te werven om in de "Abraham Lincoln Brigade" tegen Franco te vechten. Roosevelt deed geen poging om de verantwoordelijken te vervolgen. Franco werd nooit vergeven voor het verpletteren van de communistische overname van christelijk Spanje. Noch zal hij ooit vergeven worden door de socialisten die het grootste deel van het Amerikaanse ministerie van Buitenlandse Zaken uitmaken. Hoewel het geen belangrijke rol speelde in de Spaanse Burgeroorlog, was de Federal Reserve Board, het bestuursorgaan van de 12 Federal Reserve Banks, een belangrijke speler in de Eerste en Tweede Wereldoorlog. Zonder de Federal Reserve Board waren er geen wereldoorlogen geweest, en geen oorlogen in Korea en Vietnam. De Federal Reserve Banks werden opgericht door Senator Nelson Aldrich, in opdracht en ten dienste van de Rockefellers. Senator Nelson Aldrich werd gekocht en betaald door de Rothschilds en werd de belangrijkste aanstichter van het wetsvoorstel voor de oprichting van een centrale bank in de Verenigde Staten, in strijd met zijn eed om de Amerikaanse grondwet te verdedigen en hoog te houden.

Men kan zeggen, dat het geld van Rothschild en Rockefeller de kosten (legaal en in steekpenningen) van de oprichting van de Federal Reserve banken heeft betaald. De dochter van Senator Aldrich, Abbey Green Aldrich, trouwde met John Rockefeller Jr. en Abbey is altijd zeer gul geweest met haar subsidies aan linkse en regelrechte communistische instellingen.

Mexico en de Federal Reserve zijn twee andere aanklachten in de zaak tegen de olie-industrie. De Rockefellers worden er ook van beschuldigd hun oliegeld door te sluizen naar communistische broeinesten, zoals de Wereldraad van Kerken en de Rockefeller Riverside Church in New York. Deze twee linkse instellingen liepen voorop in de campagne om de christelijke kerk in Zuid-Afrika uit te roeien.

De olie-industrie werd zo imperialistisch dat er, met behulp van een uitgebreid spionagenetwerk, weinig gebeurde zonder dat de

Rockefellers ervan wisten. Heel snel na het einde van de Tweede Wereldoorlog begon de olie uit de Saoedische velden te stromen, terwijl de benzineprijs steeg van $1,02 naar $1,43 per gallon, zonder enige economische reden. De pure hebzucht van de olie-industrie heeft de Amerikaanse consument miljarden dollars gekost, om nog maar te zwijgen van de miljarden dollars die de Amerikaanse belastingbetalers moesten opbrengen om de "gouden gans" in stand te houden.

EXXON toonde geen angst voor het Amerikaanse volk of de regering. Het geheime bestuur van de hoge schaduwregering, bekend als de Council on Foreign Relations, zorgde ervoor dat niemand een vinger durfde uit te steken naar EXXON en haar Saoedische bedrijf, ARAMCO.

Daardoor kwam ARAMCO ermee weg om olie aan Frankrijk te verkopen voor 0,95 dollar per vat, terwijl ze de Amerikaanse marine 1,23 dollar per vat in rekening bracht voor dezelfde olie. Het was een schaamteloze en arrogante beroving van het Amerikaanse volk. Maar ondanks de pers en de radio, besloot Senator Brewster in 1948 dat hij genoeg informatie had om de olie-industrie aan te vechten.

Brewster beschuldigde de majoors ervan te kwader trouw te handelen,

> ... met een hebzuchtig verlangen om enorme winsten te maken, terwijl ze voortdurend de bescherming en financiële hulp van de Verenigde Staten zochen om hun enorme concessies te behouden.

De grote oliemaatschappijen reageerden met een memo aan Brewster, waarin zij arrogant verklaarden dat zij geen bijzondere trouw verschuldigd waren aan de Verenigde Staten! Rockefeller's "imperialisme" werd nooit brutaler getoond in het gezicht van Amerika dan tijdens de Brewster hoorzittingen.

Afgezien van geopolitieke overwegingen maakten de grote oliemaatschappijen zich ook schuldig aan eenvoudige prijsmanipulatie. Goedkope Arabische olie werd bijvoorbeeld geprijsd tegen de hogere Amerikaanse prijs bij verkoop aan

West-Europa en invoer in de Verenigde Staten. Deze zwendel werd uitgevoerd met behulp van zogenaamde "schaduwvrachttarieven".

Een van de beste rapporten die veel licht werpen op het gedrag van de olie-industrie is "International Petroleum Cartel; A report compiled by the staff of the Federal Trade Commission".[6] Dit scherpzinnige rapport zou verplichte lectuur moeten zijn voor alle leden van het Amerikaanse Huis van Afgevaardigden en de Senaat.

Het verbaast me dat dit rapport ooit het daglicht heeft gezien, en ik veronderstel dat het voor Rockefeller en zijn samenzweerders reden genoeg was om zich grote zorgen te maken. Geïnspireerd door wijlen senator John Sparkman en zorgvuldig vormgegeven door professor M. Blair, gaat het verhaal van het oliekartel terug tot de samenzwering in Achnacarry Castle in Schotland.

---

[6] "Het internationale oliekartel; een rapport samengesteld door het personeel van de Federal Trade Commission." Ndt.

HOOFDSTUK 15

Senator Sparkman valt het Rockefeller olie-imperium aan...

Senator Sparkman spaarde kosten noch moeite en viel vooral het Rockefeller olie-imperium aan. Professor Blair bouwde zorgvuldig en overtuigend de zaak tegen de olie-industrie stap voor stap op, en leverde uiteindelijk onweerlegbaar bewijs dat de grote oliemaatschappijen betrokken waren bij een samenzwering om de volgende doelen te bereiken:

- Beheersing van alle technologieën en octrooien met betrekking tot olieproductie en -raffinage.

- Om pijpleidingen en tankers te controleren tussen zeven bedrijven, "The Seven Sisters".

- De wereldmarkten verdelen en de invloedssferen verdelen.

- Alle buitenlandse olieproducerende landen controleren wat betreft de productie, verkoop en distributie van olie.

- Gezamenlijk en solidair optreden om de olieprijzen kunstmatig hoog te houden.

Professor Blair zei dat ARAMCO zich onder andere schuldig maakte aan het hoog houden van de olieprijzen, terwijl ze in Saoedi-Arabië olie pompte tegen ongelooflijk lage prijzen. In het licht van Senator Sparkman's verstrekkende beschuldigingen begon het Ministerie van Justitie een eigen onderzoek naar ARAMCO's zakelijke praktijken om te zien of er Amerikaanse wetten werden overtreden. Standard Oil en de Rockefellers stuurden onmiddellijk Dean Acheson, hun huurling op het State Department, om het onderzoek te doen ontsporen. Acheson, die had kunnen worden aangeklaagd wegens verraad, is het beste, of misschien wel het slechtste, voorbeeld van hoe de Amerikaanse regering wordt gedomineerd en overhoop gehaald door Big Oil. Dit is elke keer gebeurd als er een poging werd gedaan om samenzweerders te onderzoeken die al lang hebben verklaard dat zij geen bijzondere trouw aan de Verenigde Staten verschuldigd zijn. Toen Acheson in 1952 voor een Senate Select Committee verscheen, noemde hij de belangen van het State Department bij uitstek voor de bescherming van Amerika's belangen in het Midden-Oosten (waarmee hij stilzwijgend toegaf dat Big Oil de buitenlandse politiek stuurde), en vroeg hij de commissie en het ministerie van Justitie hun onderzoek naar ARAMCO's transacties op te schorten, om de Amerikaanse diplomatieke initiatieven in het Midden-Oosten niet te verzwakken. Acheson gebruikte heel slim de Mossadegh-crisis in Iran om zijn punt te maken, en het ministerie van Justitie voldeed naar behoren. Maar de procureur-generaal kon een vernietigende opmerking maken, voordat de deuren werden gesloten over ARAMCO's onfrisse handelspraktijken:

> De oliehandel is in handen van enkelen. Oliemonopolies zijn niet in het belang van vrije handel. Vrij ondernemerschap kan alleen worden behouden door het te beschermen tegen excessen van macht, zowel van de overheid als van particulieren.

Maar de meest vernietigende berisping van de procureur-generaal was gericht aan het oliekartel, dat volgens hem "de nationale veiligheidsbelangen ernstig schaadt". Een woedende Rockefeller nam onmiddellijk maatregelen om de schade te beperken. Hij gebruikte zijn waakhond Acheson om de aanklagers te beschuldigen van "politiehonden van de antitrustafdeling van het ministerie van Justitie, die niets te maken willen hebben met Mammon en het onrechtvaardige". Zijn toon was strijdlustig en bombastisch.

Door de ministeries van Defensie en Binnenlandse Zaken op één lijn te brengen, verklaarde Acheson het imperialistische credo:

"De bedrijven (de Seven Sisters) spelen een vitale rol in de bevoorrading van de vrije wereld met haar meest essentiële grondstof. Amerikaanse olie operaties zijn, voor alle praktische doeleinden, instrumenten van onze buitenlandse politiek ten opzichte van deze naties."

Acheson's meesterzet was om het spook van een mogelijke Sovjet Bolsjewistische interventie in Saudi-Arabië op te roepen:

> We kunnen niet voorbijgaan aan het belang van de rol die oliemaatschappijen spelen in de strijd om de idealen van de voormalige Sovjet-Unie te bevorderen, noch kunnen we de bewering dat deze bedrijven betrokken zijn bij een criminele samenzwering voor roofbouw op de exploratie onbeantwoord laten.

Het standpunt van Acheson was volledig verkeerd. Het oliekartel was, en is nog steeds, bezig met imperiale roofbouw op olieproducerende landen, en zijn activiteiten om zich te mengen in of beslissingen te nemen over het buitenlands beleid op basis van hun beste belangen, vormen een gevaar voor de goede betrekkingen van de Arabische en Islamitische wereld met de VS, en bedreigen eerder onze nationale veiligheidsbelangen dan dat zij deze beschermen. Wat betreft Acheson's rode haring: sinds de bolsjewistische revolutie heeft de olie-industrie, en de Rockefellers in het bijzonder, een zeer comfortabele en warme relatie met de bolsjewistische leiders. Toen een van hun leden, Sir Henri Deterding, de spot dreef met het feit dat hij heulde met de bolsjewieken, werd hem de deur gewezen. De Rockefellers lagen al lang in bed met de Bolsjewieken in een zeer schaamteloos ongeoorloofde relatie en was het niet Churchill, met de volledige goedkeuring van de olie-industrie, die de Russen uitnodigde om mee te doen aan de invasie van Iran en Irak? Aan de macht van het oliekartel is nooit getwijfeld. Truman's procureur-generaal had jaren eerder gewaarschuwd dat de wereld bevrijd moest worden van de controle van de imperiale olie-industrie:

> Het wereldwijde oliekartel is een autoritaire overheersingsmacht over een belangrijke en vitale mondiale

industrie in handen van individuen. Een besluit om het huidige onderzoek te beëindigen zou door de wereld worden gezien als een erkenning dat onze afkeer van monopolies en de beperkende activiteiten van kartels zich niet uitstrekt tot de belangrijkste industrie ter wereld.

Dit is in wezen mijn zaak tegen de olie-industrie. Voorspelbaar wonnen Rockefeller en zijn juridische team, vooral Acheson. Met niets te verliezen, vroeg Truman bij zijn vertrek uit het Witte Huis aan de procureur-generaal om de zaak tegen het kartel te laten vallen "in het belang van de nationale veiligheid".

HOOFDSTUK 16

Koeweit ontstaan uit gestolen Iraaks land

Om het Amerikaanse volk een plezier te doen, hoewel het geen zin had, verklaarde Truman dat de civiele procedures mochten doorgaan. Maar de list werd onthuld voor wat het was, toen de oliemaatschappijen weigerden de dagvaardingen te accepteren. De zaak werd stilletjes geseponeerd toen Eisenhower en Dulles, twee van de belangrijkste dienaren van het Comité van 300, de Rockefellers en de CFR, Truman en Acheson vervingen. Daarmee was de weg vrij voor de verspreiding van de kanker van het olie-imperialisme.

Kermit Roosevelt was vanaf het begin betrokken bij het complot om premier Mossadegh omver te werpen. Zelfs toen in april 1953 een civiele procedure tegen zijn corrupte meesters werd voorbereid, was Kermit in Teheran om toe te zien op de op handen zijnde staatsgreep tegen Mossadegh, die op 15 april uitbrak en slaagde. Arme Mossadegh, niet wetende dat Rockefeller en Eisenhower samenwerkten, bleef een beroep doen op Eisenhower, die, als de zielige speelbal van de Rockefellers en het oliekartel, niets deed om de illegale activiteiten van de CIA in Iran te stoppen.

Na de afzetting van Mossadegh keerde de Sjah terug naar Iran, maar hij was al snel gedesillusioneerd toen hij ontdekte - dankzij het werk van Dr. Mossadegh - hoe Amerikaanse oliemaatschappijen de Iraanse oliereserves leeghaalden en er enorme winsten mee maakten.

Op basis van het precedent van de eisen van Mexico en Venezuela, en het grote smeergeld dat aan Saoedi-Arabië was betaald, vond de Sjah het tijd om een veel groter deel van de olie-inkomsten te eisen dan Iran had verkregen. De Sjah vernam dat de Venezolaanse olie-industrie was gecorrumpeerd door Juan Vincente Gomez, die was omgekocht om een Amerikaan de oliewetten van Venezuela te laten opstellen, wat leidde tot een rampzalige staking in Maracaibo in 1922. Maar de informatie van de Sjah zou zijn ondergang worden. De civiele rechtszaken in Washington tegen leden van het oliekartel begonnen uit te lopen en terwijl Kermit Roosevelt tekeer ging tegen Teheran, vroeg Eisenhower zijn procureur-generaal om een compromis uit te werken tussen de rechtbanken en het oliekartel,

"...zou de belangen van de vrije wereld in het Midden-Oosten als belangrijke bron van olievoorraden beschermen".

Nog verbazingwekkender is dat Eisenhower vervolgens de procureur-generaal vroeg om "voortaan de antitrustwetten te beschouwen als ondergeschikt aan de belangen van de nationale veiligheid". Geen wonder dat Ayatollah Khomeini de Verenigde Staten "de Grote Satan" noemde. Wat de olie-industrie betreft, is het een welverdiende bijnaam. Onder de vlag van de imperialistische Verenigde Staten gaf Eisenhower het oliekartel carte blanche om te doen wat het wilde.

Khomeini zei zorgvuldig dat de "Grote Satan" niet het Amerikaanse volk was, maar zijn corrupte regering. Als we bedenken hoe de Amerikaanse regering tegen haar eigen volk heeft gelogen, hoe zij de zonen en dochters van deze natie heeft gevraagd hun leven op te offeren in het belang van de olie-industrie, dan kunnen we zeker zien hoe Khomeini met een dergelijke karakterisering gerechtvaardigd kan zijn.

Gedurende de hele kluchtige civiele procedure tegen leden van het oliekartel noemde het State Department de beklaagden voortdurend "het zogenaamde oliekartel", terwijl het heel goed wist dat er niets "zogenaamd" was aan de Seven Sisters en de deelnemers aan de samenzwering in Achnacarry Castle. Wij kunnen hieraan toevoegen dat het Ministerie van Buitenlandse Zaken in die dagen dichtbevolkt was met Rockefeller en Rothschild sympathisanten, en dat dit nog steeds het geval is.

Door de kartelleden te prijzen, stond het State Department uiteindelijk toe dat het kartel zegevierde. Op deze manier werd het recht verdraaid en geschonden en kwamen de samenzweerders weg met hun misdaden, zoals ze vandaag de dag nog steeds doen. De bewering van het State Department dat de Seven Sisters het voortouw namen bij het afweren van de Sovjet penetratie van de Saudische en Iraanse olievelden was een flagrante leugen in een reeks van leugens die door de olie-industrie sinds de dagen van John D. Rockefeller naar voren zijn gebracht.

In 1953 sloten de grote oliemaatschappijen van het keizerlijke Groot-Brittannië en de Verenigde Staten een gigantisch complot dat opriep tot een gezamenlijk optreden tegen wat het "het Iraanse probleem" noemde. (Herinner je je Mexico en de "gemeenschappelijke vijand"?) Sir William Fraser schreef aan Mobil, Texaco, Socol, BP, Shell en Gulf Oil, met het voorstel om zo snel mogelijk een vergadering van gedachten te beleggen om de moeilijkheden met Iran voor eens en altijd op te lossen.

Vertegenwoordigers van de grote Amerikaanse oliemaatschappijen voegden zich bij hun Britse collega's in Londen (van oudsher een favoriete ontmoetingsplaats voor degenen die de samenzweringswetgeving in de VS willen omzeilen). Zij kregen gezelschap van vertegenwoordigers van de Franse maatschappij Française des Pétroles. Er werd overeengekomen dat er een kartel zou worden gevormd - alleen zou het een "consortium" worden genoemd om de totale controle over de olie in Iran over te nemen. Tientallen jaren later, toen de Sjah zich tegen het kartel probeerde te verzetten, werd hij op de vlucht gedreven en vervolgens vermoord.

Deze brief en de daaropvolgende kartelovereenkomst vormden de basis voor de samenzwering van de imperiale regering Carter om zich te ontdoen van de Sjah, en was in feite een kopie van de methoden die werden gebruikt om zich te ontdoen van Dr. Mossadegh. Ongeveer 60 CIA agenten van de "Bankers Faction" werden naar Teheran gestuurd om de Sjah te ondermijnen. Een ander voorbeeld van de macht van de olie-industrie vond plaats tijdens de Arabisch-Israëlische oorlog van 1967.

Op 4 juni 1967 viel het Israëlische leger Egypte binnen, wat leidde tot een kortstondige Arabische boycot van het hele Westen. Deze boycot werd later beperkt tot Israëls belangrijkste financiers, Groot-Brittannië en de Verenigde Staten. In plaats van nieuwe binnenlandse olievelden aan te boren, verhoogden de oliemaatschappijen de gasprijs terwijl daar geen reden toe was. Wij zeggen dat er geen reden was om de prijs te verhogen, omdat de oliemaatschappijen een enorme voorraad van miljarden liters benzine hadden, geraffineerd uit goedkope Saoedische olie. De Egyptische minister van Buitenlandse Zaken suggereerde dat

"...steun aan de agressor, Israël, die ons aanviel, heeft de Amerikaanse belastingbetaler miljarden dollars gekost, niet alleen door enorme wapentransporten naar de agressorstaat Israël, maar ook door de verhoogde benzineprijs die het Amerikaanse publiek nu moet betalen."

Ik geloof dat ik een solide zaak heb vastgesteld van criminele samenzwering tegen de olie-industrie, die een samenzwering is aangegaan met buitenlandse oliemaatschappijen om het Amerikaanse volk te plunderen, te stelen en te beroven; om het buitenlands beleid van de gekozen regering te ondermijnen, en in het algemeen op te treden als een regering binnen de regering die honderden criminele daden heeft gepleegd. De Verenigde Staten zijn een imperiale macht geworden in elke zin van het woord.

De andere bondgenoot van de Verenigde Staten en Koeweit, Saoedi-Arabië, ligt nu overhoop met Iran en vreest voor zijn veiligheid. Discreet en achter de schermen staat koning Fahd onder grote druk van leden van zijn familie om de Verenigde Staten te vragen hun militaire bases buiten het koninkrijk te vestigen. Koning Fahd zou na de Golfoorlog een aantal hervormingen doorvoeren in een poging de groeiende onrust in het land te beteugelen. Net als in Koeweit waren de "democratische" hervormingen lang van stof en kort van stof. De heersende families zijn niet bereid hun greep op het land te versoepelen, laat staan zich te verzetten tegen het oliekartel.

In maart 1992 verklaarde koning Fahd dat de censuur zou worden opgeheven als onderdeel van de beloofde hervormingen. Deze verklaring volgde op de brute behandeling van een Saudische journalist, Zuhair al-Safwani, die op 18 januari 1992 werd gearresteerd en tot vier jaar gevangenisstraf werd veroordeeld omdat hij een enigszins ongunstige opmerking over de familie Abdul Aziz had gemaakt, die volgens het Huis van Saud onaangenaam dicht bij de waarheid lag. Naast de vier jaar gevangenisstraf kreeg al-Safwani 300 zweepslagen die hem verlamd maakten aan de linkerkant van zijn lichaam.

Dergelijke gruwelijke martelingen zouden de voorpagina's van CNN, ABC, NBC, FOX en de *New York Times hebben gehaald als ze hadden* plaatsgevonden in Zuid-Afrika, Irak of Maleisië. Toen een jonge Amerikaan door een rechtbank in Singapore werd veroordeeld tot negen stokslagen nadat hij was veroordeeld wegens drugshandel, deed zelfs president Clinton een beroep op clementie.

Maar terwijl deze gruwelijke brutaliteit plaatsvond in Saoedi-Arabië, hielden onze onverschrokken mediagiganten, die graag de waarheid, de hele waarheid, vertellen, een oorverdovende stilte in acht. Geen woord van veroordeling van Saudi-Arabië kwam van CNN, CBS, ABC, NBC en FOX.

De Amerikaanse regering werkt samen met de Saoedische despoten, en daarom sturen we onze strijdkrachten erheen als er ook maar enige dreiging is, echt of ingebeeld, voor de Saoedische "democratie". Het feit is dat Amerikaanse troepen in Dhahran, Saudi-Arabië, gestationeerd zijn, uitsluitend om een van de meest despotische regimes ter wereld te beschermen en te bestendigen. Het zou goed zijn om de Amerikaanse troepen naar huis te halen en de miljarden dollars aan "recht op bescherming" betalingen, sinds het programma door de Rockefellers werd opgestart, in te trekken. Het geld dat aan de Saudische heersers wordt betaald om Amerikaanse oliemaatschappijen ertoe te bewegen olie uit hun putten te pompen, wordt van de Amerikaanse inkomstenbelasting afgetrokken als in het buitenland betaalde belasting. Het Amerikaanse volk moet deze kosten ten onrechte dragen. Ondertussen ging het niet goed met de olie-industrie in Somalië. [7]Zoals mijn monografie "What Are We Doing in Somalia" onthult, stuurde voormalig president Bush, nog steeds in dienst van de olie-industrie, Amerikaanse strijdkrachten naar Somalië, zogenaamd om de hongerende Somalische bevolking te voeden. Mijn monografie heeft dit masker van het gezicht van de regering-Bush gescheurd en de ware bedoeling en doel van de aanwezigheid van Amerikaanse legereenheden in Somalië onthuld.

Het tijdschrift *World In Review* meldde dat de VS betrokken waren bij de renovatie van de oude basis in de havenstad Berbera, strategisch gelegen aan de Rode Zee, tegenover de olievelden van Saudi-Arabië. Hij onthulde ook dat Amerikaanse strijdkrachten in Somalië waren om teams van olieboorders te beschermen die in dat land naar olie zoeken, die naar verluidt overvloedig aanwezig is. Hoewel de onlangs gerenoveerde basis in Berbera de sjiitische vrees voor de aanwezigheid van Amerikaanse troepen in Saudi-Arabië kan wegnemen, is de keerzijde een mogelijk verlies aan inkomsten voor het koninkrijk als en wanneer de Somalische olie begint te stromen, hoewel dat twintig jaar of meer later kan zijn. Het aandringen van religieuze elementen in Riyad om de VS te waarschuwen het koninkrijk te verlaten is echter niet goed gevallen bij koning Fahd en sommige van zijn zonen.

Ze heeft de familieverschillen binnen het paleis duidelijk aan de oppervlakte gebracht. Met haar afnemende gezondheid en de roep om een versoepeling van de greep van de Saoedische familie op het land, begon wat een eindeloos mooie toekomst voor de Saoedische koninklijke familie leek, te verduisteren.

De kracht van het religieuze verzet tegen de voortdurende absolute macht van de Saoedi's en de Wahhabis heeft een

---

[7] "Wat doen we in Somalië?"

veelzeggend effect gehad. Elke dag brengt nieuwe provocaties van sjiieten en andere fundamentalisten die willen dat koning Fahd zich houdt aan zijn belofte om in de nabije toekomst verkiezingen te houden, waartoe hij helemaal niet bereid is. In het verleden hebben de despotische heersers van de familie Abdul Aziz in Saoedi-Arabië één front gevormd tegenover alle buitenlanders die zich tegen hun dictatoriale regime verzetten.

Inlichtingenbronnen hebben me verteld dat dit niet langer het geval is. Intense familieruzies en de dood van koning Fahd bedreigen het eensgezinde front. Daarbij komt nog de toenemende druk van moslimfundamentalisten, die culmineerde in de arrestatie van honderden van hun leiders, die Riyad heeft omschreven als "religieuze radicalen", maar die in werkelijkheid een groep mullahs zijn die zeggenschap willen in de manier waarop het land wordt geregeerd.

De oorlog tussen Hezbollah en het Israëlische leger in Libanon, die in juli 2006 begon, had een verontrustend effect op Riyad. Fundamentalisten wilden dat het Saudische regime openlijk zijn steun aan Hezbollah zou betuigen, iets wat de regerende Abdul Aziz-clan had willen vermijden. In haar voortdurende olieoorlogen tegen olieproducerende Arabische en moslimstaten vertrouwt de olie-industrie steeds meer op het Amerikaanse leger om betrokken te raken en haar oliegevechten uit te vechten.

Men mag niet vergeten dat Bush geen grondwettelijke bevoegdheid had om Amerikaanse troepen naar Irak te sturen. Alleen het Congres kan de oorlog verklaren. De president heeft geen bevoegdheid om troepen ergens heen te sturen en geen bevoegdheid om troepen gestationeerd te houden in Saudi-Arabië in overeenstemming met de bewaring van de activa van BP in Koeweit.

Dus Bush, die geen bevoegdheid heeft om Amerikaanse troepen ergens heen te sturen zonder goedkeuring van het Congres (in de vorm van een oorlogsverklaring), is letterlijk weggekomen met een ernstige misdaad, namelijk het schenden van zijn ambtseed, waarvoor hij vervolgd had moeten worden wegens het niet handhaven van de Grondwet en wegens oorlogsmisdaden, onder andere.

Vertegenwoordiger Henry Gonzales stelde in feite een lijst op van de misdaden van G.H.W. Bush en probeerde hem af te zetten, maar zijn pogingen werden geblokkeerd door de Democraten en Republikeinen in het Huis, die het onloyaal vonden om niet mee te gaan in de mars tegen president Saddam Hoessein, maar juist om Bush te beschermen tegen beschuldigingen van verraad. Hieruit blijkt duidelijk dat er op essentiële punten weinig verschil bestaat tussen de twee Amerikaanse politieke partijen. Als gevolg daarvan is het Amerikaanse buitenlandse beleid verworden tot dat van een imperialistische macht. Sinds 1991 heeft het Congres allerlei ongrondwettelijke wetten aangenomen onder het mom van de strijd tegen het "terrorisme". Het Amerikaanse Congres moet Bush en het ministerie van Defensie een flinke tik op de vingers geven. Elke poging van de Verenigde Staten om zich te mengen in de soevereine aangelegenheden van andere landen kan door de wereld - en door de meerderheid van de Amerikanen - alleen maar worden beschouwd als een daad van extreem geweld, die in termen van terrorisme en totale verdorvenheid elk marginaal voordeel dat eruit zou kunnen voortvloeien verre te boven gaat.

Een van de meest angstaanjagende zaken is dat er geen publieke verontwaardiging is geweest tegen George Bush voor zelfs maar het voorstel om kernwapens te gebruiken tegen kleine landen, en laat zien hoe ver de VS op weg is naar een wereldregering. Al dertig jaar zeggen de Verenigde Staten dat het gebruik van kernwapens verboden moet worden. Toch is hier iemand die niet door de kiezers is gekozen en die een gevaarlijk precedent schept door te zeggen dat het oké is om naties aan te vallen zolang die naties "rode staten" zijn die bovenop kostbare oliereserves zitten. Ons leger mag niet de aanvalshonden van de olie-industrie worden. We hebben toch wel iets geleerd van de Golfoorlog?

Als men het werk van de grote constitutionalist rechter Joseph Story bestudeert, Volume III van *Commentaries on the U.S. Constitution, en* in het bijzonder hoofdstuk vijf, wordt er geen melding gemaakt van het feit dat de minister van Defensie en het

Pentagon de macht hebben om het buitenlands beleid van de VS te formuleren en uit te voeren. Ieder lid van het Congres zou verplicht moeten zijn dit boek te lezen, om een einde te kunnen maken aan zulke flagrante machtsmisbruiken als waar Bush zich in het Midden-Oosten aan bezondigd heeft. De olie-industrie dacht dat het een goede manier zou zijn om de twee belangrijkste olieproducerende landen te verzwakken en klaar te maken voor een snelle ineenstorting. President Bush heeft, zonder enige bevoegdheid van het Congres, een klimaat van haat tegen Irak gecreëerd, met de gedachte dat het Amerikaanse leger een excuus zou hebben om een imperialistische uitputtingsslag te voeren tegen het Iraakse volk, en dat alles uitsluitend ten behoeve van de olie-industrie. Wanneer zal deze natie leren dat de olie-industrie wordt geleid door globalisten van een wereldregering, wier hebzucht geen grenzen kent? De olie-industrie is niet te vertrouwen - haar leiders zijn echte onruststokers, die dit land in allerlei moerassen zullen storten als dat in hun eigen voordeel is.

De laatste verliezen onder Amerikaanse militairen in Irak zijn een nationale schande. Onze troepen vechten daar niet voor de Verenigde Staten. Ze zijn in Bagdad om de Iraakse oliereserves veilig te stellen voor het oliekartel. En onze troepen zijn in Saoedi-Arabië om de Abdul Azziz dynastie in stand te houden, omdat hun regime een mountebank regime is dat de olie laat stromen naar de Amerikaanse reus ARAMCO. Geen enkele Amerikaanse soldaat mag ooit nog geofferd worden op het altaar van de hebzucht van de olie-industrie.

Wie zette onze troepen in deze gevarenzone en onder welk grondwettelijk gezag werd dit gedaan? De waanzinnige haast van George Herbert Walker Bush en het Pentagon om Koeweit te verdedigen, een van 's werelds meest ongezonde dictaturen (na Saoedi-Arabië) is tekenend voor de staat van anarchie en chaos in Washington. De Amerikaanse troepen en voorraden die in opdracht van British Petroleum en bankiers uit de City of London Koeweit binnenstormden, onthulden het vergevorderde niveau van hersenspoeling waartoe het Amerikaanse publiek is gebracht. Laten we de dingen in perspectief plaatsen:

Koeweit is geen land. Het is een aanhangsel van British Petroleum en de City of London bankiers. Het grondgebied dat bekend staat als Koeweit behoorde tot Irak en werd meer dan 400 jaar lang erkend als een integraal deel van Irak - totdat het Britse leger landde, een lijn trok door het woestijnzand en verklaarde: "Dit is nu Koeweit". Natuurlijk lag de denkbeeldige grens midden in de rijkste olievelden van de regio, de Rumaila olievelden, die 400 jaar lang aan Irak toebehoorden en dat nog steeds doen. Land stelen draagt nooit eigendom over.

Citaat uit "Diplomatie door bedrog:"[8]

> In 1880 raakte de Britse regering bevriend met een Arabische sjeik met de naam Emir Abdullah al Salam al Sabah, die werd benoemd tot hun vertegenwoordiger in het gebied langs de zuidgrens van Irak, waar de Rumaila olievelden waren ontdekt op Iraaks grondgebied. In die tijd was er geen ander land dan Irak - waartoe al het land behoorde, aangezien de entiteit Koeweit niet bestond.

> De familie Al Sabah hield de rijke buit in de gaten... Namens het Comité van 300 sloot de Britse regering op 25 november 1899 - hetzelfde jaar dat de Britten ten strijde trokken tegen de kleine Boerenrepublieken in Zuid-Afrika - een overeenkomst met Emir Al Sabah waarbij het land dat op de Iraakse olievelden van Rumaila lag, zou worden afgestaan aan de Britse regering, hoewel het land integraal deel uitmaakte van Irak en noch Emir Al Sabah noch de Britten er enig recht op hadden.

De overeenkomst werd ondertekend door Sjeik Mubarak Al Sabah, die in stijl naar Londen reisde... Koeweit" is de facto een Brits protectoraat geworden. De lokale bevolking en de Irakese regering worden nooit geraadpleegd en hebben geen inspraak. De Al Sabahs, absolute dictators, toonden al snel hun meedogenloze wreedheid. In 1915 marcheerden de Britten naar

---

[8] *Diplomatie door leugens - een verslag van het verraad van de regeringen van Engeland en de Verenigde Staten*, John Coleman, Omnia Veritas Ltd, www.omnia-veritas.com.

Bagdad en bezetten het in wat George Bush een daad van "brute agressie" zou hebben genoemd.

De Britse regering zette een zelfbenoemd "mandaat" op en stuurde Hoge Commissaris Cox om het te leiden, die de voormalige koning Faisal van Syrië aanstelde om een marionettenregime in Basra te leiden. Groot-Brittannië had nu een marionet in Noord-Irak en een andere in Zuid-Irak...

In 1961 viel de Iraakse premier Hassan Abdul Kassem Groot-Brittannië fel aan wegens de kwestie Koeweit, waarbij hij erop wees dat de door de Conferentie van Lausanne beloofde onderhandelingen niet hadden plaatsgevonden. Kassem verklaarde dat het gebied dat bekend stond als Koeweit een integraal deel van Irak was en al meer dan 400 jaar als zodanig was erkend door het Ottomaanse Rijk. In plaats daarvan verleende de Britse regering Koeweit onafhankelijkheid...

Er was geen echte grens tussen "Koeweit" en Irak; de hele zaak was een farce. Als Kassem erin was geslaagd het door Koeweit bezette land terug te veroveren, zouden de Britse machthebbers miljarden dollars aan olie-inkomsten zijn misgelopen. Maar toen Kassem na de onafhankelijkheid van Koeweit verdween (het lijdt weinig twijfel dat hij werd vermoord door Britse MI6-agenten), verloor de beweging om Groot-Brittannië te trotseren aan kracht.

Door Koeweit in 1961 onafhankelijkheid te verlenen en te negeren dat het land niet van hen was, kon Groot-Brittannië de gerechtvaardigde aanspraken van Irak afweren. We weten dat de Britse regering hetzelfde deed in Palestina, India en later Zuid-Afrika.

Gedurende de volgende 30 jaar bleef Koeweit de vazalstaat van Groot-Brittannië, dat miljarden dollars in Britse banken stortte uit de verkoop van Iraakse olie, terwijl Irak niets ontving... De inbeslagname door Groot-Brittannië van Irakees land, dat het Koeweit noemde en waaraan het onafhankelijkheid verleende, moet worden beschouwd als een van de moedigste daden van piraterij in de moderne tijd en droeg rechtstreeks bij tot de

Golfoorlog.

Ik heb veel moeite gedaan om de gebeurtenissen die tot de Golfoorlog hebben geleid uit te leggen, om de kracht van het Comité van 300 en de onrechtvaardigheid van de houding van de VS ten opzichte van Irak aan te tonen.

President G.H.W. Bush heeft dezelfde 100% illegale tactiek van het oliekartel herhaald. Het is dit soort gedrag dat de Verenigde Staten naar anarchie en chaos leidt. Sinds 1991 zijn Iraakse vrouwen en kinderen bij honderdduizenden gestorven aan ziekten, waarvan velen zijn veroorzaakt door straling van granaathulzen met verarmd uranium (DU), en aan ondervoeding als gevolg van de onmenselijke boycot die 19 jaar heeft geduurd.

Irak had geen geld om voedsel en medische voorraden te kopen - wat de Europese Unie wel deed.

Het VN-embargo werd grootmoedig toegestaan. Hoe kon Irak deze eerste levensbehoeften kopen als zijn olie-inkomsten tot onder het bestaansminimum waren gedaald? Meningitis woedde onder de kinderen van Bagdad, terwijl Groot-Brittannië en de Verenigde Staten gokten met de levens van een volk dat hen nooit kwaad had gedaan. Het imperialisme tegen Irak heeft de afgelopen 18 jaar geheerst. Er is geen rechtvaardiging voor en het is volledig ongrondwettelijk dat de VS in dienst staat van het oliekartel. Geen enkele zwendel is te groot, te klein of te onsmakelijk voor het oliekartel.

Medio 2008 hebben we opnieuw gezien hoe het keizerlijke oliekartel een wet op zichzelf is, een meedogenloze organisatie die geen enkele regering heeft kunnen beteugelen of controleren. We zijn getuige geweest van de verbazingwekkende situatie dat Amerikaanse oliereserves in Alaska nu regelmatig raffinaderijen in China voeden. Zullen de VS en China het ooit met elkaar aan de stok krijgen? Dat valt nog te bezien.

In het Midden-Oosten zijn we getuige geweest van het uitroeiingsbeleid van de oliegiganten, waarvan het Iraakse volk het slachtoffer is. Dit voortdurende horrorverhaal is door de media goed verborgen gehouden, opdat sommige mensen hun ogen niet zouden openen en zich zouden gaan afvragen wat er aan de hand is.

Vergeet nooit dat de Verenigde Staten en Groot-Brittannië momenteel de twee meest imperialistische en decadente landen ter wereld zijn, en dat onder hun leiding het imperialisme heeft gebloeid en zich heeft verspreid als de pest. Het Amerikaanse volk tolereert vandaag dingen die het enkele jaren geleden nog niet zou hebben getolereerd.

Zowel voormalig president George Bush als president Clinton hebben zich schuldig gemaakt aan inmenging. Toen George Bush Sr. eenzijdig, en zonder enig gezag krachtens het internationaal recht of de Amerikaanse grondwet, twee zogenaamde "no-fly zones" boven Irak instelde, handelde hij in strijd met de Amerikaanse grondwet en legde hij zijn wil op aan het soevereine land Irak en het Amerikaanse volk, zonder enig gezag ter ondersteuning van zijn acties.

Deze daad werd uitgevoerd zogenaamd om het Koerdische volk te beschermen dat dreigde te worden binnengevallen door Saddam Hoessein. Nooit eerder werd een eenzijdigere dictatoriale daad gesteld in naam van het Amerikaanse volk, versterkt door het gewicht van de Amerikaanse strijdkrachten. En nu, in 2008, accepteren we nog steeds de dubieuze acties van George Bush alsof hij een koning is, die de hele wereld vreest en beeft. Amerika, wat is er met jullie gebeurd?

Er is geen VN-secretariaat voor het nummer van de resolutie van de Veiligheidsraad die no-fly zones toestaat en de Veiligheidsraad heeft geen resoluties over no-fly zones uitgevaardigd. De heer Bush heeft deze stap eenzijdig genomen. Het ministerie van Buitenlandse Zaken heeft geen toestemming voor "no-fly zones" kunnen vinden in enige gevestigde Amerikaanse wet of in de hoogste wet, de Amerikaanse grondwet. De unilaterale actie van George Bush Sr was een duidelijk geval van een imperialistische dictator aan het werk. Het aloude respect voor de rechtsstaat, het respect voor onze grondwet, is met voeten getreden door een arrogante en imperialistische president Bush. De Amerikanen nemen er blijkbaar genoegen mee dat de oliemagnaten wegkomen met illegaal en onwettig gedrag.

George Bush senior is een van de belangrijkste mannen in de olie-industrie; hij heeft geen interesse in het welzijn van de Koerden. De olie-industrie waar deze wetteloze groep een oogje op heeft, zijn de enorme onaangeboorde oliereserves in de Mosul vilayets van Irak. Gelukkig bezetten de Koerden, die George Bush wilde "beschermen", precies het land in Irak waaronder de Mosul-olievelden liggen. De oliemagnaat en vriend van koningin Elizabeth II, George Bush, verklaarde daarom dat er geen Iraakse vliegtuigen mochten vliegen in de "no-fly zones".

Bush senior verklaarde dat "no-fly zones" de Koerden moeten beschermen. Toch vormt het aantal Koerden dat door het Turkse leger wordt gedood een vreemde achtergrond. Het is natuurlijk logisch als je beseft dat het buitenlands beleid van de VS wordt gedicteerd door de oliegiganten, en het is nog logischer als we beginnen te begrijpen dat de oliewijken van Mosul de echte reden zijn voor de "no-fly zones" en voor het tweemaal lanceren van miljoenen kostende kruisraketten op de weerloze burgers van Bagdad.

Het Amerikaanse volk is het meest goedgelovige, het meest misleide, het meest achterbakse, het meest gereguleerde volk ter wereld, dat leeft in een dichte jungle van desinformatie en een nog dichter struikgewas van schaamteloze propaganda. Daardoor beseft het Amerikaanse volk niet dat hun regering een regering is die onder leiding staat van een geheim parallel orgaan op hoog niveau, het Comité van 300, dat would-be dictators en tirannen in staat stelt hun despotische en ongrondwettelijke handelingen te verhullen. Iedereen die Bush' buitenlands beleid ten aanzien van Irak in twijfel trekt, wordt als onpatriottisch bestempeld, terwijl de onpatriotten in feite de familie Bush zijn en degenen die hun oliekartelbeleid ten aanzien van Irak en het hele Midden-Oosten steunen. Dit zijn de mensen die de totaal ongrondwettelijke bombardementen en de illegale (volgens internationaal recht) boycot van Irak, de ongrondwettelijke bombardementen op Servië en de agressie tegen het Iraanse en Libanese volk hebben gesteund. Geen enkel land is veilig voor oliemagnaten. Californië heeft tientallen raffinaderijen, van Los Angeles tot Bakersfield en San Francisco. Er is veel olie in de staat. Toch zijn de Californiërs jarenlang opgelicht door de hebzucht van de olie-industrie. Toen benzine in Kansas 79 cent per gallon kostte, betaalden de Californiërs 1,35 dollar per gallon.

Het was nooit gerechtvaardigd, maar met de Californische wetgevende macht in hun zak, waar moesten de tycoons zich zorgen over maken? En zo ging het prijsopdrijven door. De benzineprijzen aan de pomp bereikten een duizelingwekkende $2,65 voor gewone benzine en $3,99/10e voor superbenzine. Er was geen rechtvaardiging voor deze schokkende prijsstijgingen. Hebzucht was de motiverende factor. Raffinaderijen hebben nooit een tekort aan ruwe olie gehad en de benzinevoorraden bleven op bijna normale niveaus.

De Amerikaanse militairen zijn nu huurlingen voor het gigantische monster dat de olie-industrie is. De Amerikaanse strijdkrachten zullen worden meegesleurd in de ene na de andere regionale oorlog in het belang van de hebzucht en de winst van de monsters uit de olie-industrie. De Amerikaanse belastingbetalers zullen de "prijs van de afpersing" blijven financieren, waardoor ARAMCO olie kan blijven pompen in Saoedi-Arabië. Wat nodig is, is een groot ontwaken van het Amerikaanse volk. Zoals een oud religieus ontwaken, is een geest van wet en orde en liefde voor de Amerikaanse grondwet nodig om deze eens zo grote natie weg te vagen en te herstellen als een natie van wetten, niet van mensen.

De moderne roofridders belazeren het Amerikaanse volk aan de pomp op de meest schaamteloze manier in hun lange geschiedenis. Het oliekartel is meedogenloos, goed georganiseerd en duldt geen inmenging van de overheid, noch van de Amerikaanse noch van enig ander land. De Amerikaanse belastingbetalers moeten opdraaien voor de kosten van de steekpenningen die via hun agenten in de regering aan de Saoedische regeringsfamilie worden betaald en waarvoor zij hebben betaald en nog steeds betalen telkens wanneer u uw auto voltankt.

De Amerikanen moeten weten wat dit gigantische kartel is, dat de wetten van verschillende landen, waaronder hun eigen land, aan zijn laars lapt, en met die kennis zal de wens ontstaan om corrigerende maatregelen te nemen en een publieke verontwaardiging die de wetgevers onder druk zet om het monopolie op te heffen. Achter dit kartel staat de macht van de Central Intelligence Agency (CIA). Iedereen die zich verzet tegen dit almachtige kartel kan niet veilig zijn. Zij hebben de "grote diefstal, benzine" aan het Amerikaanse volk opgelegd zonder enige zinvolle tegenstand van onze gekozen vertegenwoordigers in Washington. Dit is een geschiedenis van corruptie die alles in de moderne geschiedenis overtreft.

Of het Huis en de Senaat zullen niets doen om de tycoons te stoppen met het consumeren van ons leven, of ze zijn zo bang voor hun macht dat ze niet eens de minste poging zullen doen om het te beperken.

Laat de Amerikaanse olie-industrie grafieken en diagrammen produceren en zeggen wat ze wil; laat hun economen uitleggen waarom wij de kosten van hun bedrijf moeten dragen; de louche transacties; waarom het Amerikaanse volk de salarissen moet betalen van de CIA die hun monopolie in stand houdt, maar het wordt duidelijk dat hun inspanningen neerkomen op een dikke vette leugen wanneer we de feiten kennen!

Wat zijn de feiten? Door de manier waarop het kartel de belastingwetten heeft gemanipuleerd, zijn er sinds 1976 in Amerika geen nieuwe olieraffinaderijen meer gebouwd, terwijl in Saoedi-Arabië, dankzij de Amerikaanse belastingen die als steekpenningen aan de Saoedische koninklijke familie zijn betaald, miljarden dollars zijn geïnvesteerd in de uitbreiding van oliefaciliteiten.

Tussen 1992 en vandaag zijn niet minder dan 36 Amerikaanse raffinaderijen gesloten. Tussen 1990 en vandaag is het aantal Amerikaanse olieplatforms gedaald van 657 naar 153. Het aantal Amerikanen dat zich bezighoudt met olie-exploratie is in tien jaar tijd gedaald van 405.000 naar 293.000. Dus waar komt de olie die we steeds meer gebruiken vandaan? Het Midden-Oosten! Dus we hebben drie grote klappen gekregen:

• De Amerikaanse belastingstructuur maakt het onmogelijk voor onafhankelijke boorders om in de olie-exploratie te blijven.

• Raffinage en distributie van het eindproduct zijn monopolies.

• De begunstigde van dit verraad is ARAMCO, dat meer kan vragen voor benzine uit Saudische bronnen en obscene winsten kan opstrijken ten koste van de Amerikaanse automobilist.

Hun zwendel is zodanig dat de rijkdom van alle maffia "families" in Amerika lijkt op kleingeld, wat misschien de leden van het oliekartel tot afpersers maakt. Waarom wordt de RICO wet niet gehandhaafd tegen de olie-industrie? Dankzij hun vertegenwoordigers in de wetgevende macht, komen ze al tientallen jaren weg met het "stelen van gas".

Laat de wetgevers deze betreurenswaardige zaak oppakken en een einde maken aan de ongebreidelde diefstal aan de benzinepompen, die door hun stilzwijgen een permanent kenmerk van het Amerikaanse landschap is geworden. Wees van één ding zeker, de oliekartel-rakkers zullen niet stoppen tot ze ons een prijs van 4,50 dollar per gallon opdringen.

HOOFDSTUK 17

Rockefeller klaagt bij Buitenlandse Zaken Groot-Brittannië valt Irak binnen

Het verhaal van de zucht van Groot-Brittannië en de Verenigde Staten naar Iraakse olie gaat terug tot 1912, toen president Saddam Hoessein, de grote slechterik die door een marionettenrechtbank is opgehangen, nog niet was geboren, en Henri Deterding, oprichter van de Koninklijke Nederlandse Shell Maatschappij, olieconcessies had gekregen in een aantal olieproducerende staten. In 1912 nam Deterding een belang in de Amerikaanse oliebelangen in Californië door een aantal kleine en grote oliemaatschappijen over te nemen, waaronder de California Oil-Field Company en Roxana Petroleum.

Natuurlijk diende John D. Rockefeller's Standard Oil Company een klacht in tegen Deterding bij het State Department, maar Deterding stond Standard toe aandelen te kopen in Shell's Californische bedrijven om de klacht te doen verdwijnen. Wat de oude John D. niet leek te beseffen, was dat hij door het aanbod van Deterding haastig te aanvaarden, de pogingen van Shell om de Amerikaanse markt te veroveren subsidieerde. Maar dat veranderde allemaal in 1917 toen president Wilson, in flagrante schending van zijn eed, Amerika de Eerste Wereldoorlog in sleurde.

Plotseling, van de ene dag op de andere, maakt Groot-Brittannië, dat Standard en vooral Deterding van Royal Dutch Shell had aangevallen, een ommezwaai. De schurk van het stuk wordt keizer Wilhelm II en Henri Deterding wordt plotseling een belangrijke bondgenoot.

Slechts een jaar voor deze ommekeer vielen de Britten, in flagrante strijd met het internationaal recht, Irak binnen, maar slaagden er niet in Mosoel te bereiken toen zij werden gedeserteerd door Frankrijk, wiens troepen de Britse invallers niet steunden. In plaats van de Britten te helpen, sloot Frankrijk een overeenkomst met Turkije, waarbij een deel van de Mosul-olievelden aan laatstgenoemde werd afgestaan. Stel je het lef voor van deze agressors! Ze noemden Stalin een "dictator", maar niemand gedroeg zich dictatorialer tegenover Irak dan Groot-Brittannië, Frankrijk, Turkije en, meer recentelijk, de Verenigde Staten.

Het getouwtrek tussen de vermeende Iraakse oliedieven duurde voort tot de Conferentie van San Remo van 24 april 1920, waarop Groot-Brittannië, Frankrijk en Turkije overeenkwamen dat het grootste deel van Mosul aan Groot-Brittannië zou worden afgestaan, in ruil voor bepaalde overwegingen betreffende een olieconglomeraat, waar Irak geen deel van uitmaakte en waarvan Irak geen voordeel had. De Iraakse regering werd nooit geraadpleegd.

In mei 1920 ging het State Department naar het Amerikaanse Congres om te klagen over de Britse inbeslagname van Mosul en enkele andere belangrijke olievelden. Niet dat het State Department zich bekommerde om de rechten van het Iraakse volk. Nogmaals, Irak werd nooit geraadpleegd toen zijn land en olierijkdom werden verdeeld en verkocht aan de hoogste bieder - de leden van het oliekartel. Wat het ministerie van Buitenlandse Zaken zorgen baarde, was dat John D. Rockefeller en Standard Oil volledig waren uitgesloten van de Mosul "deal".

Het ministerie van Buitenlandse Zaken oefende druk uit en drong aan op een nieuwe meerpartijenconferentie in Lausanne. Onder het mom van een zogenaamd akkoord met de Verenigde Staten en andere "belanghebbende naties", maakten de Britten van de gelegenheid gebruik om een nieuwe invasie van Irak te beginnen, en deze keer slaagden de Britse troepen erin Mosoel te bereiken en onder controle te krijgen. Eindelijk had Groot-Brittannië de hoofdprijs in handen! De wereldpers zweeg over deze schaamteloze daad van agressie.

Als er nog enige twijfel bestond over de agressie van de Britse imperiale troepen in Zuid-Afrika in hun meedogenloze zoektocht om de controle over het goud van de Republiek Transvaal af te pakken, dan werd die jaren later weggenomen door het optreden van de Britse strijdkrachten in Irak.

De zoektocht naar goud die Cecil John Rhodes begon namens zijn meesters, de Rothschilds, wordt nu herhaald in Irak, deze keer naar "zwart goud". Er werd geen poging ondernomen om Irak in Lausanne uit te nodigen om het beeld van de "grote diefstal van ruwe olie" te verzachten. In feite verkneukelde de Britse pers zich over het succes van de zogenaamde Whitehall diplomatie.

Hoe hard Turkije ook probeerde, het kon de Britten niet ontdoen van wat het beschouwde als zijn legitieme recht op Iraakse olie! Denk daar eens over na. Pas op 23 april 1921, tijdens de Tweede Conferentie van Lausanne, gaf Turkije toe dat Groot-Brittannië wat het schilderachtig omschreef als "wettig bezit" van Mosoel had, en dat zonder de instemming van het Iraakse volk, aan wie Mosoel toebehoorde. Aldus nam Groot-Brittannië, enkel door zijn superieure militaire macht, Mosoel en de superrijke olievelden van Ahwaz en Kirkuk in beslag.

Geen wonder dat de Britse correspondent van de *Financial Times* in Londen opgetogen was:

> Wij Britten zullen het genoegen hebben te weten dat drie enorme velden in elkaars nabijheid, die gedurende vele jaren in de oliebehoeften van het Rijk kunnen voorzien, bijna volledig door Britse ondernemingen zijn ontwikkeld.
>
> Bron: The *Financial Times* of London,
> het British Museum in Londen

Maar de Britse triomf was van korte duur. Toen de Volkenbond door een woedend Frankrijk, Rusland en Turkije gedwongen werd opnieuw bijeen te komen, weigerde deze de gewapende agressie en de overname van Mosoel door Groot-Brittannië als rechtmatig te erkennen en gaf de stad terug aan de rechtmatige eigenaars, het Iraakse volk. Sindsdien proberen Groot-Brittannië en de Verenigde Staten Mosul van Irak te stelen, en de gevechten die nu tegen Irak worden gevoerd, worden gevoerd in de hoop dat hun droom uitkomt.

Misschien krijgen we nu een evenwichtiger beeld van waarom George Bush Sr de Amerikaanse strijdkrachten opdracht gaf Irak aan te vallen, hoewel hij moet hebben geweten dat hij geen mandaat had van het Congres, en daarom zijn eed en het internationaal recht schond. Het Amerikaanse Huis van Afgevaardigden en de Senaat verzuimden deze illegale actie te stoppen door de financiering stop te zetten, een constitutionele actie waar ze te bang voor waren; bang voor represailles van het Comité van 300. Angst speelt een enorme rol in het lot van naties. Angst is niet verdwenen. Toen de Rothschilds een groep mannen opdracht gaven de Franse regering angst aan te jagen om hun voorwaarden voor financiële controle van de natie te aanvaarden, stormde een grote troepenmacht van meedogenloze communisten naar de Parijse Commons. Geschrokken van het machtsvertoon capituleerde de Franse regering voor de eisen van de Rothschilds. Het lijkt erop dat het Amerikaanse Congres zich in dezelfde situatie bevond - te bang voor het oliekartel om ertegen op te treden. Als de Verenigde Staten van Amerika niet werden geleid door het Comité van 300, de Rothschilds, de Rockefellers en hun oliekartel, gesteund door de macht van de internationale bankiers, en als zoveel belangrijke leden van het Amerikaanse Huis en de Senaat niet werden gedicteerd door de Raad voor Buitenlandse Betrekkingen (CFR), zouden het Amerikaanse Huis en de Senaat de genocidale oorlog tegen Irak hebben gestopt. De volgende gedeeltelijke lijst heeft betrekking op 2006, maar geeft een indicatie van de controle van de CFR, die de afgelopen twee jaar moet zijn toegenomen:

Het Witte Huis	5
De Nationale Veiligheidsraad	9
Buitenlandse Zaken	27
Amerikaanse ambassadeurs in het buitenland	25
Ministerie van Defensie	12
De chef-staf van de strijdkrachten	8
Ministerie van Justitie	6
Senaat	15
Huis van Afgevaardigden	25

Aangezien het Huis en de Senaat van de VS Irak niet de oorlog hebben verklaard, noch de passende grondwettelijke toestemming hebben gegeven in de vorm van een bindende oorlogsverklaring, was de invasie van Irak in 1991 en 2003 duidelijk illegaal en onwettig, en heeft zij de VS veranderd in een natie van bandieten onder controle van de peetvader van alle bandieten, de oliekarteltycoons. De mannen van het oliekartel, wier motto is "Wij vechten voor olie", hebben andere gebieden niet verwaarloosd: China, Alaska, Venezuela, Indonesië, Maleisië en Congo. Hun beurt zal komen.

HOOFDSTUK 18

Het milieu verliest Alaska aan olie

In april 1997 berichtte WIR over een "deal" met veel grotere gevolgen en reikwijdte dan enige andere die op stapel stond. Willen Tommy Boggs, de lobbyist die de deal aanstuurde, en gouverneur Tony Knowles erin slagen de enorme oliereserves onder Alaska's staatsparken vrij te geven voor uiteindelijke exploitatie door British Petroleum (BP), dan hadden zij de volledige medewerking nodig van minister van Binnenlandse Zaken Bruce Babbitt.

Knowles besprak het spelplan van Tommy Boggs met president Clinton tijdens een "koffie" in het Witte Huis, en werd uitgenodigd om te blijven slapen in januari 1995. Het spelplan werd vervolgens door Alaska's luitenant-gouverneur Fran Ulmer uitgewerkt tijdens een van die eindeloze "koffies", dit keer, heel toepasselijk, in de kaartenkamer van het Witte Huis op de ochtend van 28 februari 1996.

Nadat hij de koers had uitgezet - de verkoop van Alaska's nationale oliereserves aan British Petroleum, dat de olie zou gebruiken om te voorzien in China's almaar groeiende behoefte aan ruwe olie - begon Knowles met grootspraak, waarbij hij zijn State of the State boodschap van 1996 als forum gebruikte:

> Nog maar vijf jaar geleden zeiden ze dat we het licht zouden uitdoen voor de industrie die de meeste mensen in de staat tewerkstelt. Vandaag zou ons motto die oude bumpersticker moeten zijn: 'Heer, laat er alsjeblieft nog één oliehausse zijn, en ik beloof dat we het niet zullen verknoeien'."

Knowles kreeg een antwoord op haar gebed: op 7 februari

verscheen de staatssecretaris van Binnenlandse Zaken, Bruce Babbitt, op het juiste moment op de slagplaat. Babbitt maakte gebruik van de schijnwerpers en probeerde te verontschuldigen dat het paard achter de wagen werd gespannen - dat er eerst een milieustudie van het voorgestelde nieuwe boorgebied had moeten worden uitgevoerd, en Babbitt zei dat hij ervoor zou zorgen dat het milieu werd gerespecteerd, ook al was hij nu klaar om de onderneming goed te keuren, voordat er ook maar één studie was begonnen, laat staan voltooid.

Babbitt kondigde een nieuwe manier van zakendoen aan met de dictators van de olie-industrie, terwijl hij het Congres op zijn plaats zette door de National Environmental Policy Act te negeren, waarin duidelijk staat dat dergelijke studies moeten worden uitgevoerd en gerapporteerd aan het Congres voordat er met boren in nationale parken kan worden begonnen. Met zijn aureool positief stralend, vertelde Babbitt de mensen van Alaska en de natie:

> We willen af van de vijandige stijl en kijken of we een nieuwe manier van zakendoen met de olie-industrie kunnen opzetten. Ik denk dat we veel potentieel hebben.

Ook hier werd niet vermeld dat British Petroleum (BP) de uiteindelijke begunstigde zou zijn. De "wij" waar Babbitt naar verwees was de reus Shell Oil en een groep multinationale oliemaatschappijen die altijd al minachting hebben getoond voor de wetten van de landen die ze vaak negeren.

Het oliekartel plaatst het "wij hebben" in perspectief en bewijst onomstotelijk dat dit een roofzuchtige groep is, een cabal, die in staat is grote schade aan te richten zonder zich te bekommeren om de gevolgen van haar acties, en altijd haar doel bereikt, ongeacht wie haar tegenwerkt of hoe zij de nationale veiligheid van de Verenigde Staten bedreigt.

Het Congres heeft de grondwettelijke plicht om moderne roofridders voor speciale commissies te brengen om een belangrijk goed van het Amerikaanse volk te beschermen en ernstige bezwaren te maken tegen de export van olie uit Alaska naar communistisch China. Maar het Congres heeft jammerlijk gefaald in zijn plicht.

De schertsvertoning voortzettend, zei Babbitt:

> Ik wil deze zomer het veld in en elke vierkante centimeter
> (23 miljoen hectare) van het National Petroleum Reserve
> onderzoeken. Ik ben van plan naar Anchorage te vliegen, in
> Barrow van vliegtuig te wisselen en dan zo lang als nodig in
> het NPR te verdwijnen om elke geologische structuur en elk
> meer te begrijpen en elk natuurprobleem te onderzoeken,
> zodat ik klaar ben om op een zinvolle manier aan dit proces
> deel te nemen.

Dit is een perfect voorbeeld van hoe het Amerikaanse volk het
meest medeplichtige en bedrogen volk ter wereld is. We zien hoe
misleidend Babbitts intentieverklaring was als we bedenken hoe
lang het zou duren om "elke centimeter" van 23 miljoen acres te
onderzoeken. De National Petroleum Reserve (NPR) is zo groot
als Indiana, maar de minister legde niet uit hoe hij "elke
centimeter" ervan wilde verkennen, of hoe hij het zich kon
veroorloven minstens een jaar van zijn kantoor weg te zijn. Zou
de minister zich laten vergezellen door vertegenwoordigers van
British Petroleum en heel Prudhoe Bay achter slot en grendel
laten zetten, waaruit kleine olie-exploratiebedrijfjes dan weer
worden verwijderd?

Het Amerikaanse volk zou het ontdekken: De DNR stond op het
punt het domein te worden van BP, Shell (twee van de grootste
buitenlandse oliemaatschappijen ter wereld), Mobil, ARCO en
de rest van de Jackson Hole, Wyoming samenzweerders, ten
behoeve van de "Seven Sisters". Dit was een duidelijk geval van
winst die boven de nationale veiligheid van de VS ging. In
andere tijden zou dit verraad zijn genoemd.

Toen werd president Clinton het persoonlijke eigendom van het
oliekartel, zoals blijkt uit zijn toespraak namens hen:

> Veel Amerikanen weten het niet, maar een aanzienlijk
> percentage van de in de Verenigde Staten geproduceerde olie
> en aardgas is afkomstig van federale gronden. Tot nu toe
> hebben administratieve rompslomp en tegenstrijdige

rechterlijke uitspraken veel bedrijven ervan weerhouden deze bronnen ten volle te benutten.

Hij had er ook op moeten wijzen dat de Alaska olie deal olie betrof uit onze Nationale Nood Reserve, die niet aangeraakt mag worden. Het is een van onze nationale strategische reserves! Wat volgde was een van de grootste zwendels in de Amerikaanse geschiedenis, een die het Tea Pot Dome schandaal in de schaduw stelt, en passend, het was ARCO die Harry Sinclair's oude bedrijf opslokte in 1969. Waar Clinton op doelde was het bedrog, de chicanes, de misleidende praktijken en de slavernij in de laatste dagen van de zomersessie van 1996 van Congres 104. Dit Congres, niet gehinderd door de pers, niet aangevochten door milieugroeperingen, niet aangevochten door ABC, NBC, CBS of welke andere media jakhals dan ook, drukte een van de meest arrogante en misleidende getitelde wetsvoorstellen door, die ooit de zalen van de macht bezoedelden, "The Federal Oil and Gas Simplification and Fairness Act". Dit wetsvoorstel was het werk van de olielobbyisten die het Congres teisteren.

Wat de "Fairness Act" heeft gedaan is geld storten in een eindeloze stroom in de toch al goed gevulde kassen van de grote oliemaatschappijen. Zoals ik al eerder zei, dit schandaal overtreft het Teapot Dome schandaal, een tweederangs affaire vergeleken met de Federal Oil and Gas Simplification and Fairness Act.

Het systeem werkt zo dat er voor een periode van zeven jaar een moratorium is afgekondigd op federale controles op royaltybetalingen aan de schatkist voor olie uit federale grond. Wat meer is - en we moesten in onze ogen wrijven om er zeker van te zijn dat wat we lazen echt in de wet stond - er is een clausule die zegt dat oliemaatschappijen de federale regering kunnen aanklagen voor "te veel betaalde" royalty's! En dat is nog niet alles. De wet staat de roofridders toe hun eigen "eerlijke marktprijs" te bepalen voor olie die gewonnen wordt uit federaal land dat toebehoort aan het Amerikaanse volk. Misschien geloven de lezers deze verbazingwekkende clausule niet? Ik ook niet, maar nadat ik het wetsvoorstel verschillende keren had gelezen, zag ik dat er precies in staat wat het gaat doen: enorme voordelen toestaan aan twee van 's werelds grootste buitenlandse oliemaatschappijen (BP en Shell) op een gouden bordje van het Congres.

Het is de marktprijs van ruwe olie die bepaalt hoeveel royalty's oliemaatschappijen aan de federale overheid moeten betalen, maar een door het Congres goedgekeurde wettelijke bepaling staat oliemaatschappijen toe hun eigen prijs te bepalen, waardoor de burgers in de komende jaren miljarden dollars aan royalty's zullen mislopen. Het is een zwendel die begint te lijken op die van de Federal Reserve Act van 1912. Dit was de agenda van de bijeenkomst van de samenzweerders in Jackson Hole, waar Clinton de rol van geniale gastheer speelde. Zo werden voor een relatief klein bedrag aan campagnedonaties - 350.000 dollar in het geval van ARCO - miljarden dollars overhandigd aan de grote oliemaatschappijen die zouden deelnemen aan de Alaska-oliefraude voor China. Arme Amerikanen, zonder een leider in het Congres, zonder een kampioen die opkomt voor wat het beste is voor Amerika; overgeleverd aan de genade van een groep supercharlatans die het ene doen en het andere prediken; hoe konden ze weten hoe misleid ze waren, toen Clinton zwoer zijn veto uit te spreken over elk wetsvoorstel dat het Arctisch Natuurreservaat van 17 miljoen hectare zou openstellen voor boorders, terwijl hij met zijn andere hand, achter zijn rug, de deur opende voor een veel rijkere prijs, olie onder nationale parkreservaten, uitsluitend bewaard voor nationale noodbrandstof.

Het doel van de bijeenkomst in Jackson Hole, Wyoming, de speeltuin van de familie Rockefeller, was het terrein voor te bereiden voor de overeenkomst tussen olie en China. President Clinton speelde de rol van hoffelijke gastheer en maakte zijn intenties bekend aan zijn geëerde gasten, blij dat zulke hooggeplaatste figuren hadden ingestemd om van zijn gastvrijheid te genieten, in een omgeving die sterk lijkt op die van een maffiagodfather die de hoofden van zijn "familie" verzamelt op zijn landgoed aan de oevers van Lake Tahoe, en hen ontvangt als royalty. Inderdaad, royalty had het niet beter kunnen doen als de locatie Balmoral Castle was geweest.

Dus, slechts een paar jaar nadat ze de Chinese leiders hadden beloofd dat ze de olie uit onze nationale noodreserve in Alaska zouden krijgen, heeft de regering Clinton haar belofte gehouden. Reken er niet op dat de Republikeinen terugkomen op de overeenkomst met BP, Shell, Mobil en ARCO. Oliebeleid kent geen partijgrenzen. Het grote geld is mobiel. Kijk naar wat er gebeurde op het hoogtepunt van de Vietnamoorlog.

In ruil voor olieconcessies voor de kust van Vietnam, stuurde Rockefeller's Standard Oil artsen naar Haiphong, in het noorden van Vietnam, om Ho Chi Min te bezoeken, die erg ziek was. Dit waren Amerikaanse artsen die berecht hadden moeten worden voor verraad. We hebben geen tweede bron ter verificatie, maar de bron gaf aan dat Kissinger Associates over de deal had onderhandeld. Hoe dan ook, hier hadden we Amerikanen die handelden met de vijand in oorlogstijd, terwijl onze soldaten stierven in de jungles en rijstvelden van Zuid-Vietnam. Kijk naar de arrogantie van het oliekartel. Ze wisten al dat de VS de oorlog zou verliezen! Hoe kon dit gebeuren? Simpelweg omdat Henry Kissinger naar Parijs zou gaan om een "vredes"-overeenkomst te sluiten met de Noord-Vietnamezen, die al wisten op welke datum hij naar Parijs zou gaan en precies wisten hoe hij Vietnam aan de communistische controle zouden overlaten.

George Bush Sr. was er vanaf het begin bij betrokken, omdat hij tijdens de oorlog een goede relatie met Kissinger had. Kissinger zou een verrader genoemd kunnen worden, maar hij diende een Republikeinse president. Het was geen toeval dat de olieman George Bush naar China werd gestuurd, terwijl er andere mensen waren die beter gekwalificeerd waren dan hij om de missie uit te voeren. Maar Bush kende de oliehandel en China had olie nodig.

Bij zijn terugkeer van zijn bezoek aan China zette Bush de wielen in beweging voor en namens de Chinese regering, die het leeuwendeel van Alaska's olie was beloofd. En nu gaan we van het Midden-Oosten naar Alaska, waar het oliekartel bezig is het Amerikaanse volk te beroven van hun oliereserves in Alaska, in weerwil van de wet; opnieuw bewijzend, alsof bewijs nodig was, dat het oliekartel een wet op zichzelf is, buiten het bereik van enige regering op deze planeet.

China heeft veel goede vrienden op hoge plaatsen in de roofzuchtige olie-industrie, die nationale en internationale grenzen of nationale soevereiniteit niet kennen of respecteren.

Een van deze vrienden is ARCO, dat een hoge plaats inneemt op de ladder van het Comité van 300 bedrijven en dat, samen met een andere parel in de kroon van het Comité van 300 oliemaatschappijen, BP, begon te plannen om de ruwe olie uit Alaska te verschepen naar de enorme Zhenhai raffinaderij aan de rand van Shanghai, die klaar was om in bedrijf te worden genomen.

Lodwrick Cook was de voormalige CEO van ARCO en zoals oude soldaten of politieke partijleiders die nooit vervagen, was Cook in 1996 actief met campagne voeren voor de herverkiezing van zijn oude vriend, Bill Clinton, de "outsider" uit Arkansas. In 1994, hetzelfde jaar dat Cook Tony Knowles tot gouverneur van Alaska verkozen kreeg, werd hij uitgenodigd op het Witte Huis om zijn verjaardag te vieren met Bill Clinton, die zijn vriend trakteerde op een gigantische verjaardagstaart en hem vervolgens toestond naar China te reizen met minister van Handel Ron Brown, waar de twee mannen de Chinese regering aankondigden dat ARCO miljarden zou investeren in de nieuwe Zhenhai raffinaderij. In antwoord op vragen van de Chinese regeringsdelegatie zeiden bronnen dat Cook hen verzekerde dat ruwe olie uit Alaska beschikbaar zou zijn voor de raffinaderij in Zhenhai, ondanks het feit dat er in augustus 1994 een permanent verbod op de export van olie uit Alaska was ingesteld. Ongeveer een jaar na Brown-Cook's reis naar China werd Robert Healy, ARCO's president van overheidszaken, uitgenodigd in het Witte Koffiehuis voor een kop koffie met Al Gore en Marvin Rosen, toenmalig financieel voorzitter van het Democratisch Nationaal Comité. Om ARCO's dankbaarheid te tonen, liet Healy een "fooi" van 32.000 dollar achter voor het DNC.

Dit is waar Charles Manatt, voormalig voorzitter van de Democratische Partij en directeur van Manatt, Phelps en Phillips, Mickey Kantor's voormalige alma mater, om de hoek komt kijken. Manatt is een lobbybedrijf dat zich richt op en optreedt als dekmantel voor de grote oliemaatschappijen, EXXON, Mobil, BP, ARCO en Shell. Op 26 mei 1995 werd Manatt uitgenodigd in een ander Witte Huis café voor een ontmoeting met Clinton.

Manatt betaalde $117.150 als dank, en toen, geheel onafhankelijk natuurlijk, verhief Kantor, als lid van het kabinet Clinton, zijn stem om te eisen dat het verbod op de export van olie uit Alaska werd opgeheven. Tot nu toe verbood de federale wet de export van olie uit de Nationale Petroleum Reserve, omdat het een reservevoorraad moest zijn voor nationale noodgevallen.

In mijn boek "Environmentalism: the second civil war has begun" uit 1987 worden de grote oliemaatschappijen ontmaskerd als de grootste contribuanten aan de milieubewegingen "Earth First" en "Greenpeace". De redenen voor de schijnbare tegenstelling tussen de decennialange steun voor de milieubeweging en de grote bedragen die door de grote oliemaatschappijen worden betaald, worden in detail uitgelegd. Environmentalisme is een list als het gaat om olievelden.

De grote oliemaatschappijen wilden de nationale reservaten, waarvan vele enorme oliereserves bevatten, beschermen tegen "buitenstaanders", zodat ze te zijner tijd de oliereserves onder de nationale parken tegen spotprijzen konden overnemen. In het geval van Alaska's nationale natuurreservaten brak die dag aan in 1996. De hypocriete oliemultinationals hebben weinig of geen zorg getoond voor de ecologie of de bescherming van de wilde dieren in deze gebieden, zoals blijkt uit wat ze in Prudhoe Bay hebben gedaan.

In 1996 werd de bekende lobbyist Tommy Boggs ingeschakeld om het orakel te bewerken voor het opheffen van het verbod op ruwe olie uit Alaska. Boggs is de zoon van wijlen senator Hale Boggs, wiens mysterieuze verdwijning in de wildernis van Alaska in 1972 nooit is opgelost. Tommy Boggs is de belangrijkste lobbyist in Washington voor het advocatenkantoor Patton Boggs en zijn klanten waren onder meer ARCO,

EXXON, BP, Mobil en Shell en toevallig was hij een goede golfvriend van Bill Clinton.

Als geducht lobbyist wordt Boggs beschouwd als de hoofdverantwoordelijke voor het ongedaan maken van het verbod op de uitvoer van ruwe olie uit Alaska door het 104e Congres, en zo ondertekende Clinton in 1996 een uitvoeringsbesluit om het verbod op te heffen, zoals Ron Brown en Lodwrick Cook de Chinese regering twee jaar eerder hadden beloofd. Je moet wel blind zijn om niet te zien dat de manoeuvres om de natie van haar Alaska oliereserves te beroven in 1994 in gang werden gezet. In 1996 overhandigde president Clinton, na "koffie" in het Witte Huis, de grote oliemaatschappijen in China en Alaska een verbazingwekkende premie. De pers had deze uitverkoop van de daken moeten schreeuwen, maar Dan Rather, Peter Jennings en Tom Brokaw, en niet te vergeten Larry King, bleven zo stil als het graf over deze gedenkwaardige gebeurtenis. Rustig en zonder ophef maakte Clinton een einde aan het verbod op de export van onze oliereserves onder de wildernis van Alaska en gaf de oliegiganten een gratis cadeau van vele miljarden dollars.

Terwijl de olie- en brandstofprijzen in 1996 een recordhoogte bereikten, waren Clinton en zijn controleurs druk bezig de VS te verraden door onze rechten met voeten te treden in ruil voor grote geldbijdragen aan zijn herverkiezingscampagnefonds.

Vooruitlopend op deze nationale ramp - maar zo noemde hij het niet - schreef Tommy Boggs een memo aan zijn cliënten waarin hij voorspelde dat hij het Congres zover zou krijgen om het verbod op de export van olie uit Alaska op te heffen.

Maar dat was niet de enige schok die het Amerikaanse volk kreeg; op de laatste dag van de zomerzitting van het Congres in 1996 ondertekende Clinton ook de "Federal Oil and Gas Simplification and Fairness Act". Zoals de naam al doet vermoeden, was dit wetsvoorstel bedoeld om te misleiden en was het een andere vorm van fraude op grote schaal. Het "eerlijkheids" gedeelte was niet bedoeld om het Amerikaanse volk te bevoordelen. In feite was de wetgeving een totaal verraad van het Amerikaanse volk door de regering Clinton. Met andere woorden, de wetgeving bestond uit het snel en losjes spelen met de olieprijs waarvoor bedrijven royalty's aan de federale overheid moesten betalen.

Deze gigantische, door de overheid gesanctioneerde oplichting van het Amerikaanse volk gaf de oliemultinationals miljarden dollars gratis. Deze wet is een van de brutaalste daglichtroven die de olie-industrie ooit heeft uitgevoerd. En gedurende deze grote diefstal hebben de jakhalzen van de media - zowel de gedrukte als de elektronische - doodgezwegen.

Daar komt Alaska gouverneur Tony Knowles om de hoek kijken. Laten we niet vergeten dat ARCO 352.000 dollar aan bijdragen gaf tijdens de verkiezingen van 1996. In 1994 ontving Knowles 32.000 dollar en dit droeg bij aan zijn verkiezing als de eerste Democratische gouverneur van Alaska, waarschijnlijk ook de eerste gouverneur van een staat die in het Witte Huis slaapt, allemaal onderdeel van de wereldwijde samenzwering om van het Amerikaanse volk te stelen.

HOOFDSTUK 19

Libische olie en de Pan Am bomaanslag

Dit is niet het einde van het verhaal van Big Oil's omleiding van Alaska's olie. Het is eerder het eerste hoofdstuk in een lopende saga die zal eindigen met het Amerikaanse volk als de verliezers, terwijl China en het oliekartel weglopen met miljarden dollars aan illegale buit.

Het volgende hoofdstuk in onze saga over de olie-industrie speelt zich af in Libië, want de onverschrokken leden van het kartel, die nooit slapen en altijd in beweging zijn - hun slogan is "Wij vechten voor olie" - beschouwden de Libische olie al lang als een godsgeschenk, als ze die maar in handen konden krijgen. De Libische leider Muammar Kadhafi is meer dan een tegenstander gebleken voor de mannen van het oliekartel, en nu al hun pogingen om hem af te zetten zijn mislukt, wordt er voortdurend gezocht naar nieuwe methoden en nieuwe mogelijkheden.

Ze konden hem niet vergiftigen; Kadhafi liet zijn eten altijd proeven. Moord zou moeilijk zijn, want hij reisde alleen met zijn vertrouwde bewakers, beschermd tegen steekpenningen, en maakte nooit gebruik van het openbaar vervoer. Toen deed zich onverwacht een gelegenheid voor met de bomaanslag op Pan Am vlucht 103, die neerstortte boven Lockerbie, Schotland, waarbij alle 270 mensen aan boord omkwamen. Geholpen (zoals altijd) door de CIA, gingen de mannen van het kartel aan het werk.

In hun vastberadenheid om de controle over de Libische olie van de rechtmatige eigenaars af te pakken, greep het oliekartel de gelegenheid aan om Muammar Kadhafi de schuld te geven van de tragische bomaanslag op Pan Am vlucht 103. Bij het nastreven van hun doel overtuigde het oliekartel met gemak president Ronald Reagan ervan dat het wenselijk en noodzakelijk was dat de Amerikaanse luchtmacht de Libische hoofdstad Tripoli zou bombarderen. Daartoe werden Amerikaanse bommenwerpers gelanceerd vanaf Britse bases, en zij bombardeerden Tripoli inderdaad in flagrante strijd met de Amerikaanse grondwet, de Neutraliteitswet van 1848, de vier Verdragen van Genève en het Verdrag van Den Haag inzake luchtbombardementen, dat door de VS is ondertekend. De macht van het oliekartel is zo groot dat deze ongrondwettelijke aanval op een land waartegen de VS nooit de oorlog heeft verklaard, een land dat nooit een bewezen daad van oorlogsvoering tegen de VS heeft gepleegd, niet is veroordeeld als een illegale daad, maar is toegejuicht door het Amerikaanse volk, dat al lang het slachtoffer is van de helse hersenspoelmachine van het Tavistock Instituut, en door de jakhalzen van de pers. Gaddafi verloor een familielid in de aanval, die zijn vastberadenheid om Libië onafhankelijk te houden, deed wankelen. De tragedie van Pan Am 103 zal nooit volledig worden opgehelderd, omdat de enorme propagandamachine van de Amerikaanse en Britse regering ervoor zal zorgen dat de waarheid over deze misdaad tegen het Amerikaanse volk nooit aan het licht komt. De opmerking van Benjamin Disraeli in 1859, een agent van Lionel Rothschild, is het citeren waard:

> Alle grote gebeurtenissen zijn verdraaid, de meeste belangrijke oorzaken zijn verzwegen, sommige van de belangrijkste actoren komen nooit voor, en allen die wel voorkomen zijn zo verkeerd begrepen en verdraaid dat het resultaat een complete mystificatie is. Als de geschiedenis van Engeland ooit wordt geschreven door iemand met kennis en moed, zal de wereld versteld staan.

De Britse en Amerikaanse regeringen hebben blijk gegeven van hun ongewone vermogen om op de meest overtuigende wijze te prevariëren en te verduisteren. Dit talent is niet nieuw, maar het werd aanzienlijk aangescherpt door de medewerkers van

Wellington House, waarvan Bernays, een familielid van de Rothschilds, de belangrijkste propagandaman was. Deze grote propagandamolen werd ontwikkeld aan het begin van de Eerste Wereldoorlog, om het gebrek aan enthousiasme van het Britse volk voor de oorlog tegen Duitsland tegen te gaan.

Het verhaal van de bomaanslag op Pan Am 103 begon op 3 juli, toen een Airbus van Iranian Airways met 290 passagiers op weg naar de hadj in Mekka werd neergeschoten door de USS Vincennes. De Airbus, die was opgestegen van de burgerluchthaven van Bandar Abbas in Iran, had net kruishoogte bereikt toen hij werd geraakt door een Aegis-raket afgevuurd door de USS Vincennes. De Airbus stortte neer, waarbij iedereen aan boord om het leven kwam. Wist de bemanning van de Vincennes dat hun doelwit een burgervliegtuig was? Iedereen die over de aanval werd geraadpleegd, zonder uitzondering, bevestigde dat de Airbus voor niets anders dan een civiel vliegtuig kon worden aangezien. Een woedende Khomeini hield zich relatief rustig, maar hij had het hoofd van de Pasdaran (geheime dienst) in het geheim opdracht gegeven om vier Amerikaanse luchtvaartmaatschappijen te selecteren als doelwit voor een wraakaanval. Het Pasdaran hoofd rapporteerde aan Ali Akbar Mohtashemi dat hij Pan American Airways als doelwit had gekozen.

Het plan werd op 9 juli 1988 aan Mohtashemi in Teheran voorgelegd en door hem goedgekeurd voor onmiddellijke actie. Het werd vervolgens overhandigd aan een voormalige Syrische legerofficier, kolonel Ahmed Jabril, die het bevel voerde over het Volksfront voor de Bevrijding van Palestina (PFLP), met hoofdkwartier in Damascus onder de bescherming van wijlen president Hafez al Assad.

De teerling was geworpen toen Jabril vlucht 103 van Pan Am als doelwit koos, met vertrek uit Frankfurt, Duitsland, en een tussenlanding in Londen, met New York als eindbestemming. Hoewel Groot-Brittannië en de VS dit later ontkenden, beweerde Jibril zelf dat hij 10 miljoen dollar had gekregen om zijn missie uit te voeren, en sommige rapporten beweerden dat de CIA inderdaad 10 miljoen dollar had getraceerd naar een genummerde Zwitserse rekening van Jibril.

De expertise van Jibril stond buiten kijf: hij stond bekend als een meesterbommenlegger die sinds 1970 een reeks bomaanslagen op Britse, Zwitserse en Amerikaanse vliegtuigen had uitgevoerd. Bovendien was Jibril zeer trots op zijn bomschakelaars, die zijn eigen merk en ontstekingsmethode droegen, waardoor zijn "werk" volgens inlichtingendeskundigen onbetwistbaar was.

Twee Libische onderdanen, Abdel Basset Ali al-Megrahi en Lamen Khalifa Fhimah, werden beschuldigd van de bomaanslag, hoewel zij geen ervaring hadden met het maken van bommen en niet over de faciliteiten beschikten om een dergelijke geavanceerde bom te maken. Er was nooit enig positief bewijs, geen bewijs dat de bom en de val van Pan Am 103 aan de twee verdachten zou linken. Integendeel, er was ruimschoots bewijs dat de bomaanslag het werk was van Jibril en de PFLP. Er is duidelijk vastgesteld dat het team van Jibril bestond uit de bomexperts Hafez Kassem Dalkamoni en Abdel Fattah Ghadanfare, die beiden in Frankfurt, Duitsland, woonden. Op 13 oktober kreeg Dalkamoni gezelschap van een andere bomexpert, een zekere Marwan Abdel Khreesat, die in Amman (Jordanië) woonde. Khreesat stond onder Syrische officieren en de PFLP bekend als de beste "explosievenexpert". Meer nog, Khreesat werkte sinds kort aan beide kanten - hij was ook informant voor de Duitse inlichtingendienst, het BKA. Ik publiceerde het volledige verhaal onder de titel "PANAM 103, een dodelijk spoor van bedrog", in 1994.

Er werd een internationale lastercampagne tegen Libië gelanceerd wegens zijn verantwoordelijkheid voor het bombardement. Behalve de namen van de twee Libiërs die van de misdaad werden beschuldigd, werd nooit enige feitelijke basis verstrekt. Toen Libië weigerde de "verdachten" aan een Schotse rechtbank over te dragen, werd een internationale boycot tegen de verkoop van Libische ruwe olie ingesteld, die gepaard ging met een woordenstrijd tegen Libië zoals die sinds de Tweede Wereldoorlog niet meer was voorgekomen.

Zoals reeds vermeld, liet een beïnvloedbare president Reagan zich gemakkelijk overhalen om in te stemmen met een bombardement op Tripoli. Alle Libische tegoeden bij buitenlandse banken, waar ze zich konden bevinden, werden bevroren. In feite werd een totale oorlog tegen het land gestart. Een Libisch burgervliegtuig op weg naar Tripoli vanuit Soedan werd neergeschoten door "onbekende krachten" in de verkeerde veronderstelling dat Kadhafi aan boord was. Alle handel tussen Libië en het Westen werd stilgelegd.

Libië werd ten onrechte beschuldigd van de productie van "massavernietigingswapens" en op de lijst van het State Department geplaatst van landen die officieel het internationale terrorisme steunen. Ondertussen bleef de internationale druk op Libië om de twee "verdachten" uit te leveren aan Groot-Brittannië of Schotland toenemen. Van alle kanten komen wilde en ongegronde beschuldigingen tegen Libië. Ondertussen bleef Libië olie verkopen aan West-Europa en Rusland, maar sommige landen, zoals Frankrijk en Italië, begonnen aanstoot te nemen aan de beperkingen en onderhandelden privé over de beëindiging van de boycot. Maar Groot-Brittannië en de Verenigde Staten wilden daar niets van weten, en Robin Cook (de Britse minister van Buitenlandse Zaken) vertelde de EU-ministers dat Kadhafi ermee had ingestemd de twee "verdachten" uit te leveren, op voorwaarde dat zij door een Schotse rechtbank zouden worden berecht, een mededeling die Kadhafi aanvankelijk als een "leugen" bestempelde. Rusland is begonnen zijn aankopen van Libische ruwe olie te verhogen, zodanig dat Groot-Brittannië en de Verenigde Staten hebben ingezien dat de boycot niet veel langer effectief zal zijn.

Een team van Amerikaanse onderhandelaars is naar Tripoli gereisd om met Kadhafi een deal te sluiten waardoor de twee grootmachten hun gezicht zouden kunnen redden en Libië van de haak zou worden gehaald, terwijl het lijkt te voldoen aan de eis om de twee "verdachten" uit te leveren aan een Schotse rechtbank op neutraal grondgebied. Dit zou voldoen aan de islamitische wet dat Libische burgers nooit worden uitgeleverd om terecht te staan in het buitenland dat hen van een misdaad beschuldigt, een oplossing die van slinkse geesten kan worden verwacht.

Het "Schotse Tribunaal" kwam bijeen in Kamp Zeist, in Nederland, aangezien Nederland niet tot de beschuldigende landen behoorde die de twee Libiërs wilden vervolgen. Daarmee was de kwestie van het moslimrecht geregeld. Kamp Zeist werd tot "Schots grondgebied" verklaard in een goochelshow waar Las Vegas trots op zou zijn geweest. De twee "verdachten" meldden zich vervolgens "vrijwillig" voor de rechter en er werd een datum vastgesteld waarop het proces tegen hen zou beginnen.

Waarom was de jurisdictie Schots recht? Het antwoord is dat, naast het feit dat de oorzaak van de zaak in Schotland is ontstaan, het Schotse recht een derde bijzondere uitspraak toelaat, die van "niet bewezen", die tussen schuld en onschuld ligt. Gaddafi werd verzekerd dat het door de aanklager gepresenteerde bewijs niet voldoende zou zijn om de Libiërs te veroordelen. Aldus zou "recht" worden gedaan en zouden de Libiërs vrij zijn. Maar de belofte werd niet nagekomen.

Dit was de context van het proces, dat met een knal begon. De zaak van de aanklager tegen al Megrahi en Khalifa was zwak. De advocaat van de verdediging wachtte tot het begin van het proces om zijn verdediging aan te kondigen. Zij zouden bewijzen presenteren dat Jabril en de PFLP de aanslag hadden gepleegd en 32 getuigen oproepen om hun verdediging te ondersteunen. De deskundigen met wie ik sprak waren van mening dat, als zou blijken dat de getuigen van de PFLP inderdaad zouden verschijnen, het proces zou worden stopgezet op grond van "niet bewezen". Het laatste wat Groot-Brittannië en de VS wilden was dat alle feiten in een open rechtszaal zouden worden onthuld. In ruil voor zijn "medewerking" kreeg Kadhafi de garantie dat de boycot tegen Libië zou worden opgeheven en dat de kraan voor Libische ruwe olie weer open zou gaan.

De belangrijkste begunstigden zijn natuurlijk de leden van het oliekartel. De echte schurk verantwoordelijk voor de gruwelijke Pan Am misdaad is nooit aangeklaagd. Hoe zit het met de USS

Vincennes en de Iraanse Airbus die werd vernietigd? Ook dat was onderdeel van de deal van de schaduwregering. Er zou officieel worden verklaard dat de bemanning van de Vincennes ten onrechte geloofde dat ze werden aangevallen door een militair vliegtuig.

Alleen het oliekartel profiteerde, dat vrijwel onmiddellijk enorme winsten maakte met de verkoop van Libische ruwe olie. De familieleden van degenen die door toedoen van Jabrils PFLP zijn omgekomen, hebben niet de oplossing gekregen waarnaar zij al twaalf jaar op zoek waren, ook al heeft het officiële vonnis twee onschuldige mannen schuldig bevonden aan deze gruwelijke aanslag.

Het is de moeite waard een opmerking toe te voegen, namelijk de rol die George Bush en Margaret Thatcher hebben gespeeld om ervoor te zorgen dat er een dekmantel werd geworpen over een eventueel later in te stellen volledig onderzoek naar de bomaanslag op Pan Am 103. Het Schotse parlementslid Tom Dalyell vertelde het Parlement dat

> "De Britse en Amerikaanse autoriteiten zijn niet geïnteresseerd in het achterhalen van de waarheid, omdat het hen ongemakkelijk zou maken."

Dalyell is het parlementslid dat Thatcher eigenhandig vervolgde voor haar criminele daad waarbij zij een Britse onderzeeër opdracht gaf het Argentijnse cruiseschip "Belgrano" in internationale wateren te torpederen en tot zinken te brengen, hetgeen een flagrante schending van de Conventie van Genève betekende.

Als gevolg van Dalyell's volharding verloor Thatcher het vertrouwen van haar controleurs en werd zij gedwongen haar ambt in ongenade te verlaten en zich voortijdig terug te trekken uit het openbare leven. Het lijdt geen twijfel dat de twee mensen die het meest in verlegenheid zouden worden gebracht als de waarheid aan het licht zou komen, George Bush en Margaret Thatcher zouden zijn. Een ander soort terrorisme werd vervolgens geënsceneerd op de grens tussen Koeweit en Irak. Het corrupte dictatoriale Al Sabah regime scoorde een grote overwinning door George Bush over te halen om bij volmacht een beschaafde christelijke natie opdracht te geven om opnieuw kruisraketten te laten regenen op een reeds lijdend Irak als collectieve straf voor een vermeende moordaanslag op Bush Sr. Niet iedereen gelooft het woord van de meedogenloze dictators van Al Sabah dat het vermeende complot om Bush te vermoorden echt was. Veel landen hebben ernstige twijfels geuit over de geldigheid van de bewering van Al Sabah. Dit is wat een inlichtingenbron te zeggen had:

> ... Het "bewijs" waarover de Al Sabahs zouden beschikken, zou door elke Amerikaanse of Britse rechtbank worden verworpen. Het "bewijs" is zo vervalst dat het niet verwonderlijk is dat de Amerikaanse regering het niet durft te onthullen in een open forum. Deze zaak (de vermeende aanslag op het leven van George Bush door Irakezen) is zo gemanipuleerd en schandalig dat men zich afvraagt tot welke diepte van verdorvenheid de Verenigde Staten zijn afgedaald. Als er ook maar enigszins onafhankelijke senatoren waren, hadden ze moeten eisen dat Clinton zijn bewijsmateriaal in een openbare hoorzitting van de commissie aan hen zou voorleggen, maar natuurlijk heeft Clinton geen bewijs dat een onderzoek in een openbare rechtbank met getuigen onder ede zou doorstaan, zodat de senatoren zich aan hun plicht konden onttrekken.

Een waarnemer die het proces bijwoonde zei:

> De aangeklaagde Irakezen waren gewone smokkelaars, zonder ervaring met inlichtingen of explosieven. Het is moeilijk om een onwaarschijnlijker groep te vinden - niet het soort mensen dat de Iraakse regering in dienst zou nemen als ze George Bush wilde vermoorden. De truck die explosieven zou bevatten was in feite gevuld met smokkelwaar en werd "gevonden" op kilometers afstand van de Koeweit Universiteit, de plaats waar "Iraakse inlichtingen agenten" naar toe zouden gaan om het "complot" om George Bush te vermoorden uit te voeren.

De zaak tegen de twee Iraakse smokkelaars zit zo vol gaten en is zo gehuld in dubbelzinnigheid, verdoezeling en verzonnen "bewijsmateriaal", dat het een goede plot zou zijn voor een Laurel en Hardy komedie als het niet zo tragisch was. Amerikaanse onderzoekers ondervroegen de twee mannen die bekenden een aanslag te hebben gepleegd op George Bush, maar elke bekentenis die werd verkregen terwijl de verdachten in handen waren van de Al Sabahs moet met de grootste scepsis worden behandeld. Koeweit heeft een beruchte geschiedenis van marteling, lynchpartijen, haat tegen buitenlanders - vooral Irakezen - slimme propaganda en regelrechte leugens. De familie Al Sabah is even wreed, wraakzuchtig, dictatoriaal en barbaars als alle andere in de wereld van vandaag. Hun woord is niet te vertrouwen. Deze hele episode riekt naar overhaast en onhandig in scène gezet om mensen te laten geloven dat Bush in gevaar was.

Hoe dan ook, laten we even aannemen dat de would-be onbeholpen terroristen naar Koeweit kwamen met de bedoeling George Bush te vermoorden. Waarom is Irak dan niet voor de Verenigde Naties of het Internationaal Gerechtshof in Den Haag gedaagd?

Als Bush en de Al Sabahs hun acties zo graag in de mantel van de Verenigde Naties wilden verpakken, waarom zijn de VS en Koeweit dan niet naar Den Haag en de VN-Veiligheidsraad gegaan om hun zaak voor te leggen? De Verenigde Staten hadden niet moeten deelnemen aan deze wrede schertsvertoning. Tijdens het "proces" van deze twee arme handige zondebokken werd geen greintje controleerbaar bewijs geleverd. De hele affaire was een schande, een politieke daad die niets te maken had met de gerechtelijke bestraffing van een misdaad.

De Verenigde Staten zijn nu begonnen elk land te straffen dat het niet met hen eens durft te zijn. We worden 's werelds grootste bullebak. Het is algemeen bekend dat de oliekarteltycoons een aantal landen grote sommen geld hebben betaald om deel te nemen aan de illegale oorlog tegen Irak. De landen die steekpenningen hebben ontvangen zijn in rapporten vermeld, inclusief de betaalde bedragen.

Een van deze verslagen ging over de deal van Al Sabah met Hill and Knowlton, het beroemde reclamebureau, waarvoor het bedrijf de som van 10 miljoen dollar kreeg om het Amerikaanse volk ervan te overtuigen dat de dictators van Al Sabah gered moesten worden.

Het was via Nayira Al Sabah's goed getrainde en ingestudeerde leugen voor een Senaatscommissie dat Hill en Knowlton hun verdraaide zaak aan Amerika verkochten, met de steun van de onderhouden prostituees van de gecontroleerde media. Vervolgens bevestigde een volkomen betrouwbare bron, de *Financial Times* van Londen, de aantijgingen tegen de Al Sabah-dictators en hun Amerikaanse handlangers in 1990 en 1991. Volgens de *Financial Times* van 7 juli gebruikten de Al Sabahs het Kuwait Investment Office (KIO) in Londen om geld te verdelen onder landen die bereid waren zich te laten omkopen om Koeweit te verdedigen in de Golfoorlog. De *Financial Times* zei dat "bij de VN 300 miljoen dollar werd gebruikt om stemmen voor Koeweit te kopen", hetgeen werd gemeld op het hoogtepunt van de Golfoorlogkoorts. "Dit (VN stemmen) vormde de wettelijke basis voor de bevrijding van Koeweit door multinationale troepen."

Op heterdaad betrapt, lanceerde Al Sabah een woedende tegenaanval op het artikel in de *Financial Times*. Minister van Financiën Nasser Abdullah al-Rodhan zei:

> Koeweit heeft nooit van deze middelen gebruik gemaakt, noch in het verleden noch vandaag. De beschuldiging was bedoeld om het imago van het land en zijn recht op herstel van zijn soevereiniteit na de Iraakse invasie van 1990 aan te tasten.

De minister van Financiën zei verder dat de 300 miljoen dollar was gestolen van de Cultural Industries Organisation en dat de daders gewoon probeerden hun sporen uit te wissen door Koeweit ervan te beschuldigen stemmen te kopen. De verantwoordelijke senaatscommissies hadden de plicht deze beschuldigingen te onderzoeken en een nog grotere plicht om uit te zoeken waarom de Verenigde Staten de despoten van Koeweit volgden en tweemaal kruisraketten op Bagdad dropten, terwijl wij geen grondwettelijk, wettelijk of moreel recht hadden om een dergelijke actie te ondernemen. Het is absoluut noodzakelijk, zelfs op dit late tijdstip, dat de waarheid over Koeweit en Irak aan het Amerikaanse volk wordt voorgelegd, hetgeen de oliemagnaten vastbesloten zijn te voorkomen. Zij zullen hemel en aarde bewegen om de dictators van Al Sabah te beschermen, en zullen blijven liegen over Irak zolang het nodig is. De remedie ligt in de handen van Wij het Volk. De manier waarop het Congres bereid is geweest te buigen en te schrapen voor de Al Sabah dictators is niets minder dan een nationale schande.

HOOFDSTUK 20

Een verhaal dat verteld moet worden

Het verhaal van Venezuela verdient het om verteld te worden, want het is een land waar het gebrek aan evenwicht tussen extreme armoede en extreme rijkdom duidelijker is dan gewoonlijk. Venezuela is altijd schaamteloos uitgebuit en leeggezogen door het oliekartel, zonder dat het land of de bevolking er baat bij had. Dit was de situatie toen in 1998 de armen werden verenigd door een voormalige parachutist, Hugo Chavez, en werden aangemoedigd om in recordaantallen naar de stembus te gaan. Chavez werd tot president gekozen in een verpletterende overwinning die de meesters van het oliekartel aan het wankelen bracht.

Eenmaal aan de macht, verspilde Chavez geen tijd om zijn verkiezingsbeloften na te komen. Het Venezolaanse Congres, dat al 30 jaar in de zakken van de oliebaronnen zat, werd ontbonden. Chavez noemde de Verenigde Staten de vijand van de armen van het land. De nieuwe president stelde een koolwaterstofwet in die sterk leek op die van de patriottische Mexicaanse president Carranza, die de controle over de olie-industrie overnam van het oliekartel en deze volledig in handen gaf van het Venezolaanse volk.

Toen trof Chavez het oliekartel waar het het meest pijn deed - in de portemonnee - door de royalty's voor buitenlandse oliemaatschappijen met 50% te verhogen. Het staatsbedrijf Petroleos de Venezuela onderging een herschikking waardoor de meeste pro-Amerikaanse bedrijfsleiders werkloos werden. Het was een klap voor de Verenigde Staten en ook voor de rest van de wereld.

Venezuela is geen kleine speler in de olie-industrie. In 2004 was het de op drie na grootste olie-exporteur ter wereld en de op twee na grootste leverancier van ruwe olie aan de Verenigde Staten. Petroleos de Venezuela heeft 45.000 mensen in dienst en heeft een jaarlijkse omzet van 50 miljard dollar. De voormalige parachutist met de donderstem stapte brutaal in het zadel van een wild paard. De grote vraag was hoe lang het zou duren voordat de tycoons van het oliekartel hem zouden onttronen. Door deze belangrijke industrie in handen te nemen, vestigde Chavez zich plotseling op het wereldtoneel als een man om rekening mee te houden, een beetje zoals Dr. Mossadegh.

Maracaibo is het centrum van de macht van Chavez. De oliearbeiders steunden hem sterk en hoewel ze geen geld hadden, hadden ze een meerderheid bij de verkiezingen. Zoals de enorme geiser van olie die op 14 december 1922 uit de aarde barstte (honderdduizend vaten per dag stroomden drie dagen lang de lucht in voordat ze onder controle werden gebracht), moeten de oliearbeiders worden georganiseerd en gecontroleerd. Chavez zou er veel werk aan hebben om de olie tegen te houden.

In de veertig jaar die volgden, veranderde Venezuela van een arm Zuid-Amerikaans land zonder hulpbronnen in een van de rijkste landen van het continent. Het OPEC olie-embargo verdrievoudigde Venezuela's nationale begroting, wat de aandacht trok van de roofzuchtige haaien die de internationale wateren bevaren. Agenten van het oliekartel hebben het land overgehaald tot overbesteding. Het Internationaal Monetair Fonds (IMF) overspoelde de Venezolaanse regering met enorme leningen.

De weg was vrij voor economische sabotage, en die kwam er met het instorten van de wereldprijzen voor ruwe olie. Venezuela stond op het punt te ontdekken dat de aardige mannen in zakenpakken met aktetassen met het opschrift "IMF" ook scherpe dolken bij zich hadden. De meest onmogelijke bezuinigingsmaatregelen werden Venezuela opgelegd. Als gevolg daarvan moesten de armen leningen terugbetalen en daalde het inkomen per hoofd van de bevolking met bijna 40%. Het klassieke model van een overname door een oliekartel kreeg vorm. Wrok en woede groeiden naast elkaar tot de druk niet meer te bedwingen was. Er braken rellen uit waarbij meer dan tweehonderdduizend mensen omkwamen. De opkomende middenklasse werd het hardst getroffen en de meeste mensen werden de volgende twee jaar tot armoede gereduceerd. Verrassend genoeg hield Chavez vast aan de macht. Zouden de VS nog een 'Kermit Roosevelt'-achtige operatie opzetten of zou het land gewoon onder de voet worden gelopen door huurlingen van het Amerikaanse leger? Maar terwijl het oliekartel zijn opties overwoog, greep 11 september in. Venezuela moest wachten. Maar het wachtte niet lang. De eerste schoten werden gelost door de *New York Times*, die Chavez afschilderde als een vijand van de vrijheid. Amerikaanse commentatoren voorspelden massale arbeidsonrust die zou leiden tot de val van Chavez. Elke analist kon zien dat het Iraanse model werd toegepast op Venezuela; Washington leek het ook niet te willen verbergen.

Net als in het geval van generaal Huyser in Teheran, spoorden de Amerikaanse opruiers de olie-arbeiders aan om te gaan staken, en dat deden ze ook. De *New York Times kon* zijn vreugde nauwelijks bedwingen. Schreeuwende krantenkoppen verklaarden:

> Honderdduizenden Venezolanen gingen vandaag de straat op om te verklaren dat zij zich inzetten voor een landelijke staking, die nu al 28 dagen duurt, om de afzetting van president Hugo Chavez af te dwingen. De staking is de afgelopen dagen min of meer in een impasse geraakt, waarbij de heer Chavez niet- stakende werknemers gebruikt om te proberen het functioneren van de staatsoliemaatschappij te normaliseren. Zijn tegenstanders, geleid door een groep ondernemers en vakbondsleiders, beweren dat hun staking het bedrijf, en daarmee de regering-Chavez, in het slop zal brengen.

Als men het plan van Kermit Roosevelt, de CIA en generaal

Huyser (de man die de Sjah ten val bracht) op de situatie in Caracas zou leggen, zou het perfect passen. De door de VS getrainde provocateurs waren aan het werk. Maar deze keer was het niet Kermit Roosevelt, maar Otto J. Reich, een veteraan met veel ervaring in het op gang brengen van revoluties in Guatemala, Ecuador, de Filippijnen, Zuid-Afrika, Chili, Nicaragua, Panama en Peru. In Washington hief de regering Bush het champagneglas om Reichs succes in Venezuela te vieren. Maar hun feest was van korte duur. Hugo Chavez, de ex-paratrooper, is in staat om de militairen aan zijn kant te houden. Alle pogingen van Reich om het officierskorps tegen hun president op te zetten mislukten. Reich moest met de staart tussen de benen naar huis terugkeren en in allerijl naar Washington vliegen.

Tweeënzeventig uur later nam president Chavez de controle over zijn regering over en begon onmiddellijk de verraders en huurlingen van agent Otto Reich uit te schakelen. De directeuren van de oliemaatschappijen die voortijdig van kant waren veranderd, werden het land uitgezet, samen met een handvol ontrouwe legerofficieren. Twee van de coupplegers, die hun medeplichtigheid met Reich en zijn Washington bazen toegaven, werden veroordeeld tot twintig jaar gevangenisstraf. Voor één keer moest de CIA zich terugtrekken met een blauw oog.

In een ander land, dat werd aangevallen door oliekarteltycoons, was Iran verwikkeld in een strijd met de erfgenamen van de Illuminati. Hun zorgvuldig uitgewerkte plannen werden met schijnbaar succes bekroond toen de fundamentalistische leider Ayatollah Khomeini aan de macht kwam, en zouden als model dienen voor toekomstige aanvallen op andere geselecteerde staten met begeerde natuurlijke hulpbronnen.

In dit boek wordt onderzocht wie de samenzweerders waren, wat hun motieven waren en wat zij hebben gewonnen door de Sjah te vernietigen en een fanatieke fundamentalist in zijn plaats te installeren. Ik zal proberen het mysterie te ontrafelen van de terugkeer van Iran naar de donkere middeleeuwen waaruit het onder de Sjah zo hard had geprobeerd tevoorschijn te komen, steunend op de modernisering van zijn olie-industrie.

De samenzweerders zijn erfgenamen van de 18e-eeuwse geheime orde waarvan de blauwdruk werd opgesteld door Adam Weishaupt en zijn Illuminati-orde. De lijst van leidende mannen in het oliekartel die lid zijn van de Illuminati is nooit openbaar gemaakt, maar alles wijst erop dat het om een aanzienlijk aantal gaat. We beperken ons hier tot een korte beschrijving van de Illuminati.

Het doel van het Illuminisme is het instellen van één wereldregering door het omverwerpen van de bestaande orde en het vernietigen van alle religies, met name het christendom. Het roept op tot een nieuwe wereldorde, de "Novus Seclorum" gedrukt op de achterkant van de 1-dollarbiljetten van de Federal Reserve. Het roept op tot terugkeer van de mensheid naar de Donkere Middeleeuwen, onder een feodaal systeem, waar absolute controle wordt uitgeoefend over elke persoon in de wereld. Zo'n systeem werd uitgeprobeerd in de Sovjet-Unie, geleid door de feodale heren van de Communistische Partij, en bijna overgenomen door de VS, Groot-Brittannië en de USSR, voordat het instortte omdat het onwerkbaar werd geacht. Het was dit systeem waar George Orwell voor waarschuwde.

De samenzweerders zijn bekend onder een aantal verschillende namen: de Venetiaanse zwarte adel, de aristocraten en koninklijke families, de Council on Foreign Relations, de Cini Foundation, de Fondi, enz. De oude families hebben de afgelopen vijf eeuwen absolute macht uitgeoefend, zowel in Europa, Mexico, Groot-Brittannië, Duitsland als in de Verenigde Staten. In de Sovjet-Unie zijn de oude families ("raskolniks") omvergeworpen en vervangen door een nieuw, veel repressiever stel aristocraten. Het plan was om alle naties onder leiding te stellen van het "Comité van 300".

De meeste leden van de oude Europese adel belijden het christendom als hun geloof, maar in werkelijkheid geloven ze er niet in en passen ze de beginselen ervan niet toe. Integendeel, de meesten van hen zijn cultusaanbidders. Zij geloven niet dat God echt bestaat. Zij geloven dat religie slechts een instrument is om de massa's gewone mensen te manipuleren en zo hun wurggreep op de bevolking te handhaven.

Karl Marx wordt ten onrechte gecrediteerd met zijn uitspraak dat religie het opium van de massa is. Maar deze doctrine werd al honderden jaren eerder geformuleerd en gevolgd, door de koninklijke families die regelmatig de christelijke kerk bezochten, met een uiterlijk vertoon van pracht en praal, lang voordat Marx het plan van Weishaupt mocht kopiëren en het als zijn eigen manifest mocht claimen.

Een van de oudste cultussen die door de Zwarte Adel op de voet wordt gevolgd is de cultus van Dionysus, die leert dat bepaalde mensen op aarde zijn geplaatst als de absolute heersers van de planeet, en dat alle natuurlijke rijkdommen en hulpbronnen van de aarde hen toebehoren. Dit geloof is ongeveer 4000 jaar geleden ontstaan, en de volgelingen ervan worden, net als nu, Olympiërs genoemd.

De Olympiërs maken deel uit van het Comité van 300. De bestendiging van de familielijn en haar heerschappij is het eerste geloofsartikel van de Olympiërs. Zij zijn overtuigd van de schaarste van natuurlijke hulpbronnen, met name olie, die voor hun exclusieve gebruik is gereserveerd. Zij beweren dat de olievoorraden veel te snel worden verbruikt en uitgeput door een snel groeiende bevolking van "nutteloze eters", mensen van weinig waarde. De Olympiërs verschillen van Weishaupt in die zin dat, terwijl de laatste een geformaliseerde groep wilde, een Novus Seclorum, een orgaan, dat de aarde openlijk zou besturen, de Olympiërs het hebben gedaan met een losse organisatie die moeilijk te identificeren is. De huidige Olympiërs hebben de draad weer opgepakt waar Weishaupt ophield, en dragen vele namen: de Club van Rome, de communisten, de zionisten, de vrijmetselaars, de Raad voor Buitenlandse Betrekkingen, het Koninklijk Instituut voor Internationale Zaken, de Ronde Tafel, de Milner Groep, de Trilaterale Commissie, de Bilderberg Groep en de Mont Pelerin Society, om er maar een paar te noemen. Er zijn vele andere in elkaar grijpende en overlappende samenzweerders. Geselecteerde leden vormen het Comité van

300 met de gekroonde hoofden van Europa. Al deze organisaties hebben één ding gemeen, en dat is de controle over alle natuurlijke hulpbronnen, met olie hoog op hun lijst.

De Club van Rome is de belangrijkste organisatie voor buitenlands beleid, die toezicht houdt op alle andere samenzweerders in de wereld.

Het hersenspoelen van hele naties is de specialiteit van het Tavistock Instituut, met behulp van methoden die in 1925 zijn ontwikkeld door brigadegeneraal John Rawlings Reese. Het was een van Reese's leerlingen die erin slaagde het Amerikaanse volk te doen geloven dat een kleine, obscure politicus uit Georgia, James Earl Carter, erin zou slagen de machtigste natie ter wereld te leiden. Men geloofde dat Carter het werktuig van de oliemaatschappijen zou zijn.

Het was het besluit van de Sjah om zijn land te bevrijden uit de wurggreep die de Britse en Amerikaanse imperialistische oliemaatschappijen, geleid door prominente leden van de Illuminati, over Iran hadden, dat tot zijn ondergang leidde - net als in het geval van Dr. Verwoerd van Zuid-Afrika en Generaal Somoza van Nicaragua.

Zoals beschreven in dit boek sloot de Sjah een aparte oliedeal met de Italiaanse ENI via haar voorzitter, Enrico Mattei. Hij deed dit ondanks Britse orders om alleen zaken te doen met Philbro, een gigantisch conglomeraat, en British Petroleum, onderdeel van wat Mattei "de zeven zusters" van oliemaatschappijen noemde. De Sjah begon ook aan een kernenergieprogramma ter waarde van 90 miljard dollar, ondanks orders van de Britse en Amerikaanse Illuminati-oliedirecteuren om dit niet te doen. Averell Harriman, de decaan van het corps diplomatique, werd naar Teheran gestuurd om een persoonlijke boodschap van Washington aan de Sjah af te geven: "Hou je aan de lijn, of je bent de volgende". Onder de relschoppers in de straten van Teheran was een mullah genaamd Ayatollah Khomeini, maar deze keer kwam hij in opstand tegen de Sjah, niet voor zichzelf. Om ervoor te zorgen dat de Sjah de boodschap kreeg, werd een lerarenstaking in Teheran georganiseerd door Richard Cottam, een professor aan de Universiteit van Pittsburgh. Dit is hoe de Verenigde Staten zich mengden in de soevereine zaken van Iran, in flagrante overtreding van de Amerikaanse grondwet en het internationaal recht, en dat alles in naam van de macht van de "Illuminati leiders" van het oliekartel.

Als reactie op dit verraad van de Amerikaanse imperiale macht, belde de Sjah met Kennedy en werd hij uitgenodigd op het Witte Huis in 1962. Een overeenkomst tussen Kennedy en de Sjah werd bereikt. Iran zou de onafhankelijke onderhandelingen met bedrijven als ENI beëindigen en alleen samenwerken met BP en Philbro; in ruil daarvoor zou de sjah premier Amini mogen ontslaan.

Maar bij zijn terugkeer in Teheran kwam de Sjah zijn deel van de overeenkomst niet na. Hij ontsloeg Amini en bleef zaken doen met ENI terwijl hij actief op zoek was naar oliedeals met verschillende andere landen. Woedend dat hij was bedrogen, ontbood Kennedy generaal Bakhtiar, toen in ballingschap in Genève. Bakhtiar arriveerde in 1962 in Washington en ging direct naar het Witte Huis.

Kort daarna braken ernstige rellen uit in Teheran, waarbij de Sjah de feodale heren veroordeelde die Iran wilden terugbrengen naar de donkere eeuwen van een seculiere staat. In totaal stierven zo'n 5.000 mensen als gevolg van de door Bakhtiar en de Verenigde Staten aangewakkerde rellen. Maar in 1970 was Bakhtiar's geluk op; hij kwam te dicht bij de grens met Irak en werd neergeschoten door een sluipschutter.

De wereldpers noemde het een "jachtongeluk", een dekmantel voor Bakhtiar's activiteiten tegen de Sjah, die in zijn memoires "In antwoord op de geschiedenis" schreef:

> "Ik wist het toen niet, misschien wilde ik het niet weten - maar het is me nu duidelijk dat de Amerikanen me weg wilden hebben. Wat moest ik denken van Ball's plotselinge benoeming in het Witte Huis als Iran-adviseur? Ik wist dat Ball geen vriend van Iran was. Ik begreep dat Ball werkte aan een speciaal rapport over Iran. Maar niemand informeerde mij ooit over de gebieden die het rapport zou

bestrijken, laat staan de conclusies. Ik las ze maanden later, toen ik in ballingschap was, en mijn ergste vrees werd bevestigd. Ball was een van die Amerikanen die mij, en uiteindelijk mijn land, in de steek wilden laten."

De Sjah begreep te laat dat wie bevriend was met Amerika, gedoemd was tot verraad, zoals blijkt uit de voorbeelden van Vietnam, Korea, Zimbabwe (Rhodesië), Angola, de Filippijnen, Nicaragua, Argentinië, Zuid-Afrika, Joegoslavië en Irak. Op dit punt moet de naam van de Amerikaanse generaal Huyser opnieuw worden genoemd. Van 4 januari tot 4 februari 1972 was generaal Huyser in Teheran. Wat deed hij daar? Zijn rol is nooit uitgelegd, noch door de generaal zelf, noch door iemand anders in de regering, maar later bleek dat hij samenwerkte met de CIA om een "verstoringsoperatie" uit te voeren. Het Iraanse leger was beroofd van zijn opperbevelhebber, de Sjah, en daarom leiderloos, terwijl Huyser het vacuüm opvulde en de rol van Judas speelde.

Hij haalde de Sjah over om Teheran te verlaten voor een "vakantie", wat volgens hem zou helpen de gemoederen van de menigte te bedaren. De Sjah accepteerde wat hij dacht dat een vriendelijk advies was en vertrok naar Egypte. In die tijd sprak generaal Huyser dagelijks met de Iraanse generaals. Hij vertelde hen dat ze de relschoppers niet mochten aanvallen, of de VS zouden militaire voorraden, reserveonderdelen en munitie afsnijden. Te zijner tijd zou Washington via de Sjah het bevel geven om de relschoppers aan te vallen, zei Huyser. Maar dat bevel kwam nooit.

Het 350.000 man sterke Iraanse leger werd effectief buitenspel gezet, en de man die deze verbazingwekkende prestatie leverde was generaal Huyser, die nooit ter verantwoording werd geroepen, zelfs niet door de Amerikaanse Senaat. Toen president Reagan in de jaren daarna in het Witte Huis kwam, wilde hij oprecht het Iraanse verhaal tot op de bodem uitzoeken; hij had generaal Huyser kunnen gelasten voor een Senaatscommissie te verschijnen om zijn rol uit te leggen. Maar president Reagan deed niets. Achter de schermen trok poppenspeler James Baker III van Baker en Botts aan de touwtjes. Dit oude advocatenkantoor uit Houston stond aan de basis van de "bescherming" van de belangen van zijn machtige oliemaatschappijen in Iran.

James Baker III zou een beslissende rol spelen in de aanloop naar de Golfoorlog van 1991. In 1990 liet James Baker III de wereld weten waarom de Verenigde Staten de olie van Irak en Iran begeerden:

> De economische levensader van de industriële wereld loopt vanuit de Golf en we kunnen niet toestaan dat een dictator als deze (Saddam Hoessein) op die levensader zit. Om dit terug te brengen tot het niveau van de gemiddelde Amerikaanse burger, zou ik zeggen dat het banen betekent. Als je het in één woord wilt samenvatten, is het "banen".

In de Amerikaanse grondwet staat dat de VS zich niet mogen bemoeien met de zaken van een soevereine natie, maar Baker en Botts, bij monde van James Baker III, meenden dat zij zich niet aan de grondwet hoefden te houden. De Sjah stond de grote oliemaatschappijen in de weg en kon niet worden toegestaan deze "economische levensader" te "zitten".

Even verontrustend is de rol die de regering Carter speelde bij de omverwerping van de Sjah. President Carter wist van tevoren dat de Amerikaanse ambassade zou worden bestormd als de Sjah zou worden toegelaten tot de VS, maar hij deed niets om de ambassade tegen een aanval te beschermen. Nadat Khomeini naar Iran was teruggekeerd, brachten de VS wapens en reserveonderdelen naar Iran, met Hercules- en 747-vrachtvliegtuigen uit New York, met tankstops op de Azoren.

De woordvoerder van de Britse regering, de *Wall Street Journal* en de *Financial Times* van Londen gaven dit vervolgens toe. Zij onthulden ook dat David Aaron van de CIA een team van zestig agenten had samengesteld die in januari 1979 naar Iran werden gestuurd, net toen generaal Huyser in Teheran aankwam. Het was vooral het Aspen Instituut, hoofdkwartier van het Comité van 300 in Amerika, dat het vertrouwen van de Sjah verraadde. Het vleide hem als een moderne leider, en als de Sjah een achilleshiel had, was het zijn gevoeligheid voor vleierij. Als resultaat van Aspen's vleierij, doneerde hij enkele miljoenen dollars aan het instituut. Aspen beloofde in Iran een symposium te organiseren met als thema "Iran, verleden, heden en toekomst". Aspen kwam zijn belofte na en het symposium werd gehouden in Persepolis, Iran. Het werd een gala, waarbij de Sjah en zijn vrouw de vooraanstaande aanwezigen op een maaltijd trakteerden. Als de Sjah goed was ingelicht, zou hij hen onmiddellijk hebben ontslagen. Maar mensen die de waarheid vertellen worden gestraft; zij bezetten niet de prestigieuze leerstoelen van beroemde universiteiten.

De Sjah kreeg een gloedvol verbaal portret van zijn verlichte bewind. Maar achter de schermen ontstond een heel ander beeld. Tien van de belangrijkste leden van de Club van Rome, waaronder het hoofd, Aurelio Peccei, waren aanwezig in Persepolis.

Andere notabelen waren Sol Linowitz van het advocatenkantoor Coudet Brothers en de man die ons later ons Panamakanaal schonk (een lid van het Comité van 300), Harlan Cleveland en Robert O. Anderson. Beide mannen waren prominente leden van het Aspen Instituut.

Anderen met kennis van het complot waren Charles Yost, Catherine Bateson, Richard Gardner, Theo Sommer, John Oakes en Daniel Yankelovitch, de man die de publieke opinie vormt door middel van opiniepeilingen. MI6 beschreef de gebeurtenis als het begin van "hervormingen" in het Midden-Oosten.

HOOFDSTUK 21

De reformatie en een blik op de geschiedenis

In de twintigste eeuw wordt de "hervorming" gestuurd door de Amerikaanse Anglofiel - de heersende elites - die gecentreerd waren rond een kerngroep rond de dynastieën Handyside Perkins, Mellon, Delano, Astor, Morgan, Straight, Rockefeller, Brown en Harriman, die onnoemelijk veel fortuin maakten met de opiumhandel met China. Veel van de grote oliemaatschappijen vinden hun oorsprong in dit milieu. De familie Bush, te beginnen met Prescott Bush, is altijd de satraap van de cabal geweest.

Het "Comité van 300", bestaande uit Amerikaanse imperialisten en hun handlangers van de Britse en Amerikaanse cabal, besloot vlak voor de Eerste Wereldoorlog dat olie de brandstof van de Britse marine en koopvaardij zou worden. Lord "Jacky" Fisher was de eerste die erkende dat de bunkerbrandstof van de Royal Navy moest komen van ruwe olie en niet van steenkool, zoals ik hierboven heb uitgelegd.

Toen Winston Churchill First Lord of the Admiralty werd, gaf hij MI6 de opdracht een plan op te stellen om de enorme olievelden van Mesopotamië in beslag te nemen, onder het doorzichtige voorwendsel "te voorkomen dat zulke grote oliereserves in Duitse handen zouden vallen". Nadat de Eerste Wereldoorlog erin geslaagd was "de wereld veilig te stellen voor de democratie", wilde het olie-imperium, dat niet terugdeinsde voor verantwoordelijkheid tegenover landen of naties, maar in feite een groep fascistische privé-ondernemingen was die de wereld regeerden, aan het begin van 1919 totale en onbetwistbare controle over de enorme oliereserves van het Midden-Oosten en het zuidelijke deel van de Sovjet-Unie. Daartoe financierden de "300" de nationalistische bewegingen die in Duitsland, Italië en Japan opkwamen, in de hoop dat zij Rusland zouden binnenvallen en controleren. De olie-exploitanten wilden de Duitse, Italiaanse en Japanse regeringen verslaan en de oliereserves van de Sovjet-Unie in handen krijgen. De Rockefeller-kring plande om de controle over olie uit de Perzische Golf over te nemen van het Brits-Perzische oliekartel en om de controle over olie uit Zuidoost-Azië over te nemen van Royal Dutch Shell. In 1939 en 1940 vielen de Duitsers en Italianen Rusland niet aan zoals de "Grote Drie" (een door Tavistock bedacht etiket) hadden gepland. In plaats daarvan lanceerde de briljante Duitse generaal Irwin Rommel zijn Woestijnleger dwars door Noord-Afrika om het Suezkanaal in te nemen en alle olietransporten die erdoor liepen te controleren. Rommel was niet van plan te stoppen bij Suez, maar was van plan door te gaan naar Perzië en de Britten te verdrijven uit de Perzisch-Mesopotamische olievelden. Ondertussen, na een mislukte aanval op Rusland in 1939, trokken de Japanners door Zuidoost-Azië en namen alle olie-eigendommen van Royal Dutch Shell in beslag. Maar met de nederlaag van Japan in 1945 kwamen de meeste van deze Koninklijke Nederlandse velden in handen van Rockefellers Standard Oil.

Hitler's hoge bevel had gepland om de olievelden van Roemenië en Baku in beslag te nemen voor het einde van 1939, om zo Duitsland's eigen oliebronnen veilig te stellen. En zo geschiedde. Vervolgens zou de briljante generaal Irwin Rommel, die het bevel voerde over het leger in Noord-Afrika, de Perzische olievelden veroveren in 1941 en de Russische olievelden in 1942. Alleen dan zou Hitler genoeg brandstof hebben om de toekomst van Duitsland veilig te stellen. Maar minder dan een week na de aanval op Pearl Harbor, overtuigden de Japanners Hitler om de oorlog te verklaren aan de Verenigde Staten. Dit was een strategische zet, want Hitler had niet de middelen of mankracht om oorlog te voeren tegen de Verenigde Staten.

Het was ook de grootste fout die hij had kunnen maken, want het gaf Roosevelt het excuus om de oorlog in te gaan aan de kant van de geallieerden, zoals Stimson, Knox en Roosevelt hadden gepland. Hitler ging alleen akkoord als de Japanners Rusland zouden aanvallen, omdat de Duitse troepen nu vastzaten in Rusland en Hitler een strategisch voordeel zou behalen als de Russen hun oostflank zouden moeten verdedigen tegen Japan. Toen de Japanners Rusland niet aanvielen, werd het Duitse leger teruggedrongen met zeer zware verliezen en onvoldoende brandstofvoorraden.

De Roemeense olievelden van Ploesti waren niet genoeg voor Duitsland om een tweefrontenoorlog te voeren, en de Duitse oorlogsinspanning begon in te storten door de verschrikkelijke bombardementen op Duitse arbeiderswoningen die Churchill en de "Bomber Harris" van de RAF doelbewust uitvoerden. De laatste grote Duitse campagne van de Tweede Wereldoorlog was de briljant geplande en uitgevoerde Slag om de Ardennen, waarin veldmaarschalk Gerd von Rundstedt met zijn pantser de binnenvallende geallieerden zou aanvallen, de haven van Antwerpen zou doorkruisen en de geallieerde brandstofdepots zou veroveren. Dit zou de Amerikaanse en Britse troepen tegenhouden en Duitsland van de brandstof voorzien die het nodig had om zijn oorlogsinspanningen voort te zetten. Maar generaal Eisenhower liet de geallieerde brandstofdepots verbranden en Duitsland werd verslagen door massale luchtbombardementen, zijn gevechtsvliegtuigen (waaronder de nieuwe tweemotorige jager) die niet konden opstijgen omdat ze geen brandstof hadden, en een lange periode van slecht weer.

Om terug te keren naar Rusland: in het begin van de jaren 1950 sloot Armand Hammer van Occidental Petroleum, een Rockefeller-satrap, een deal met de Russische leider Joseph Stalin om Russische olie te kopen, waarbij hij de olie in feite stal van het Russische volk, net zoals zou gebeuren met "Yukos" en het plan uit 2000 van de Wharton School in Chicago om Russisch nationaal bezit te "privatiseren". De Russische olie werd vervolgens op de wereldmarkt verkocht tegen een veel hogere prijs dan Stalin zou hebben verkregen door het zelf op de markt te brengen, aangezien weinig landen bereid waren olie van Stalin te kopen.

Occidental Petroleum en de Russen hebben twee grote pijpleidingen aangelegd van Ruslands Siberische olievelden langs beide zijden van de Kaspische Zee naar de voormalige reservoirs van het Brits-Perzische - nu Standard Oil - oliebedrijf in Iran.

Gedurende de volgende 45 jaar verscheepte Rusland in het geheim zijn olie via deze pijpleidingen en Standard Oil verkocht deze olie op de wereldmarkt tegen West Texas Crude prijzen, alsof het Iraanse olie was. Bijna vijftig jaar lang gebruikten de meeste Amerikanen gas dat door Standard Oil's raffinaderijen in grote zeehavens als San Francisco, Houston en Los Angeles, waar de meeste olie uit de Perzische Golf werd verscheept, uit Rusland werd geraffineerd.

Andere pijpleidingen werden aangelegd door Irak en Turkije. Russische olie werd nu Arabische, Iraakse en Midden-Oosterse OPEC-olie genoemd en begon te worden verhandeld in de vorm van OPEC-quota, tegen de nog hogere prijs van de "spotmarkt". De enorme zwendel die Kissinger met de "oliecrisis" van 1972 was begonnen, werd nu volledig erkend en geaccepteerd.

Tussen 1972 en 1979 werden tientallen miljoenen gedupeerde Amerikanen en Europeanen plotseling geconfronteerd met benzinetekorten en enorme prijsstijgingen, die zij zonder blikken of blozen accepteerden. Het was een van de meest succesvolle grootschalige zwendels in de geschiedenis, en dat is het nog steeds. In 1979 probeerden Russische oliebelangen een andere korte, veilige pijpleidingroute van Rusland door buurland Afghanistan te verkrijgen. Maar de CIA kreeg lucht van het project en creëerde uit het niets een organisatie die zij de "Taliban" noemde. Een van de leiders daarvan was een Saoediër genaamd Osama bin Laden, wiens familie lange tijd zeer nauwe banden had gehad met de familie Bush.

Gewapend door de CIA, gefinancierd door Washington en getraind door Amerikaanse special forces, gingen de Taliban tekeer tegen de Russen, die door Amerikaanse journalisten "de indringers" werden genoemd. De Taliban bleken geduchte guerrilla's en dwarsboomden de aanleg van de pijpleiding.

Maar dit alles had een keerzijde: de Taliban, die zeer strenge moslims zijn, stonden erop de handel in papaver en heroïne uit Groot-Brittannië en uit liberale families aan de oostkust van de Verenigde Staten te stoppen. Vanaf het begin was er dus sprake van een geplande veroudering voor de Taliban, die zich onbedoeld vastklampten aan alle door de Amerikanen geleverde wapens - en de grote voorraad Amerikaanse dollars. Verscheidene van hun leiders bezochten de Verenigde Staten en werden als eregasten ontvangen op de ranch van Bush in Texas.

Toen Khomeini's nieuwe door de Britten gecontroleerde Iraanse regime aan de macht kwam, dreigde de Amerikaanse olie-industrie, die de drijvende kracht is achter het imperialistische buitenlandse beleid van de Amerikaanse regering, onmiddellijk beslag te leggen op 7,9 miljard dollar aan Iraanse activa van Amerikaanse banken en financiële instellingen. Op 27 januari 1988 kondigde de *Wall Street Journal* aan dat Standard Oil was gefuseerd met British Petroleum.

Het was in feite de verkoop van Standard Oil aan British Petroleum, waarbij de naam van het nieuwe fusiebedrijf BP-America was. De *Wall Street Journal vond* het niet nodig om de bezorgdheid over de roofzuchtige wereldwijde marketingpraktijken van de misleidende naam Standard Oil te vermelden, noch om te berichten over het imperialistische beleid van Standard Oil. In de afgelopen 13 jaar is BP-America gefuseerd met en controleert nu alle "mini-ondernemingen" van het vroegere Standard Oil die bestonden vóór de eerste opsplitsing door de Amerikaanse regering in 1911.

Miljoenen Amerikanen hebben geen idee hoe zij zijn misleid door leugens, medeplichtigheid, verraad en bedrog. Zij blijven met de Amerikaanse vlag zwaaien en hun patriottisme verkondigen als de prachtige goede, patriottische, vertrouwenwekkende burgers die zij zijn. Ze zullen nooit weten hoe ze werden bedrogen en beroofd. We kunnen nu begrijpen hoe president George Bush opnieuw in staat was een natie die altijd bereid was blindelings te volgen, in een moeras in Irak te leiden.

De strijd om te overleven van kleine naties is niet alleen een strijd om te overleven tegen een meedogenloze vijand die hun civiele infrastructuur zal bombarderen en vernietigen, zoals de Verenigde Staten en hun gevolmachtigden, Israël en Groot-Brittannië, hebben laten zien in Irak, Servië en Libanon. Vandaag gaat de wanhopige strijd van de kleine naties tegen de Verenigde Staten en Groot-Brittannië om de overheersing van de hele aarde. Alleen Rusland staat tussen de imperialistische Verenigde Staten en de veiligheid van de wereld. Dit is geen strijd tussen individuele naties, maar een strijd tegen de door de Verenigde Staten opgelegde Nieuwe Wereldorde - een wereldregering.

Bin Laden en Saddam Hoessein werden de spreekbuizen van de nieuwe oorlogen tegen het Amerikaanse imperialisme, in feite een nieuwe en veel grotere oorlog om de olie van de Kaspische Zee, Irak en Iran, de "onbeperkte oorlog" die door de heer Bush was beloofd zonder een kik van het Amerikaanse Congres of een protest dat wat Bush voorstelde ongrondwettelijk was. Met 600 instemmende knikkende wetgevende hoofden kreeg Bush bevoegdheden waar hij volgens de hoogste wet van het land, de Amerikaanse grondwet, geen recht op had.

Terug naar de oliemachinaties in het Verre Oosten:

Aan het einde van de Tweede Wereldoorlog werd generaal Douglas MacArthur door president Truman benoemd tot militair gouverneur van Japan. De rol van MacArthur was die van assistent van Laurence Rockefeller, een kleinzoon van de oude "John D.". Tijdens de laatste zes maanden van de oorlog werden voorbereidingen getroffen voor een invasie van de Japanse eilanden. Okinawa werd veranderd in een groot munitiedepot. Sommige kroniekschrijvers die dicht bij MacArthur staan, geloven dat Truman Laurence Rockefeller de opdracht gaf de bewapening te overhandigen aan Ho Chi Minh van Noord-Vietnam voor het symbolische bedrag van één Amerikaanse dollar in ruil voor Ho's "medewerking en goede wil". Hadden de 55.000 soldaten die in Vietnam zouden sterven maar van de deal geweten, dan hadden ze het dak eraf gehaald. Maar zoals alle grote samenzweringen werd de stank zorgvuldig verborgen onder tonnen "luchtverfrisser" in de vorm van "goede betrekkingen" met de communisten in diplomatiek jargon. Vertaald betekende het "de Rockefellers de hand leggen op de aanzienlijke olievoorraden in de regio".

Hoe zit het met Frankrijk? Was Frankrijk niet een van de "geallieerden"? Was Frankrijk geen koloniale macht in Vietnam? Is het niet grappig hoe "onze kant" altijd "de geallieerden" is, terwijl het andere blok een donker, gemeen en slecht "regime" is.

Er zijn weinig antwoorden op de vraag waarom MacArthur zich afzijdig hield en Rockefeller de doden van de Tweede Wereldoorlog liet verraden. Eén man die het antwoord op deze vraag had kunnen hebben was Herbert Hoover, die later president van de Verenigde Staten werd. Hij voerde een onderzoek uit waaruit bleek dat enkele van de grootste olievelden zich bevonden voor de kust van het toenmalige Franse Indochina, in de Zuid-Chinese Zee. Het lijkt erop dat Standard Oil op de hoogte was van deze waardevolle studie. Dit was nog voordat offshore boren was bedacht en, in een herziening van de gebeurtenissen in de jaren 1920, zou een man genaamd George Herbert Walker Bush de CEO worden van een wereldwijde offshore boormaatschappij genaamd Zapata Drilling Company.

Toen de Tweede Wereldoorlog in 1945 eindigde, was Vietnam nog steeds bezet door de Fransen. De Vietnamezen leken de Fransen te mogen en hadden zelfs hun taal en veel van hun gebruiken overgenomen. Maar dat stond op het punt te veranderen. Lawrence Rockefeller kreeg de opdracht om Ho Chi Minh, de Vietnamese leider, een grote voorraad wapens van het Amerikaanse leger, opgeslagen in Okinawa, te overhandigen. Grote, omvangrijke en dure Amerikaanse wapens werden aan Ho Chi Minh overhandigd in de hoop dat Vietnam de Fransen uit Indochina zou verdrijven, zodat Standard Oil beslag kon leggen op de onontgonnen offshore-velden.

In 1954 versloeg de Vietnamese generaal Giap de Fransen bij Dien Bien Phu met wapens die dankzij Lawrence Rockefeller door het Amerikaanse leger waren geleverd. Wanhopige smeekbeden van de Fransen om Amerikaanse hulp bleven onbeantwoord. Was de regering Truman op de hoogte van dit plan? Natuurlijk! Wist het gedupeerde Amerikaanse volk het? Natuurlijk niet. Nu zijn geheime deals achter gesloten deuren standaard geworden voor de Amerikaanse regering.

De imperialistische cabal aan de poorten van Washington had echter geen rekening gehouden met de ondoorgrondelijkheid van het Oosten. Net toen de Rockefeller kliek zichzelf begon te feliciteren met een goed uitgevoerde klus, kwam Ho Chi Min terug op de overeenkomst.

Ho Chi Minh, die goed opgeleid en geïnformeerd was, was op de hoogte van het Hoover-rapport, waarin het bestaan van een enorme oliereserve voor de Vietnamese kust werd aangetoond, en hij had de VS handig gebruikt om hem te helpen zich te ontdoen van de Fransen voordat hij Rockefeller het vuur aan de schenen legde. In de jaren 1950 werd een methode ontwikkeld om olie onder water op te sporen door middel van kleine explosies in de diepte van het water, en vervolgens de geluidsecho's op te nemen die weerkaatsten tegen de verschillende rotslagen eronder. Onderzoekers konden dan de exacte locatie bepalen van de gebogen zoutkoepels die de olie bevatten die zich daaronder ophoopt.

Maar als deze methode zou worden gebruikt voor de Vietnamese kust op grond die Standard niet bezit of waarop Standard geen rechten heeft, zouden de Vietnamezen, Chinezen, Japanners en waarschijnlijk zelfs de Fransen naar de Verenigde Naties rennen om te klagen dat Amerika de olie steelt, en dat zou genoeg zijn om de operatie te stoppen.

Rockefeller en zijn handlangers, waaronder Henry Kissinger, wilden zijn belangen in offshore-olie langs de Vietnamese kust niet opgeven en begonnen Vietnam te verdelen in Noord en Zuid en haalden andere landen over dit voorbeeld te volgen. Na de kunstmatige verdeling van Vietnam in Noord en Zuid werd opnieuw gebruik gemaakt van de "kunstmatige situatie" die door Stimson en Knox was geformuleerd en gebruikt om de Verenigde Staten in Pearl Harbor tot de Tweede Wereldoorlog te dwingen. De weg was vrij voor de Verenigde Staten om de Noord-Vietnamezen uit de hele regio te verdrijven. Op instigatie van president Johnson ensceneerden de Verenigde Staten een valse aanval op Amerikaanse marinevernietigers in de Golf van Tonkin door "spook" torpedoboten die vermoedelijk behoorden tot de Noord-Koreaanse marine. President Johnson onderbrak de reguliere televisie-uitzendingen om de aanval aan te kondigen en vertelde zijn verbijsterde Amerikaanse publiek dat "op dit moment onze zeelieden voor hun leven vechten in de wateren van de Golf van Tonkin".

Het was goed toneel, maar dat was alles. Er zat geen greintje waarheid in Johnsons dramatische aankondiging. Het was allemaal een grote leugen. Het incident in de Golf van Tonkin werd door het Amerikaanse volk natuurlijk niet als een leugen gezien en zonder verder oponthoud stortten de Verenigde Staten zich in een nieuwe imperialistische olieoorlog, met rampzalige gevolgen.

Amerikaanse vliegdekschepen gingen voor Vietnam voor anker in de wateren boven de oliekoepels, en de strijd van de Amerikaanse oliebelangen om de Noord-Vietnamezen te verdrijven uit de olierijke vilaya onder het zand op de zeebodem begon. Zo heette het natuurlijk niet. Het is misschien overbodig te vermelden dat de oorlog in de gebruikelijke patriottische termen werd beschreven. Hij werd gevoerd om "de vrijheid te verdedigen", "voor de democratie", om "de verspreiding van het communisme te stoppen", enzovoort.

Op gezette tijden stegen straaljagers op van vliegdekschepen en bombardeerden locaties in Noord- en Zuid-Vietnam. Dan, volgens de normale militaire procedure, lieten ze bij hun terugkeer hun onbeveiligde of ongebruikte bommen in de oceaan vallen alvorens op de vliegdekschepen te landen. Hiervoor werden veilige munitiedroppingszones aangewezen, weg van de vliegdekschepen, direct boven de zoutkoepels waaronder de olie ligt.

Zelfs nabije waarnemers konden niet anders dan de vele kleine explosies opmerken die dagelijks plaatsvonden in de wateren van de Zuid-Chinese Zee en dachten dat het allemaal bij de oorlog hoorde. De vliegdekschepen van de Amerikaanse marine hadden operatie Linebacker One gelanceerd en Standard Oil was begonnen met zijn tienjarig onderzoek naar de zeebodem voor de kust van Vietnam. En de Vietnamezen, de Chinezen en alle anderen, inclusief de Amerikanen, wisten van niets. Het olie-onderzoek kostte Standard Oil nauwelijks een cent, want het werd betaald door de Amerikaanse belastingbetaler.

Twintig jaar later en ten koste van 55.000 Amerikaanse levens en een half miljoen Vietnamese doden, hadden Rockefeller en de Standard Oil cabal genoeg gegevens verzameld om precies aan te tonen waar de olievelden lagen, en kon de oorlog in Vietnam eindigen. De Vietnamese onderhandelaars waren niet bereid op te geven zonder concessies, dus werd Henry Kissinger, Nelson Rockefellers persoonlijke assistent, naar Parijs gestuurd als 'Amerikaanse onderhandelaar' (lees Rockefellers agent) bij de Parijse vredesbesprekingen en won daarbij de Nobelprijs voor de Vrede.

Dergelijke hypocrisie, ketterij en charlatanisme zijn onmogelijk te evenaren. Nadat de weemoedige echo's van de lange oorlog waren vervaagd, verdeelde Vietnam zijn offshore kustgebieden in talrijke oliepercelen en stond het buitenlandse bedrijven toe op deze percelen te bieden, op voorwaarde dat Vietnam een overeengekomen royalty ontving. Het Noorse Statoil, British Petroleum, Royal Dutch Shell, Rusland, Duitsland en Australië wonnen alle biedingen en begonnen in hun gebieden te boren.

Vreemd genoeg vond geen van de "concurrenten" olie. Maar de kavels waarop Standard Oil bood en die het toegewezen kreeg, bleken enorme oliereserves te bevatten. Hun uitgebreide onderwater seismisch onderzoek door US Navy bommenwerpers had vruchten afgeworpen.

Je zou denken dat het Amerikaanse volk, na alle gruwelijke misleidingen die het heeft moeten verduren door toedoen van de cabal die vastbesloten was hen te verraden tot slavernij aan een éénwereldregering, aan het eind van de jaren zeventig geleerd zou hebben geen greintje vertrouwen meer te hebben in hun regering en voor 100% te twijfelen aan alles wat Washington deed en zei, ongeacht wiens partij in het Witte Huis zat.

Dit was niet langer een conflict tussen individuele naties, maar een conflict gericht op totale overheersing van de gehele mensheid door middel van een Nieuwe Wereld Orde in een Eén Wereld Regering.

Gezond verstand zou een totaal wantrouwen tegen de overheid hebben voorgeschreven, het zou het zelfs hebben geëist. Maar nee, de domper en de slachting zouden doorgaan in een verhoogd tempo en met een grotere reikwijdte dan ooit, vijfenveertig jaar lang. Dit is waar het Amerikaanse volk nu is. Volledig verloren, zonder verhaal, met schijnbaar alle hoop vervlogen. Helaas zijn de honger en hebzucht van de olie-industrie niet aan het afnemen. De Amerikaanse en Britse dochterondernemingen van het Comité van 300 hadden een strategie ontwikkeld die hen volgens hun voorspellingen in staat zou stellen de totale controle over de energievoorziening van de wereld en de Euraziatische continenten te verkrijgen. Het begon in 1905 toen de Rothschilds de Japanners lanceerden tegen Rusland bij Port Arthur. Mao aan de macht brengen in China was een integraal onderdeel van hun visie. De "toekomstgerichte" strategie van de imperialist Donald Rumsfeld is gebaseerd op de dialectische benadering.

De VS beginnen met de verkoop van wapens aan een "bevriende" regering, zoals Panama, Irak, Joegoslavië/Kosovo, Afghanistan, Pakistan, de Taliban Mujahideen, Saoedi-Arabië, Chili en Argentinië, onder andere. Dan, terwijl de koordirigent zijn dirigeerstok opheft, begint het symfonieorkest van de media de ouverture: de 'bevriende' regering heeft een duister geheim; zij terroriseert haar eigen bevolking, en we moeten nu de rating van haar obligaties veranderen in 'junk' status.[9]

De slagwerksectie speelt tromgeroffel terwijl de kopersectie de waarheid verkondigt: dit is een "kwaadaardig regime", en er is niets aardigs aan. Het is een complete ommezwaai, maar de Amerikanen, met hun notoir korte aandachtsspanne, hebben niet in de gaten dat dit dezelfde regering is die we nog niet zo lang daarvoor zo vrolijk feliciteerden en waaraan we wapens verkochten. De heer Cheney speelt een hobosolo om duidelijk te maken dat dit "regime" nu een zeer reëel gevaar vormt voor de Verenigde Staten. We moeten deze natie nu gaan ontwortelen en we nemen niet eens de moeite om ons aan de Amerikaanse grondwet te houden; we verklaren de oorlog niet. Vreemd genoeg houden we ons niet aan onze eigen wetten, maar dat doet er niet toe, want het mediasymfonieorkest speelt een Gotterdammerung! Panama is op bevel van keizer G.W. Bush binnengevallen: Irak en Afghanistan weerklinken op het geluid van de mars van de Amerikaanse mariniers die bases hebben ingericht in het zojuist verslagen land, met het verklaarde doel "democratie" te brengen in de bezette landen.

Een meer realistische beoordeling laat al snel zien dat de hele operatie niets anders was dan imperialistische agressie en dat de machtige veroveraars een permanente militaire bezetting hebben opgezet die niets te maken heeft met "democratie", maar alles met de olie die onder het zand van deze landen schuilgaat.

Natuurlijk wordt ons niet verteld dat de militaire bases er zijn om de energiebronnen van dat land en de omringende landen te controleren. Het huidige buitenlandse beleid van de VS wordt beheerst door de doctrine van "totale overheersing"; de VS moeten overal militaire, economische en politieke ontwikkelingen beheersen als onderdeel van hun imperialistische rol.

Dit nieuwe tijdperk van imperiale strategie begon met de invasie van Panama, leidde vervolgens tot de zogenaamde Golfoorlog,

---

[9] Een denigrerende term die "waardeloos" betekent.

werd voortgezet met de door de VN gesanctioneerde oorlog in de Balkan, en breidt zich nu uit tot de nieuwe oorlogen tegen het terrorisme: Afghanistan, Irak, en verder tot Iran, waarvan de olie al lang wordt begeerd. Op 20 januari 2001 verklaarde de toenmalige minister van Defensie, Donald Rumsfeld, dat hij bereid was Amerikaanse strijdkrachten in te zetten in "15 andere landen" als dat nodig was om "het terrorisme te bestrijden".

De door de VN gesanctioneerde oorlog in de Balkan werd uitgelokt door olie en de dienstbaarheid van de pijpleiding voor olie van de Kaspische Zee naar de West-Europese markten via Kosovo naar de Middellandse Zee. Het Tsjetsjeense conflict draait om dezelfde vraag: wie controleert de pijpleiding? Toen Joegoslavië weigerde te capituleren en te buigen voor de dictaten van het Internationaal Monetair Fonds (IMF), lanceerden de Verenigde Staten en Duitsland een systematische destabilisatiecampagne, waarbij ze zelfs enkele veteranen van Afghanistan in deze "oorlog" inzetten.

Joegoslavië was verdeeld in volgzame ministaatjes, zoals gepland op de Bellagio-conferentie in 1972, en de voormalige Sovjet-Unie was ingedamd, althans dat dachten de Verenigde Staten. De de facto Amerikaanse bezetting van Servië (waar Amerika zijn grootste militaire basis bouwde sinds de Vietnamoorlog) was onderweg.

We gaan nu naar specifieke gebieden waar de olie-industrie van het imperialistische rijk controle over wil hebben.

Het gebied rond de Kaspische Zee is in het vizier van keizerrijk Amerika, omdat het beschikt over bewezen oliereserves van vijftien tot achtentwintig miljard vaten, plus geschatte reserves van 40-178 miljard, in totaal 206 miljard vaten - 16% van de potentiële oliereserves van de planeet (vergeleken met 261 miljard vaten Saoedische olie en 22 miljard vaten Amerikaanse olie). Dit zou een totale waarde van 3000 miljard dollar aan olie kunnen vertegenwoordigen.

Tot dusver is niemand in zicht en met een nieuwe bron van olie en gas in de Kaukasus wil Standard Oil een "democratie" creëren in Saudi-Arabië terwijl het een nieuw centrum van activiteiten ontwikkelt in Zuid-Azië. De enorme olie- en gasreserves in de Kaspische Zee moeten ofwel in westelijke richting naar de Europese markten ofwel in zuidelijke richting naar de Aziatische markten worden vervoerd. De westelijke route is om olie van Tsjetsjenië naar de Middellandse Zee te brengen via de Zwarte Zee en de Bosporus, maar het smalle Bosporuskanaal is al overvol met tankers uit de olievelden van de Zwarte Zee.

Een andere optie zou zijn olietankers vanuit de Zwarte Zee, om de Bosporus heen, via de Donau en vervolgens via een zeer korte pijpleiding door Kosovo naar de Middellandse Zee bij Tirana in Albanië te leiden. Dit proces werd echter tegengehouden door China. Zoals gemeld in een inlichtingenonderzoek.

Het andere probleem met de westelijke route is dat West-Europa een moeilijke markt is, gekenmerkt door hoge prijzen voor aardolieproducten, een vergrijzende bevolking en toenemende concurrentie van aardgas. Bovendien is de regio zeer concurrerend en wordt zij nu bediend door olie uit het Midden-Oosten, de Noordzee, Scandinavië en Rusland.

We weten dat Rusland op het punt staat een programma te starten waarbij de pijp door Oekraïne wordt uitgeschakeld, een wereldrecord voor diefstal van Russisch gas en olie dat de "Dame van de Oranje Revolutie", Julia Timosjenko, tot multimiljonair maakte.

De enige andere manier om olie en gas van de Kaspische Zee naar de Aziatische markten te krijgen is via China, waarvan de route te lang is, of via Iran, dat politiek en economisch vijandig staat tegenover de standaardoliedoelstellingen van de Verenigde Staten.

Zodra de Sovjets aan het eind van de jaren zeventig enorme nieuwe olievoorraden ontdekten in de Kaspische Zee, probeerden zij met Afghanistan te onderhandelen over de aanleg van een gigantisch noord-zuid pijpleidingsysteem om hun olie via Afghanistan en Pakistan naar de Indische Oceaan te brengen. Maar de Verenigde Staten, met de hulp van Saoedi-Arabië en

Pakistan, creëerden toen de "Taliban", een organisatie die nooit eerder had bestaan.

Amerikaanse imperialistische oliestrategieën werden daar geboren. De Verenigde Staten speelden in op de moslimreligie door Rusland voor te stellen als duivels en tegen moslims in de hele wereld.

Toen het Russische leger Afghanistan binnenviel, bewapende en trainde de CIA zijn "vrienden" en stuurde Osama bin Laden naar Kaboel om het verzet van de Taliban tegen de indringers te leiden. De Taliban werd een machtige macht die de Verenigde Staten zag als de "Grote Satan". Het resultaat was een langdurige oorlog tussen de Taliban en de Russische invallers, waarin de Taliban zegevierden. De CIA, bij monde van haar voormalige chef, George Bush de Oude, dacht op Bin Laden te kunnen rekenen vanwege zijn vele zakelijke banden met de familie Bush, maar toen de VS hem na het vertrek van de Russen meedogenloos in de steek lieten, raakte Bin Laden verbitterd en keerde zich tegen Washington en Riyad en werd hun ergste nachtmerrie.

Het was slechts een van de vele imperiale "geheime oorlogen" waarin de imperiale olie-industrie het buitenlands beleid van de VS bepaalde en het Amerikaanse leger gebruikte om dat beleid af te dwingen. Andere dergelijke oorlogen vonden plaats in Mexico, Irak, Iran, Italië en Venezuela. We weten nu dat Standard Oil de CIA beïnvloedde om de aandacht van de Amerikaanse regering te vestigen op het gevaar van een Russische noord-zuid oliepijpleiding door Afghanistan, en om toestemming en financiering te geven voor de training van gewapende moslimfundamentalistische groepen, waaronder Osama Bin Laden.

Het alternatieve Russische plan hield in dat de olie- en gasstroom naar West-Europa werd beheerst via hun pijpleidingen door de Zuid-Aziatische republieken van de voormalige Sovjet-Unie, namelijk Turkmenistan, Kazachstan, Oezbekistan, Tadzjikistan en Kirgizië. Deze republieken waren voorheen volledig verwaarloosd door de Verenigde Staten, maar kregen plotseling veel aandacht van de CIA, die hen het hof maakte met grote boeketten dollars en beloften van de toekomst.

De CIA maakte deze naties het hof als een vurige vrijer en kon dankzij deze list hun leiders ervan overtuigen dat Rusland hen niet als partners zou behandelen. Zo begonnen de voormalige staten van het Verre Oosten van de USSR Amerikaanse oliemaatschappijen te raadplegen en ontdekten al snel dat dit de echte bron was van het Amerikaanse buitenlandse beleid. De keizerlijke olie-industrie richtte nu haar volle aandacht op de voormalige Sovjet-staten van het Verre Oosten, net zoals ze in de pioniersdagen met Irak en Iran had gedaan. Onder leiding van Standard Oil werden plannen en scenario's uitgewerkt voor de Amerikaanse inval in deze Zuid-Aziatische republieken. Het Amerikaanse leger had al een permanente operationele basis gevestigd in Oezbekistan, opnieuw op verzoek van de olie-industrie. Het Tavistock Instituut werd ingeschakeld om de ware bedoeling te verhullen met een "blufhek" waarbij Kissinger's voormalige opperbevelhebber van de Italiaanse P2 metselaars, Michael Ledeen, betrokken was. Er wordt aangenomen dat Ledeen (die nu zijn Trotskistische en Bolsjewistische voetstappen heeft uitgewist en zichzelf heeft getransformeerd in een "neoconservatief") de list "een antiterroristische maatregel" noemde.

Om een dergelijke strategie te laten werken, moest Afghanistan de schuld krijgen van de aanslagen van 11 september, wat de perfecte dekmantel vormde voor de "verzonnen situatie". President Bush vertelde de wereld dat "de Taliban" verantwoordelijk waren voor de aanval op de Twin Towers, en voegde eraan toe dat het hoofdkwartier van de Taliban zich in Afghanistan bevond.

Natuurlijk was het "democratie brengen" aan de Afghanen terwijl men de afwezigheid van democratie bij de buren in Pakistan, met een dictator aan het hoofd, negeerde, een beetje een uitdaging, maar "innovatief denken" zorgde ervoor. Het Amerikaanse leger was nu precies waar de olie-industrie het nodig had.

HOOFDSTUK 22

De NAVO schendt haar eigen handvest

Voordat we overgaan tot de vraag wat er achter de NAVO-bombardementen op Servië zat, moeten we daaraan toevoegen dat Ledeen en zijn mede-neobolsjewieken Kristol, Feith, Perle, Wolfowitz en Cheney, hoe slim ze zichzelf ook vinden, op hun beste dag niet eens te vergelijken zijn met de Russische president Vladimir Poetin met migraine. Wat tijdens de NAVO (lees VS) aanval op Servië in 1999 duidelijk werd, was dat er stemmen opgingen die de sterke verdenking uitten dat de VS en Groot-Brittannië optraden namens de Albanese regering, die er al lang naar streefde de controle over Kosovo van Servië af te pakken. Albanië was de troef in het pijpleidingproject dat Groot-Brittannië en de VS van plan waren vanuit de Kaspische Zee door Albanië te laten lopen.

De pijpleiding zou Bulgarije, Macedonië en Albanië doorkruisen, van de haven van Burgas aan de Zwarte Zee tot Viore aan de Adriatische Zee. Bij volledige productie zou de pijpleiding 750.000 vaten per dag vervoeren. Het project is door de Britse regering goedgekeurd voor en namens BP (British Petroleum) en haar Amerikaanse partners.

Toen de toenmalige Britse minister van Buitenlandse Zaken Robin Cook ernaar werd gevraagd, spotte hij met het "idee" en noemde hij het onderzoek absurd. "Er is geen olie in Kosovo," zei Cook. Natuurlijk was dit waar, en door van de kwestie van olie in Kosovo een zeer simplistisch begrip te maken dat gemakkelijk van tafel kan worden geveegd, werden de onderzoekers buitenspel gezet. Het project van de trans-Balkan gasleiding heeft nooit het daglicht gezien in een Amerikaanse of Britse krant.

In mei 2005 heeft het Amerikaanse ministerie van Handel en Ontwikkeling een document gepubliceerd waarin de werkelijke reden voor de oorlog tegen Joegoslavië weliswaar niet wordt bevestigd, maar wel enkele belangrijke opmerkingen worden gemaakt.

> Interessant is dat ... de olie uit de Kaspische Zee snel de veiligheidscapaciteit van de Bosporus als scheepvaartroute zal overstijgen ... het (project) zal een constante bron van ruwe olie voor Amerikaanse raffinaderijen vormen en Amerikaanse bedrijven een sleutelrol geven in de ontwikkeling van de vitale oost-westcorridor, de privatisering door de Amerikaanse regering in de regio bevorderen en de snelle integratie van de Balkan met West-Europa vergemakkelijken.

De eerste stap in het plan werd gezet in juli 1993 toen Amerikaanse troepen naar de noordgrens van Macedonië werden gestuurd. Dit werd op zijn minst vreemd gevonden, maar het Amerikaanse volk scheen niet te merken dat de Amerikaanse "vredesmacht" niet naar gebieden werd gestuurd waar een conflict tussen Servië en de Albanezen bestond. Het Amerikaanse volk wist niet, toen alle "mensenrechten" in Servië zouden worden geschonden, dat het project van de trans-Balkan gaspijpleiding door Macedonië zou lopen bij Skopje, slechts 15 mijl van de Servische grens.

Washington zei dat het Servische expansie naar Macedonië wilde voorkomen, wat nooit de bedoeling was. Maar net als de leugens van de regering-Bush in de aanloop naar de Golfoorlog van 1991, toen Bush de Saoedi's waarschuwde dat Saddam Hoessein niet zou stoppen met de invasie van Koeweit, maar dat hij na de invasie Saudi-Arabië zou binnenvallen, werkte de leugen.

Over het werkelijke doel van de aanwezigheid van het Amerikaanse militaire contingent aan de Macedonische grens werd met geen woord gerept, en al helemaal niet over het feit dat het onderdeel was van een in mei 1993 gesloten overeenkomst voor de aanleg van de trans-Balkan gaspijpleiding. Hoewel de pijpleiding niet door Servië loopt, had de Albanese president die de vergadering bijwoonde die het startsein gaf, een boodschap voor Groot-Brittannië en de Verenigde Staten die luid en duidelijk was:

Persoonlijk geloof ik dat geen enkele oplossing binnen de grenzen van Servië duurzame vrede zal brengen.

Diplomaten op de vergadering waren unaniem in hun conclusie dat wat hij zei was dat als de VS en Groot-Brittannië de toestemming van Albanië wilden voor de trans-Balkanpijpleiding, Kosovo onder Albanese jurisdictie moest worden geplaatst. Met 600 miljoen dollar per maand op het spel lanceerden de VS en Groot-Brittannië hun laffe aanval op het olieloze Servië onder de dekmantel van de NAVO, in de valse zaak van het beëindigen van Servische misbruiken tegen Albanese onderdanen in Kosovo. De woorden van Robin Cook klinken vandaag nog holler dan toen hem werd gevraagd waarom Groot-Brittannië Servië aanviel:

"We hebben laten zien dat we bereid zijn tot militaire actie, niet om grondgebied in te nemen, niet om uit te breiden, niet voor minerale bronnen. Er is geen olie in Kosovo. De Socialistische Arbeiderspartij blijft zeggen dat we dit doen voor olie, wat zeer verbijsterend is, want er is alleen vuile bruinkool, en hoe eerder we ze aanmoedigen om iets anders te gebruiken dan vuile bruinkool, hoe beter. Deze oorlog wordt niet gevoerd om grondgebied te verdedigen, maar om waarden te verdedigen. Dus hier kan ik zeggen... het buitenlands beleid is geleid door deze zorgen."

Bukarian zou trots zijn geweest dat Robin Cook zo overtuigend kon liegen.

De Kaspische energie, die de reserves van de Noordzee vertegenwoordigt (ongeveer 3% van de totale olie en 1% van het gas in de wereld), is van strategisch belang voor Groot-Brittannië en de Verenigde Staten, zo belangrijk dat zij besloten een oorlog tegen Joegoslavië te beginnen om Albanië tegemoet te komen.

De echte reden om zich te ontdoen van de Servische leider Slobodan Milosevic was diens vastberadenheid om de Albanezen uit de provincie Kosovo te verdrijven. Dit zou jarenlang tot aanhoudende onrust hebben geleid, en zou kredietverlenende banken hebben doen aarzelen om zich te verbinden tot grootschalige financiering van de trans-Balkanpijpleiding.

Sinds het begin van de jaren negentig hebben Britse en Amerikaanse oliemaatschappijen zoals Chevron-Amoco Socar en BP zwaar geïnvesteerd in het Kaspische bekken. TRACEA (Transportcorridor Europa-Kaukasus-Azië) werd opgericht in 1993. IOGATE (Interstate Oil and Gas Transportation to Europe) werd opgericht in 1995. SYNERGY is opgericht in 1997. AMBO (Albanian Macedonian Bulgarian Oil Pipeline Corp) werd gefinancierd door OPIC (Overseas Private Investment Corporation). Niet verrassend werden Amerikaanse troepen naar de Macedonische grens gestuurd om als huurlingen voor de olie-industrie op te treden.

Maar in het Eastern Europe Energy Report 20, June 1995 Second Black Sea Oil Pipeline stond dat "de gevechten in Joegoslavië als een enorme wegversperring voor alles zijn", waardoor deze veelbelovende ontwikkeling, waarvoor de regering Clinton al 30 miljoen dollar had uitgetrokken in het kader van haar ontwikkelingsinitiatief voor de zuidelijke Balkan (SBDI), in het gedrang kwam.

Een jaar voordat de NAVO-bombardementen begonnen, kwam de Raad van de Europese Unie (EU) bijeen om een "Verklaring over de Kaspische Energiepijpleiding" te bespreken. Deze werd voorgezeten door Robin Cook en was in feite een verklaring dat de Servische gevechten moesten worden opgelost. De conclusies kunnen niet genoeg worden getrokken.

De propaganda die aan de bombardementen voorafging was totaal en wereldwijd. De hele wereld werd wijsgemaakt, en deed dat ook, dat de oorlog van de NAVO (lees VS) tegen Joegoslavië bedoeld was om een einde te maken aan het etnische geweld dat in Servië zou plaatsvinden en aan de schendingen van de mensenrechten van de Albanezen in Kosovo. Willi Munzenberg zou het volledig hebben goedgekeurd. In mijn boek "The Committee of 300", en "the Tavistock Institute for Human Relation", wordt de carrière van de grootste propagandameester die ooit heeft geleefd, Willi Munzenberg, behandeld.

Hij had Lenin vergezeld naar ballingschap in Zwitserland, en nadat Lenin was teruggestuurd naar Rusland met de "verzegelde trein", werd Munzenberg zijn directeur van Volksverlichting. Hij was verantwoordelijk voor de opleiding van vele GRU-officieren en spionnen, waaronder de beroemde Leon Tepper, meesterspionnenleider van de Rot Kappell ("Rood Orkest") die alle westerse inlichtingendiensten, waaronder MI6, drie decennia lang voor de gek hield.

John J. Maresca. Vice President van Internationale Betrekkingen bij Unocal Corporation, had het volgende te zeggen over Kaspische olie:

"Mijnheer de Voorzitter, de Kaspische regio bevat enorme onaangeboorde koolwaterstofreserves. Om u een idee te geven van de omvang: de bewezen aardgasreserves bedragen meer dan 236 biljoen kubieke voet. De oliereserves in de regio kunnen oplopen tot meer dan 60 miljard vaten olie. Sommige schattingen gaan uit van 200 miljard...

Eén groot probleem blijft: hoe krijgen we de enorme energiebronnen van de regio naar de markten waar ze nodig zijn? Centraal Azië is geïsoleerd... Elk van deze landen staat voor moeilijke politieke uitdagingen. Sommige hebben onopgeloste oorlogen of sluimerende conflicten... Bovendien vormt de bestaande pijpleidinginfrastructuur in de regio een belangrijke technische hindernis voor het vervoer van olie. Omdat de pijpleidingen in de regio zijn aangelegd tijdens de door Moskou beheerste Sovjetperiode, lopen zij meestal naar het noorden en westen van Rusland, zonder verbindingen naar het zuiden en oosten. Vanaf het begin hebben wij duidelijk gemaakt dat de aanleg van de door ons voorgestelde pijpleiding in Afghanistan niet kon beginnen voordat er een erkende regering was geïnstalleerd en deze het vertrouwen had van regeringen, geldschieters en ons bedrijf."

Dus nu weten we waarom de VS een oorlog voeren in Afghanistan. Het heeft weinig te maken met 9/11 en de Taliban, maar alles met de vestiging van een Amerikaanse marionettenregering in dat land als onderdeel van de imperiale geopolitiek van olie. We weten nu ook de echte reden waarom de NAVO Servië aanviel. De vete met Albanië verstoorde de regering die betrokken was bij het pijpleidingproject in het Kaspische bekken.

Rusland speelt in op de valse bewering dat de Verenigde Staten "de enige supermacht" zijn en doet alsof het zich niet verzet tegen de Amerikaanse invallen in Afghanistan, omdat Rusland er erg blij mee is dat Amerika tegelijkertijd in Irak en Afghanistan vastzit. President Poetin is een meester in "maskirovka" (misleiding) en terwijl de regering-Bush in Washington zichzelf feliciteerde met de nederlaag van Rusland, onderhandelde Poetin met China en de voormalige Aziatische gebieden van de USSR om een alliantieblok te vormen om de imperialistische expansieplannen van de Verenigde Staten te beteugelen. Onder leiding van Poetin zijn China en Rusland toegetreden tot de Shanghai Cooperation Organisation (SCO), die China, Rusland, Kazachstan, Kirgizië, Tadzjikistan en Oezbekistan omvat. China trad toe tot de SCO om zich economisch, militair en politiek op één lijn te brengen met Rusland. Het nieuwe SCO-pact vervangt het Rockefeller-Li familiepact, dat bijna vier decennia heeft geduurd.

Het Russische lidmaatschap van de SCO is een poging om zijn traditionele hegemonie in Centraal-Azië te handhaven. De onderliggende logica van de SCO is de controle over de enorme olie- en gasreserves van haar leden. De vrees van Rusland, China, India en andere SCO-landen dat Afghanistan en Irak de basis zouden worden voor operaties om regimes in Zuid-Azië en het Midden-Oosten te destabiliseren, te isoleren en onder controle te krijgen, bleek gegrond, maar kon gemakkelijker worden weggenomen toen de SCO werd opgericht en opereerde onder leiding van president Poetin.

Een blik op een kaart van het Midden-Oosten leert dat Iran

tussen Irak en Afghanistan ligt, en daarom heeft Bush Iran opgenomen in de "As van het Kwaad". De imperialistische strategie van de VS is erop gericht Rusland aan de zijlijn te houden terwijl de VS hun verovering van de regio voltooien, en permanente militaire posten op te zetten zonder dat Rusland of China daar bezwaar tegen hebben. De volgende fase is de aanleg van een pijpleiding door Turkmenistan, Afghanistan en Pakistan om olie naar de Euraziatische markten te brengen.

Het pijpleidingproject wordt geleid door Unocal namens Standard Oil. Unocal probeert al tientallen jaren een noord-zuid oliepijpleiding aan te leggen door Afghanistan en Pakistan naar de Indische Oceaan. President Karzai, de marionettenpresident van Washington in Afghanistan, was een voormalige topman in de Afghaanse avonturen van Unocal. Karzai was in feite de hoogste leidinggevende van Unocal die namens zijn bedrijf onderhandelde. Hij is ook het hoofd van de Durrani Pashtun-stam.

Als lid van de Mujahideen die in de jaren tachtig tegen de Sovjets vochten, was Karzai een bevoorrecht contact voor de CIA. Hij onderhield nauwe betrekkingen met CIA-directeur William Casey, vicepresident George Bush en hun Pakistaanse Inter Service Intelligence (ISI). Nadat de Sovjet-Unie Afghanistan had verlaten, sponsorde de CIA de verhuizing van Karzai en een aantal van zijn broers naar de Verenigde Staten.

Volgens een verslag in de *New York Times*:

> In 1998 trok het Californische bedrijf Unocal, dat een belang van 46,5% had in Central Asia Gas (Cent Gas), een consortium dat een zeer lange gaspijpleiding door Afghanistan plande, zich terug na verscheidene jaren van mislukte pogingen. De pijpleiding zou 7.277 km lopen van de Dauletabad-velden in Turkmenistan naar Multan in Pakistan, een afstand van 1.271 km. De kosten werden geraamd op 1,9 miljard dollar.

Wat het bedrijf niet meteen duidelijk maakte, was dat het pijpleidingproject was mislukt door het ferme verzet van Bin Laden en de Taliban. Een extra 600 miljoen dollar had de pijpleiding naar het energie hongerige India kunnen brengen. Hier komt Haliburton, het bedrijf van vice-president Dick Cheney, om de hoek kijken. De Russische militaire inlichtingendienst meldde sinds 1998 dat de Amerikanen een grote olie-onderneming in Azerbeidzjan planden en dat Dick Cheney op het punt stond een contract te ondertekenen met de nationale oliemaatschappij van Azerbeidzjan voor de bouw van een 6000 vierkante meter grote marinebasis ter ondersteuning van de te bouwen offshore olieboorplatforms in de Kaspische Zee.

Op 15 mei 2001 werd in een verklaring van Cheney's kantoor gezegd dat de nieuwe Haliburton-basis zou worden gebruikt om "Haliburton's catamaran kraanschip, de Qurban Abbasov, te ondersteunen bij komende offshore en onderzeese pijpleidingleggingsactiviteiten". Zoals vermeld werd de vorige overeenkomst van Unocal met de Taliban in 1998 opgezegd omdat het duidelijk was geworden dat de Taliban alle andere Afghaanse stammen tegen het bedrijf zou kunnen keren, waardoor het politieke klimaat voor een noord-zuid pijpleidingproject zou worden gedestabiliseerd.

Hoewel ik er niet helemaal zeker van kan zijn, zijn er aanwijzingen dat op dit kritieke moment een nieuwe "oorlog tegen het terrorisme"-truc werd bedacht door Unocal-Haliburton en Standard Oil. Dick Cheney bracht "de oplossing" naar de Amerikaanse regering. 11 september was het voorwendsel om Amerikaanse troepen naar Afghanistan te sturen voor een "oorlog tegen terreur".

De propagandamolens spuien een litanie van "redenen" waarom de Amerikaanse troepen zich naar Afghanistan moesten haasten. Het schijnt dat de door Bin Laden geleide Taliban "grote terroristische aanslagen over de hele wereld en tegen Amerikaanse faciliteiten in het buitenland" planden. Er is geen greintje echt bewijs geleverd om deze bewering te staven, maar het altijd medeplichtige en misleide Amerikaanse volk heeft het als "evangelie" aanvaard.

Tegen 2006 waren de transparante motieven achter de oorlog van de olie-industrie tegen Afghanistan voor iedereen duidelijk. Op 2 januari 2002 ging het pijpleidingproject weer een stap vooruit, toen de Amerikaanse ambassadeur in Pakistan, Wendy Chamberlain, namens Standard Oil, een reeds lang bestaande toezegging nakwam om de Pakistaanse minister van Olie, Usman Aminuddin, te ontmoeten. De focus van hun ontmoeting lag op plannen om verder te gaan met de Noord-Zuid-pijpleiding en Amerikaanse financiering voor de bouw van Pakistaanse olieterminals aan de Arabische Zee voor de pijpleiding.

President Bush heeft herhaaldelijk verklaard dat het Amerikaanse leger in Afghanistan zal blijven. Waarom zou dit het geval zijn als de VN-troepen het moeten overnemen zodat het Amerikaanse leger naar huis kan terugkeren? Het antwoord is dat de VN-troepen zullen dienen als een paramilitaire politiemacht, zodat Amerikaanse soldaten worden vrijgelaten om toezicht te houden op de aanleg van de Noord-Zuid-pijpleiding. Volgens sommige berichten zullen zij ook toezicht houden op de opiumpapavervelden, maar ik heb geen bevestiging van deze missie gezien. Deze taak is gegeven aan een Britse troepenmacht.

President Bush' recente benoeming van Zalmay Khalilzad, een onbekende Afghaan, in zijn nationale veiligheidsteam heeft de wenkbrauwen doen fronsen. We denken dat we deze schijnbaar ongewone benoeming kunnen verklaren. Khalilzad was een voormalig lid van het CentGas project. Khalilzad is onlangs benoemd tot speciaal gezant van de president voor Afghanistan. Hij is een Pashtun, en de zoon van een voormalig regeringsfunctionaris onder Koning Mohammed Zahir Shah, en hij was er om ervoor te zorgen dat het pijpleidingproject volgens schema zou verlopen en om rechtstreeks aan de president verslag uit te brengen over eventuele vertragingen of haperingen in de voortgang van het plan.

Zijn benoeming werd gesteund door Condoleezza Rice, die lid was van de raad van bestuur van Chevron, hoewel nooit duidelijk is geworden wat zijn precieze rol bij Chevron was. Naast adviseur van de Rand Corporation was Khalizad een speciale liaison tussen Unocol en de Taliban-regering en werkte hij aan diverse risicoanalyses voor het project.

Nu de Afghaanse sector van de "oorlog tegen het terrorisme" als "geregeld" wordt beschouwd - hoewel dit volgens ons verre van het geval is, en er permanente Amerikaanse militaire bases zijn in Oezbekistan en Afghanistan - in welk olierijk land kunnen we verwachten dat de verkenners van Standard Oil zullen infiltreren in hun zoektocht naar meer olie? De Amerikaanse regering zegt dat ze moet blijven zoeken naar olie, en idealiter (vanuit dit oogpunt) bevinden de meeste van die plaatsen zich in landen die zijn aangewezen als onderdak voor terroristen: Irak, Syrië, Iran en Zuid-Amerika, met name Venezuela en Colombia. Sommigen zullen zeggen: "Hoe handig".

Maar de keizerlijke oliestrijders gingen ook op zoek in de achtertuin van Rusland, in Siberië. EXXON, Mobil, Royal Dutch Shell en het Franse Total SA wonnen in de jaren negentig contracten van de toenmalige USSR voor het zoeken naar olie en aardgas in het Noordpoolgebied. De niet-verklaarde, ongrondwettelijke en dus criminele oorlog van Bush de Oude, de Golfoorlog van 1991, leidde ertoe dat Koeweit nog meer van het enorme Rumaila-olieveld in het zuiden van Irak stal dan de eerste keer.

Dit gebeurde door na de oorlog eenzijdig de grenzen van Koeweit uit te breiden. De illegale inbeslagname van Iraakse eigendommen leidde tot veel ongewenste represailles van Irak. Door de "nieuwe grens" kon Koeweit, gecontroleerd door BP en Standard Oil, zijn vooroorlogse olieproductie verdubbelen. Het historische en ware verslag van de creatie van "Koeweit" door het Britse leger in 1921 is het trekken van een willekeurige lijn door het midden van de Rumaila olievelden en vervolgens het gestolen land "Koeweit" te noemen.

Het volgende is een uittreksel uit een artikel gepubliceerd in de Oil Analyst:"

Van Irak, dat onlangs een olieveld in de westelijke woestijn heeft ontdekt, wordt algemeen aangenomen dat het meer olie heeft dan Saoedi-Arabië wanneer zijn velden eenmaal zijn geëxploiteerd.

Vóór de illegale Amerikaanse invasie van Irak in 2003 produceerde het land 3 miljoen vaten per dag, waarvan het grootste deel naar de wereldmarkten werd verscheept via een programma onder toezicht van de VN, dat een klein deel van de opbrengst bestemde voor voedsel en medicijnen voor het Iraakse volk in het kader van het "olie-voor-voedsel"-programma. Irak kon nog steeds een deel van zijn olie uitvoeren naar Syrië, die het doorverkocht als Syrische olie.

In september 2001 begon het Bush-regime Irak te bedreigen, maar in werkelijkheid was het rampenplan om Irak binnen te vallen al enkele maanden eerder opgesteld. De dreiging was gericht tegen Frankrijk en Rusland. Deze twee landen waren begonnen belangrijke handel met Irak te ontwikkelen en Dick Cheney, de nieuwe keizerlijke olieprins, vond dit helemaal niet leuk. De realiteit is dat Amerikaanse bedrijven, met name Cheney's Haliburton Oil Company en General Electric (GE), miljarden verdienen aan de verkoop van goederen en diensten in Irak. Geen enkele inmenging zou worden toegestaan. Vóór de oorlog van 2003 probeerde Irak in de gunst te komen bij de leden van de Arabische Samenwerkingsraad van de Golf (GCC): Bahrein, Koeweit, Oman, Qatar, Saudi-Arabië en de Verenigde Arabische Emiraten (VAE), om steun te krijgen voor de opheffing van de VN-sancties tegen het land.

Gealarmeerd door deze onverwachte ontwikkeling vroegen de leiders van het buitenlands beleid van Standard Oil aan Big Brother Amerika om de GCC-leden te dreigen Irak niet toe te laten of de gevolgen onder ogen te zien. Rusland begon "een alomvattende regeling" van de sanctiekwestie te eisen, met inbegrip van maatregelen die leiden tot de opheffing van het militaire embargo tegen Irak. Op 24 januari 2002 sprak de Russische minister van Buitenlandse Zaken Igor Ivanov zich krachtig uit tegen elke militaire interventie van de VS in Irak. De Russische oliemaatschappij Lukoil en twee Russische overheidsinstellingen hadden een 23-jarig contract getekend voor de exploitatie van het West-Qurna-olieveld in Irak.

Volgens het contract zou Lukoil de helft ontvangen, Irak een kwart en Russische overheidsinstellingen een kwart van de 667 miljoen ton ruwe olie uit het olieveld, een potentiële markt van 20 miljard dollar. Irak is Rusland nog minstens 8 miljard dollar schuldig uit de tijd van de Koude Oorlog, toen Rusland Irak als cliëntstaat bewapende. Maar Rusland verzette zich om andere redenen tegen het "Amerikaanse imperialisme". Misselijk geworden door de brutaliteit van 76 dagen en nachten bombarderen van Servië op instigatie van de Amerikaanse minister van Buitenlandse Zaken Madeline Albright, was het Russische leger vastbesloten de VS niet weg te laten komen met een tweede aanval op een klein land.

Russische speciale troepen hadden zich naar Pristina in Servië gehaast om het vliegveld te beveiligen tegen de komst van Amerikaanse troepen, in de hoop dat zij zouden worden aangevallen en zich dan aan de zijde van Servië in de oorlog konden mengen. Alleen de terughoudendheid van de Britse bevelhebber ter plaatse kon het uitbreken van de Derde Wereldoorlog voorkomen. Rusland, nog steeds beduusd van de plundering en verkrachting van Servië, zinde op wraak.

Een angstig Washington pendelde heen en weer met Moskou in een poging Rusland te kalmeren, en na nog steeds geheime onderhandelingen werd de situatie onschadelijk gemaakt. In 2001 kreeg Rusland voor 1,3 miljard dollar aan oliecontracten in het kader van het "olie voor voedsel"-programma van de Verenigde Naties, waardoor Irak olie kon verkopen om voorraden te kopen om de Iraakse burgers te helpen.

In september 2001 kondigde het Iraakse ministerie van Olie aan dat het van plan was Russische bedrijven contracten ter waarde van nog eens 40 miljard dollar toe te kennen zodra de VN-sancties waren opgeheven.

In februari 2002 verklaarde de Russische minister van Buitenlandse Zaken Igor S. Ivanov dat Rusland en Irak het eens waren over extremisme en terrorisme en dat de door de VS gesteunde sancties tegen Irak contraproductief waren en moesten worden opgeheven. Verder benadrukte hij dat Rusland fel gekant is tegen "de uitbreiding of toepassing van de internationale antiterrorismeoperatie op elke willekeurig gekozen staat, met inbegrip van Irak". De retoriek neemt toe nu Rusland probeert zijn vetorecht in de VN-Veiligheidsraad te gebruiken om alle sancties tegen Irak tegen te houden.

Toen, in 2003, schond de imperiale Republikeinse oorlogspartij Standard Oil-Bush, gesteund door zijn neobolsjewistische bondgenoten, op grove wijze de Amerikaanse grondwet, het internationaal recht en de vier Verdragen van Genève, door in allerijl een bombardement op Bagdad te lanceren. De illegale oorlog tegen Irak maakte een einde aan alle permanente overeenkomsten van Irak met Rusland, Duitsland en Frankrijk. Zonder dat het oliekartel Seven Sisters het wist, zouden slechts drie jaar later ernstige vergeldingsmaatregelen volgen. De verontwaardiging van de Europese landen tegen Bush en de neobolsjewistische aanval op Irak was onmiddellijk.

Het kinderachtige excuus aan de wereld was dat Irak over "massavernietigingswapens" beschikte die het tegen Groot-Brittannië wilde gebruiken. Mevrouw Rice, onervaren, dwaas en politiek onwetend, voegde daar haar onheilspellende waarschuwingen aan toe dat de Amerikanen "paddestoelwolken" boven hun grote steden zouden zien als ze niet werden tegengehouden. Zes jaar later wachten we nog steeds op deze "wolken". De grote leugen van Tavistock werd door ongeveer 75% van het Amerikaanse volk geaccepteerd. Hoewel tientallen deskundigen naar voren kwamen om Bush en Blair's beweringen over massavernietigingswapens te bespotten en te ontkennen, bleven de twee mannen volharden in hun leugen totdat deze letterlijk onder hun voeten van klei afbrokkelde. Maar het deed er niet toe. De imperiale diplomatie van Standard Oil had gezegevierd, Amerikaanse agressie had hen verzekerd van Iraakse olie, en de oorlog zou toch niet duren, zo werd de wereld verteld. Amerikaanse troepen snelden door de woestijn van Koeweit en zouden weldra Bagdad binnenvallen.

De verandering in de loyaliteit van China werd niet in aanmerking genomen door de planners van Bush. Bush was van mening dat China nog steeds gebonden was aan het Rockefeller-Li familie pact van 1964. Maar de plannen om het olie-imperialisme van Standard Oil/Bush uit te breiden botsten met de groeiende belangstelling van China om landen in het Midden-Oosten te steunen in hun strijd tegen de VS. Tijdens het bezoek van de Jordaanse koning Abdullah II aan China in januari 2002 zei de Chinese president Jiang Zemin dat China sterkere banden wilde met de Arabische landen om de vrede tussen Israël en de Palestijnen te helpen bevorderen. Deze verklaring schokte het Amerikaanse ministerie van Buitenlandse Zaken. Tot ontsteltenis van president Bush en minister van Buitenlandse Zaken Rice stond China klaar om in te grijpen als de neobolsjewieken hun krankzinnige plan om Iran aan te vallen zouden doorzetten, daarbij voorbijgaand aan het feit dat de grondwettelijke bevoegdheid om Amerikaanse strijdkrachten in te zetten in welk land dan ook volledig ontbrak.

China heeft zijn standpunt duidelijk gemaakt door zijn versie van de "Exocet", een kruisraket die de Amerikaanse marine grote schade kan toebrengen, aan Iran te leveren. De olie-imperialisten blijven hun imperium in het Midden-Oosten uitbreiden, met name via Irak. Bolton werd, met dank aan het Witte Huis, bij de VN geïnstalleerd door machtsmisbruik, in een benoeming per uitvoerend bevel, toen zijn geschiktheid voor het ambt was afgewezen door de Amerikaanse Senaat. (Een paar jaar later werd hij op staande voet verwijderd.) De president is verre van grondwettelijk gemachtigd om benoemingen per uitvoerend bevel te doen, behalve wanneer het "noodzakelijk en gepast" en een kwestie van urgentie is. In het geval van Bolton was het zeker niet "noodzakelijk" of "gepast", omdat de Senaat al geweigerd had Bolton te bevestigen en dus was de "reces" benoeming een misbruik van grondwettelijke macht en procedure. Maar de Standard Oil/Bush-imperialisten weigerden hun plannen om de dreiging van China in het Midden-Oosten aan te pakken door een dergelijke bezorgdheid te laten stoppen. Ze stopten hun inspanningen slechts tijdelijk, totdat Bolton bij de VN kon worden geïnstalleerd. Bolton was nodig bij de VN om landen te intimideren en te dwingen de VS-acties in Irak en Iran te steunen. Meer dan dat, hij is de speciale agent van het advocatenkantoor Baker and Botts, verantwoordelijk voor het overnemen van de garanties van alle slechte leningen die James Baker III doorgaf.

Het Amerikaanse imperialistische oliekartel heeft de Iraakse olie in handen gekregen en heeft nu zijn oog laten vallen op Syrië en Iraanse olie. We zitten nu in fase twee van de oorlog tegen het terrorisme: het binnenvallen van landen waarvan Bush beweert dat ze onderdak bieden aan terroristen, met de werkelijke bedoeling de energiebronnen van die landen in beslag te nemen. Fase drie zal komen wanneer de Verenigde Staten in conflict komen met Rusland over olie uit de Kaspische Zee en pogingen om die op de Europese markt te brengen. Die gedenkwaardige dag is misschien nog niet zo ver weg.

De Russen hebben nu het tempo opgevoerd. Op 28 augustus 2006 reisde president Poetin naar Athene, Griekenland, om vaart te zetten achter het Kaspische pijpleidingproject, dat al jaren stil ligt. In Athene ontmoette president Poetin de Griekse premier Costas Karamantis en de Bulgaarse president Gregory Parvanov. Het tripartiete overleg was toegespitst op de snelle voltooiing van een pijpleiding die de Kaspische Zee verbindt met de Bulgaarse haven Burgas en vandaar met de Griekse haven Alexandroupolis aan de Egeïsche kust. Zodra de pijpleiding klaar is, zal zij 35 miljoen ton olie per jaar kunnen vervoeren, waardoor ten minste 8 dollar per vat aan transportkosten wordt bespaard. De pijpleiding zal Rusland in staat stellen zijn greep op de voor de Europese markt bestemde Kaspische olie te behouden door de door de Verenigde Staten gesteunde grote pijpleiding Bakoe-TblisiCeyhan buitenspel te zetten. De Verenigde Staten hebben daarom besloten zich voorlopig te concentreren op de noord-zuid-oliepijpleiding naar Afghanistan, die momenteel wordt aangelegd en bewaakt door Amerikaanse soldaten die op hevig verzet stuiten van de heroplevende Taliban, die sterker en beter uitgerust zijn dan voordat zij door de zogenaamde Noordelijke Alliantie werden verdreven. De leiders van de Taliban zijn vastbesloten te voorkomen dat de pijpleiding in gebruik wordt genomen. De hernieuwde gevechten, die in juli 2006 begonnen, bereikten in augustus een hoogtepunt, waarbij de gevechten in de door de VS gesponsorde media werden afgeschilderd als pogingen van de VS om de Taliban uit de opiumhandel te drukken. Dit is niet het geval, maar met de enorme propagandamachine waarover de regering-Bush beschikt, zal het door het domme Amerikaanse publiek waarschijnlijk wel zo worden opgevat.

HOOFDSTUK 23

Rusland valt de Zeven Zusters aan

In dit stadium heeft Rusland, onder leiding van Vladimir Poetin, de meest scherpzinnige geopolitieke strateeg ter wereld, besloten het kleed onder de Zeven Zusters weg te trekken. De Russische minister van Buitenlandse Zaken heeft aangekondigd dat zijn regering op het punt staat de rem te zetten op grote westerse olie- en gasinvesteringsprojecten in Siberië, waarbij hij zich afvraagt of de in 1991 met de voormalige USSR ondertekende overeenkomsten wel worden nageleefd.

Het Amerikaanse ministerie van Buitenlandse Zaken reageerde onmiddellijk. Woordvoerder Tom Casey zei dat de regering Bush...

> "zeer bezorgd over het besluit van de Russische regering om milieuvergunningen te annuleren voor 20 miljoen dollar kostende projecten voor vloeibaar aardgas die door Royal Dutch Shell en twee Japanse groepen op het eiland Sakhalin worden ontwikkeld".

De reactie van de Russische regering was dat zij overwoog een project van Exxon-Mobil in Sachalin te annuleren. De VS beweerden dat zij rechten hadden op grond van een in 1991 en 1994 met de voormalige USSR gesloten overeenkomst. West-Europa en de VS begonnen te vrezen dat het Rusland van president Poetin een gezamenlijke poging deed om de controle over de enorme energiebronnen van het land te verkrijgen.

President Poetin bracht een staatsbezoek aan Frankrijk om president Chirac gerust te stellen dat Total SA niet in de wijzigingen was opgenomen. Waarnemers hebben er snel op gewezen dat de twee leiders tijdens hun bezoek aan Parijs nader tot elkaar zijn gekomen.

Ongetwijfeld vertelde Poetin de Verenigde Staten dat Frankrijk werd beloond voor zijn verzet tegen de oorlog in Irak en zijn weigering zich aan te sluiten bij de VN-boycot van Iran. President Chirac overhandigde Poetin een medaille - het Grootkruis van het Legioen van Eer - tijdens een zeer openbare ceremonie in het Élysée-paleis. Tijdens het bezoek uitte president Poetin de ernstige bezorgdheid van Rusland over de situatie in Kosovo. Er werd een akkoord bereikt over de aanleg door een Frans bedrijf van een snelweg tussen Moskou en Sint-Petersburg, alsmede een overeenkomst waarbij Rusland zich verbindt tot de aankoop van 22 Airbus A350-vliegtuigen. Op 24 september 2006 bleek dat Shell het risico liep dat haar licentie voor de exploitatie van het Sakhalin-2 olie- en gasproject van 20 miljard dollar werd opgeschort toen haar milieuvergunningen door het ministerie van Natuurlijke Hulpbronnen werden ingetrokken. Het Sakhalin-2-project is voor ongeveer 80% voltooid. Ondertussen onderhandelt Gazprom, de staatsgasgigant, over de aankoop van Sakhalin-1. Als dit bod niet wordt aanvaard, lijkt Sakhalin-2 te kunnen worden stopgezet. Gazprom wil tot 25% van Sakhalin-2 bezitten, wat betekent dat de belangrijkste onderneming in het Seven Sisters-kartel een minderheidsaandeelhouder zou worden. Sakhalin-2 heeft reserves van 4,5 miljard vaten. Dit is dus een rijke prijs die Rusland zeker zal opeisen. Het is slechts een kwestie van tijd.

Namens Royal Dutch Shell sprak premier Blair zijn grote bezorgdheid uit over het feit dat Shell zou kunnen worden uitgesloten van de rijke bonussen van Sakhalin-1 en Sakhalin-2. Het Amerikaanse ministerie van Buitenlandse Zaken blijft lobbyen namens Shell en Exxon, maar Rusland heeft wellicht andere plannen. Bronnen bij Gazprom hebben gezegd dat het in het geheim onderhandelt met een Indiaas bedrijf, The Indian National Oil and Natural Gas Corporation (ONGG), om zijn aandeel van 20% in Sakhalin-1 te kopen. Als een deal wordt gesloten, zal Gazprom zeer grote belangen krijgen in 's werelds meest productieve olie- en gasprojecten, waardoor de leden van het Seven Sisters-kartel in een zeer zwakke positie komen te verkeren.

Ondertussen is de hypocrisie van Bush' "oorlog tegen het terrorisme" duidelijk te zien in Colombia, waar Bush onder meer voorstelt 98 miljoen dollar uit te geven om de 480 mijl lange pijpleiding van Occidental Petroleum van Colombia's op één na grootste olieveld naar de Caribische kust te beschermen.

Deze 98 miljoen dollar komt bovenop de 1,3 miljard dollar die de Verenigde Staten al aan de Colombiaanse regering hebben betaald, zogenaamd om de "drugsterroristen" van de FARC te bestrijden. In 2001 werd de Cano Limon-oliepijpleiding 266 dagen afgesloten omdat guerrilla's van de Revolutionaire Strijdkrachten van Colombia (FARC) de pijpleiding steeds weer opbliezen om meer smeergeld te krijgen. De FARC-rebellen hebben de pijpleiding de afgelopen vijftien jaar regelmatig stilgelegd, om te onderstrepen dat hun dreigementen niet voor niets zijn en om steeds meer geld te verdienen voor hun "bescherming". Ondertussen overtreffen de 2,5 miljoen vaten olie die in de rivieren en beken van Colombia zijn terechtgekomen ruimschoots de omvang van de olieramp met de Exxon Valdez in Alaska in 1989.

Ondanks de afleidingen in de Balkan, de Kaspische Zee en Afghanistan heeft het oliekartel zijn voornemen om beslag te leggen op Iraanse olie niet opgegeven. Volgens bronnen bij de Duitse geheime dienst BDN heeft de regering-Bush plannen opgesteld om Irans kernreactoren, locaties voor massavernietigingswapens en militaire locaties aan te vallen met intensieve verzadigingsbombardementen met bunkerbommen en tactische kernwapens. De aanval zal worden gecoördineerd met sabotage van kritieke stedelijke en landelijke infrastructuur door elementen van de Mujahedin-e Khalq (MEK), speciale operaties van het Pentagon en andere Iraanse dissidentengroepen.

De details van de informatie van Duitse inlichtingendiensten die hun bezorgdheid uiten, komen uit geheime briefings van onderdelen van de CIA. Blijkbaar is men bang dat de neobolsjewieken in de regering Bush, door Iran aan te vallen, een keten van gebeurtenissen in gang zullen zetten die tot een wereldoorlog zullen leiden.

CIA-agenten hebben ook informatie over Amerikaanse plannen om Iran aan te vallen doorgegeven aan hun tegenhangers in Frankrijk, Groot-Brittannië, Canada en Australië. Tot de imperialistische oorlogsplannen van de VS tegen Iran behoort ook de snelle inname van de provincie Khūzestān, in het zuidwesten van Iran, waar zich de meeste oliereserves en raffinaderijen van Iran bevinden.

Khūzestān heeft een in meerderheid sjiitische Arabische bevolking met nauwe banden met hun etnische en religieuze broeders in Irak. De plannen van Bush roepen op tot een Amerikaanse militaire aanval over de Iraakse grens en vanuit zeemachten in de Perzische Golf als antwoord op een oproep tot hulp van de rebellen van het Democratisch Volksfront en de Al Ahwaz Bevrijdingsorganisatie in Khūzestān, die een onafhankelijke Arabische staat van de Democratische Republiek Ahwaz zullen uitroepen en diplomatieke erkenning zullen krijgen van de VS, Groot-Brittannië en Israël, alsmede van enkele andere nauwe bondgenoten van de VS.

Na de Eerste Wereldoorlog werd Khūzestān geannexeerd door Iran en werd toen genoemd naar zijn vroegere historische naam, Perzië. Het wordt in de Bijbel vele malen genoemd onder zijn vroegere naam. Er zijn ook plannen om andere minderheden in Iran, waaronder Azeri's en Turkmenen in het olierijke gebied rond de Kaspische Zee, in opstand te brengen.

Sommige analisten geloven dat de Golfoorlog van 1991 door de VS werd uitgelokt als een "curtain raiser" vóór de grote gebeurtenis, de Amerikaanse invasie van Iran, gesteund door Israël, Frankrijk en Duitsland, en dat de VS daarom Hoessein het groene licht gaven om ten strijde te trekken tegen Iran. Het doel van de druk op Irak om Iran aan te vallen moet voor iedereen duidelijk zijn: Irak en Iran zouden een oorlog uitvechten die hen beiden hopeloos verzwakt zou achterlaten. Op zijn minst gaven de VS aan Hoessein het signaal af dat enige agressie aanvaardbaar was - dat de VS geen bezwaar zouden maken tegen een Iraakse invasie om het olieveld al-Rumaila, de betwiste grensstrook en de eilanden in de Golf, met inbegrip van de gebieden van de Bubiyan olievelden, waarvan Irak beweerde dat zij altijd deel hebben uitgemaakt van Irak en niet van Koeweit of Iran. Later werd een teruggetrokken April Glaspie in het nauw gedreven door Britse journalisten die haar bestookten met vragen over haar rol bij het beginnen van de oorlog met Irak in 1991, maar zonder een woord te zeggen stapte Glaspie in een limousine, sloot de deur achter zich en reed weg.

Twee jaar later, tijdens het programma "Decision 92" op de Amerikaanse televisiezender NBC News, gewijd aan de derde ronde van de presidentsdebatten, werd presidentskandidaat Ross Perot geciteerd:

... We vertelden (Saddam) dat hij het noordoostelijke deel van Koeweit kon innemen; toen hij alles innam, werden we gek. En als we hem dat niet verteld hebben, waarom laten we dan niet eens de Senaatscommissie Buitenlandse Betrekkingen en de Senaatscommissie Inlichtingen de schriftelijke instructies voor Ambassadeur Glaspie zien?

Op dit punt werd (Perot) onderbroken door de toenmalige president, George Bush Senior, die uitriep:

Daar moet ik op reageren. Dit is een zaak van nationale eer. Het is absoluut absurd.

Absurd of niet, feit is dat April Glaspie eind augustus 1990 Bagdad verliet en terugkeerde naar Washington, waar ze acht maanden lang incommunicado werd vastgehouden, niet met de media mocht spreken en pas aan het eind van de Golfoorlog (11 april 1991) weer opdook toen ze werd opgeroepen om informeel (niet onder ede) te getuigen voor de Commissie Buitenlandse Betrekkingen van de Senaat over haar ontmoeting met president Hoessein. Glaspie beweerde dat ze het slachtoffer was geweest van "opzettelijke misleiding op grote schaal" en hekelde het transcript van haar ontmoeting als "een verzinsel" dat haar standpunt verkeerd weergaf, hoewel ze toegaf dat er "veel" in stond dat juist was.

Mevrouw Glaspie werd vervolgens uitgezonden naar Kaapstad, Zuid-Afrika, als consul-generaal van de Verenigde Staten. Sinds haar pensionering uit de diplomatieke dienst in 2002 is er niets meer van haar vernomen. Het is bijna alsof Glaspie een non-persoon is geworden. Waarom heeft de Senaat niet strenger opgetreden en zijn werk gedaan? Waarom kwam het ministerie van Buitenlandse Zaken weg met het verbergen en achterhouden van informatie waar het Amerikaanse volk volledig recht op had en nog steeds heeft?

Na het bedrog van Glaspie begon president George Bush een klimaat van oorlog te creëren, terwijl hij Irak bombardeerde in de zogenaamde "no-fly zones", die niet alleen de Iraakse soevereiniteit schonden, maar ook illegaal waren volgens de Amerikaanse grondwet. Bij de Verenigde Naties werkte Bush de Arabische delegatie om de oren met zijn "oorlog tegen elke prijs" teams door te beweren dat als de invasie van Koeweit niet werd opgelost, zij de volgende op Hoesseins lijst zouden zijn, een complete en tastbare onwaarheid zonder grond.

Bush slaagde erin een embargo tegen Irak in te stellen. Op 29 januari 1991 gebruikte Bush zijn State of the Union toespraak als een middel om de gevoelens tegen Irak aan te wakkeren. Verbazingwekkend genoeg voegde hij de volgende opmerkingen toe:

> "De wereld kan daarom de huidige crisis in de Perzische Golf aangrijpen om de aloude belofte van een nieuwe wereldorde waar te maken."

Het feit dat Bush de werkelijke reden voor de zogenaamde "Golfcrisis" had onthuld was nu algemeen bekend, maar de jakhalzen in de Amerikaanse media verzuimden te melden waar de president het over had. Het concept van een Nieuwe Wereldorde is niet nieuw, het gaat terug tot koning George III, wiens plannen werden onderbroken door de Amerikaanse Revolutie. De plannen van Bush om de natie in een oorlog in Irak te storten waren zo overduidelijk dat een aantal belangrijke mensen in Washington ernstige twijfels begonnen te krijgen en zich tegen de oorlogstrommel begonnen te verzetten. Een van hen, voormalig minister van Marine James H. Webb, uitte publiekelijk zijn bezorgdheid in een televisiedebat op 12 november 1990:

> Het doel van onze aanwezigheid in de Perzische Golf is het bevorderen van de Nieuwe Wereld Orde van de regering Bush, en dat bevalt me niet.

James Atkins, voormalig ambassadeur in Saoedi-Arabië en een vooraanstaand expert op het gebied van Midden-Oostenzaken, stond ook zeer kritisch tegenover de haast van de regering-Bush om oorlog te voeren. In een ondertekend artikel dat op 17 september 1990 in de *Los Angeles Times* verscheen, beschuldigde hij minister van Defensie Richard Cheney ervan koning Fahd opzettelijk te misleiden en hem te doen geloven dat een aanval van Irak op Saoedi-Arabië op handen was. Atkins vertelde ook over zijn ervaringen met Henry Kissinger, die Atkins elke keer bestreed als hij de oorlogsplannen tegen Irak aanvocht.

Op het internationale toneel maken sommige landen, met name Frankrijk, zich zorgen over de systematische en dagelijkse bombardementen op Irak. De voormalige minister van Landbouw van Charles De Gaulle uitte zijn bezorgdheid tegenover een Duitse journalist:

> Ik wou dat het (de bombardementen) niet zo hoefde te gaan. Ik ben diep geschokt door het feit dat een land alleen machtig is omdat het wapens heeft. De Verenigde Staten, die in extreme economische moeilijkheden verkeren, zijn erin geslaagd Japan en Europa de mond te snoeren omdat zij militair zwak zijn. Hoe lang zal de wereld nog accepteren dat verschillende landen een politieagent moeten betalen om hun eigen wereldorde af te dwingen?

Wat voor waarnemers verontrustend is, is het stilzwijgen van Rusland, dat, als het de Amerikaanse intimidatie had weerstaan, de oorlog tegen Irak waarschijnlijk had kunnen voorkomen. Rusland had op zijn minst het Iraakse leger kunnen voorzien van zijn geavanceerde luchtafweersysteem "Tamara", dat Britse en Amerikaanse vliegtuigen zou hebben neergehaald en een abrupt einde zou hebben gemaakt aan de luchtterreur die in Irak een dagelijks fenomeen was geworden. Geen enkel lid van de oppositie in de Senaat of het Huis van Afgevaardigden was in staat Bush' stormloop op de oorlog te stoppen, die veel meer schade aanrichtte dan de eigenlijke invasie van Irak en waarvan de schokgolven in 2008 nog steeds voelbaar zijn. In het juiste perspectief was de invasie van Irak, op bevel van het Comité van 300, bedoeld om een Nieuwe Wereldorde op te leggen aan de wereld en aan Europa in het bijzonder.

De chaos die de "300" heeft ontketend door de bereidheid van Tony Blair, George Bush senior en zijn zoon G.W. Bush om Irak aan te vallen, moet nog worden gemeten. In zijn volle effect, dat pas over minstens tien jaar duidelijk zal worden, zullen we enorme veranderingen zien plaatsvinden, die allemaal kunnen worden toegeschreven aan het imperiale oliebeleid van de VS en Groot-Brittannië, dat serieus begon met het sturen door president Wilson van Amerikaanse mariniers naar Tampico en Vera Cruz met als doel de ruwe olie van Mexico te ontfutselen aan de rechtmatige eigenaars.

Dit streven naar een imperiaal oliebeleid werd duidelijk in wat vele duizenden Amerikanen als een kunstmatige situatie beschouwen, de ramp van 11 september. Als 11 september inderdaad een kunstmatige situatie was zoals Pearl Harbor, dan was het in wezen de volgende fase van dezelfde presentatie, een strategie voor de Verenigde Staten om de controle te krijgen over de olievelden in de wereld, met name die in het Midden-Oosten, Centraal-Azië, Zuid-Amerika, Maleisië, Borneo en Afghanistan, terwijl de Verenigde Staten onder het mom van "terrorismebestrijding" worden omgevormd van een confederale republiek tot een dictatuur van de Nieuwe Wereldorde.

Met de aanslag op het World Trade Center in New York bereikten de Verenigde Staten het "kantelpunt" in hun transformatie van confederale republiek naar dictatuur met één wereld, en het feit dat dit gebeurde met weinig of geen tegenstand onderstreept alleen maar het belang van de rol die deze gebeurtenis heeft gespeeld. Aangezien het volgens veel scherpzinnige waarnemers maar al te gemakkelijk bij toeval kon gebeuren, versterkt deze gebeurtenis de overtuiging van velen dat 11 september een kunstmatig veroorzaakte situatie was.

HOOFDSTUK 24

Venezuela doet zijn intrede

Wat zijn de vooruitzichten als de olieproductie over vijftig jaar piekt? Zal er een nog erger steekspel ontstaan met regionale oorlogen over de hele wereld, of zullen de tegengestelde krachten beseffen dat de redding van de geïndustrialiseerde wereld ligt in absolute samenwerking op het gebied van essentiële grondstoffen, met name ruwe olie. Als we het gedrag van de Verenigde Staten en Groot-Brittannië van de afgelopen vijftig jaar als uitgangspunt nemen, moeten we concluderen dat, nu het einde van de wereldoliereserves op het spel staat, het buitenlands beleid van de VS zal bestaan uit militarisme op de schaal van het Romeinse Rijk, terwijl de binnenlandse dissidenten worden onderdrukt. We zien dit nu al. In feite getuigt het grote aantal wetten dat sinds het begin van de invasie van Irak is aangenomen van de richting die is ingeslagen om het verzet tegen de olieoorlogen te verminderen en tegelijkertijd het hoogste recht van het land te minimaliseren door het volk het recht op protest te ontnemen.

Het is zeker waar dat de beperkende maatregelen van de regering-Bush een chilling effect hebben gehad op de grondwettelijke rechten van het Amerikaanse volk. Medio 2008 was het duidelijk geworden dat de repressieve wetten die sinds de Golfoorlogen waren ingevoerd, het gewenste effect hadden. Misschien heeft dit elk teken van protest tegen het beleid van de regering-Bush ten aanzien van Venezuela en zijn compromisloze leider, Hugo Chavez, ingedamd.

Gezien de uitgesproken vijandigheid van Washington jegens

Venezuela is het niet uitgesloten dat dit land het volgende doelwit wordt in de imperialistische strijd om olie. Laten we met dit in gedachten eens kijken naar Venezuela in 2008. Er zijn wat veranderingen geweest. Ik denk niet dat ze spectaculair zijn. Dit is waarschijnlijk de eerste keer in de geschiedenis van Venezuela dat er een regering is die meer dan een gebaar maakt om haar enorme middelen te gebruiken om de armste delen van de bevolking te helpen. Deze hulp betreft voornamelijk gezondheidszorg, onderwijs, coöperaties enzovoort. Het is moeilijk te zeggen hoe groot het effect hiervan is. Maar we weten wel hoe de bevolking erop reageert en dat is toch de belangrijkste vraag. Wat belangrijk is, is niet wat wij denken, maar wat het Venezolaanse volk denkt. En dat weten we heel goed.

Er zijn enkele vrij goede peilinginstituten in Latijns-Amerika, het belangrijkste is Latino Barometro, gevestigd in Chili. Zij monitoren de attitudes in heel Latijns-Amerika over allerlei cruciale kwesties. Het meest recente onderzoek, uitgevoerd in Chili, toonde aan dat de steun voor democratie en regering in Venezuela sinds 1998 zeer sterk is gestegen. Venezuela staat nu vrijwel gelijk met Uruguay als het land met de meeste steun voor regering en democratie.

Het ligt ver voor op de andere Latijns-Amerikaanse landen wat betreft de steun voor het economisch beleid van de regering en ook wat betreft de overtuiging dat dit beleid de armen, d.w.z. de grote meerderheid, helpt in plaats van de elites. Soortgelijke oordelen bestaan ook over andere onderwerpen, en die zijn vrij sterk gestegen. Ondanks de obstakels is er een zekere vooruitgang geboekt die door het publiek als zeer belangrijk wordt beschouwd, en dat is de beste maatstaf. Wordt deze revolutie volwassen door de aankondiging van de oprichting van de Verenigde Socialistische Partij van Venezuela (PSUV) en de versnelling van hun poging om verschillende diensten en bedrijven over te nemen? Het is niet gemakkelijk te zeggen. Er zijn tegenstrijdige tendensen, en de vraag voor Venezuela is welke zal zegevieren. Er zijn tendensen in de richting van democratisering, de overdracht van macht, volksvergaderingen, gemeenschappen die hun eigen begroting controleren, arbeiderscoöperaties, enz. Dit alles is een stap in de richting van democratie.

Er zijn ook autoritaire tendensen: centralisatie, charismatische figuren enz. Aan de hand van dit beleid op zich kunnen we niet echt beoordelen in welke richting het zal gaan. Het is zeker heel redelijk dat een land zijn eigen middelen controleert. Dus als Venezuela meer controle krijgt over zijn eigen middelen, zou dat een zeer positieve ontwikkeling kunnen zijn. Maar misschien ook niet. Toen Saoedi-Arabië bijvoorbeeld in de jaren 70 zijn olie nationaliseerde, betekende dat niet dat het zijn eigen olie controleerde in plaats van die van buitenlandse bedrijven - voornamelijk ARAMCO. Aan de andere kant is Saoedi-Arabië in handen van een ernstige tirannie. De belangrijkste en meest gewaardeerde bondgenoot van Washington in de regio is een brute tirannie en de meest extreme islamitische fundamentalistische staat ter wereld. De geschiedenis hangt dus af van het gebruik van de middelen. Mercosur, de Southern Cone Common Market, is een groepering van de grootste economieën van Zuid-Amerika. Het is gebaseerd op vrijemarktovereenkomsten, zoals NAFTA, en lijkt niet op weg naar een alternatief voor de dominante neoliberale doctrine.

Voorlopig is Mercosur meer een hoop dan een realiteit. Mercosur maakt er deel van uit, de bijeenkomsten in Cochabamba zijn een volgende stap, en er zijn andere stappen. Integratie is een krachtige stap naar behoud van soevereiniteit en onafhankelijkheid. Wanneer landen van elkaar gescheiden zijn, kunnen zij worden losgemaakt, hetzij met geweld, hetzij door economische wurging. Als zij geïntegreerd zijn en samenwerken, zijn zij veel vrijer van controle van buitenaf, dat wil zeggen van de controle van de Verenigde Staten in de afgelopen halve eeuw - maar het gaat veel verder terug dan dat.

Het is dus een belangrijke stap, maar er zijn obstakels. Een daarvan is dat Latijns-Amerika ook dringend behoefte heeft aan interne integratie. Elk van deze landen heeft een scherpe kloof tussen een kleine, rijke, Europese, voornamelijk blanke elite en een enorme massa diep verarmde mensen, meestal van

Indiaanse, zwarte of gemengde afkomst. De correlatie tussen de rassen is niet perfect, maar het is een correlatie. Latijns-Amerika heeft enkele van de ergste ongelijkheden ter wereld, en ook deze problemen beginnen overwonnen te worden. Er is nog een lange weg te gaan, maar er zijn stappen in de goede richting gezet in Venezuela, Bolivia, tot op zekere hoogte in Brazilië, Argentinië en op dit moment niet veel elders. Maar interne integratie en externe integratie tussen landen zijn vrij belangrijke stappen, en dit is de eerste keer sinds de Spaanse kolonisatie 500 jaar geleden, wat niet onbelangrijk is.

Laten we teruggaan naar de kritiek op het autoritaire karakter van de uitbreiding van de mandaten en de recente zogenaamde machtigingswetgeving. Deze wetten zijn aangenomen door het parlement. Toevallig wordt het parlement bijna volledig gedomineerd door Chavez, maar de reden hiervoor is dat de oppositie weigert deel te nemen, hoogstwaarschijnlijk onder druk van de Verenigde Staten. Je mag deze wetten niet leuk vinden. De uitkomst hangt af van de druk van het volk. Het kunnen stappen zijn in de richting van autoritarisme. Het kunnen stappen zijn naar de uitvoering van constructieve programma's. Het is niet aan ons om dat te zeggen, het is aan het Venezolaanse volk, en we kennen hun mening heel goed.

Dankzij de olierijkdom van Venezuela kon het land hulp verlenen aan arme gemeenschappen in het Westen, waaronder New York en Londen, en de schulden van Argentinië, Bolivia en Ecuador opkopen.

Laten we beginnen met zijn hulp aan het Westen, wat een beetje ironisch is. Maar er is een context. Het begon met een programma in Boston. Een groep senatoren nam contact op met de acht grootste energiebedrijven en vroeg of zij op korte termijn hulp konden bieden aan arme mensen in de VS om hen door de moeilijke winter heen te helpen, toen zij hun olierekeningen niet konden betalen vanwege de hoge olieprijzen. Zij kregen slechts één antwoord, van CITGO, het Venezolaanse bedrijf, en dat bedrijf verstrekte inderdaad tijdelijk goedkope olie in Boston, vervolgens in de Bronx in New York en elders. Dit is westerse hulp. Dus nu geeft alleen Chavez hulp aan de armen in Amerika. Voor de rest, ja, Chavez kocht een kwart of een derde van de Argentijnse schuld. Het was een poging om Argentinië van het IMF af te helpen, zoals de Argentijnse president zei. Het IMF, een soort uitloper van het Amerikaanse ministerie van Financiën, heeft in Latijns-Amerika een verwoestend effect gehad. Zijn programma's zijn in Latijns-Amerika strenger gevolgd dan in enig ander deel van de wereld.

Bolivia volgde 25 jaar lang het IMF-beleid en het eindresultaat was een inkomen per hoofd van de bevolking dat lager was dan in het begin. Argentinië was het schoolvoorbeeld van het IMF. Het deed alles goed en spoorde alle anderen aan het beleid van de Wereldbank en het Amerikaanse ministerie van Financiën te volgen. Wat er gebeurde was dat dit leidde tot een totale economische ramp. Argentinië wist aan de catastrofe te ontsnappen door de regels van het IMF radicaal te overtreden, en het besloot zich van het IMF te ontdoen, zoals Kirchner zei, en Venezuela hielp het. Brazilië deed hetzelfde op zijn eigen manier en nu doet Bolivia het met hulp van Venezuela. Het IMF zit in de problemen omdat een groot deel van zijn financiering afkomstig is van schuldinning, en als landen weigeren zijn leningen te aanvaarden omdat zijn beleid te schadelijk is, is het niet duidelijk wat het zal doen.

Er is ook Petrocaribe, een programma om onder gunstige voorwaarden, met uitstel van betaling, olie te leveren aan vele Caribische landen en andere. Een ander programma heet Operation Miracle. Het gebruikt Venezolaanse fondsen om Cubaanse artsen te sturen - Cubaanse artsen zijn zeer goed opgeleid en ze hebben een zeer geavanceerd medisch systeem, vergelijkbaar met eerstewereldsystemen - naar plaatsen als Jamaica en andere landen in de regio. Het project begon met het vinden van blinde mensen die hun gezichtsvermogen volledig hadden verloren, maar die chirurgisch konden worden behandeld om hun gezichtsvermogen terug te krijgen. Deze mensen worden geïdentificeerd door Cubaanse artsen, teruggebracht naar Cuba, behandeld in hun hoogwaardige medische faciliteiten, en keren terug naar hun land waar zij weer kunnen zien. Het laat een indruk achter.

De Verenigde Staten en Mexico hebben blijkbaar geprobeerd iets soortgelijks te doen, maar het is er nooit van gekomen. In feite is het effect van de programma's van Chavez heel duidelijk te zien in de laatste reis van George Bush. De pers sprak over zijn nieuwe heroriëntatie van programma's op Latijns-Amerika, maar wat er eigenlijk gebeurde, als je goed kijkt, is dat Bush een deel van de retoriek van Chavez overnam. Dat is wat de prachtige nieuwe programma's inhouden, het overnemen van een deel van de retoriek van Chavez, maar deze niet of nauwelijks toepassen.

Elk oud verhaal - zolang het een reden voor oorlog bevordert - is in de mode. Met uitzondering van Hugo Chavez en de Iraanse islamist Mahmoud Ahmadinejad heeft geen enkele wereldleider de rol van "antagonist van de Verenigde Staten" beter geperfectioneerd dan degene die een opvallende indruk achterlaat. Samen met een hechte groep vrienden, waaronder enkele van de meest beruchte antagonisten van de VS, zoals de ouder wordende Cubaanse dictator Fidel Castro en de Boliviaanse nationalistische president Evo Morales, werd Chavez al snel een van de belangrijkste woordvoerders van de wereldwijde pro-nationalistische en anti-Amerikaanse beweging. Tijdens zijn paar jaar aan de macht maakte Chavez zijn houding tegenover de regering-Bush openbaar.

> "Amerika is het meest perverse, moorddadige, genocidale en immorele rijk dat deze planeet in 100 eeuwen heeft gezien", zei Chavez tegen een publiek op het Wereld Sociaal Forum in Caracas.

In reactie daarop heeft Washington de anti-Amerikaanse uitbarstingen van Chavez en zijn herhaalde dreigementen om een "Bolivariaanse revolutie" te verspreiden in heel Latijns-Amerika omschreven als het geraaskal van een wanhopige leider die de aandacht van het publiek probeert af te leiden van het falen van zijn sociaal en economisch beleid.

Natuurlijk is het beleid van Venezuela niet mislukt en lijkt een

Amerikaanse invasie van het land niet waarschijnlijk. Maar de recente inspanningen van Chavez om de betrekkingen met Iran op het gebied van energie, defensie, kernenergie en politiek te versterken, zouden Washington ertoe kunnen dwingen zijn denkwijze te herzien. In een hartstochtelijke toespraak tot zijn aanhangers in Caracas verklaarde Chavez:

> Ik had nauwe banden met Mohammad Khatami, president van Iran van 1997 tot 2005, die ik als een broer beschouw, en ik heb nu nauwe banden met zijn opvolger, president Mahmoud Ahmadinejad, die ik eveneens als een broer beschouw.

Hoewel deze verklaring niet ongewoon is voor het enthousiasme en de openhartigheid van Chavez, geeft ze wel aan welke richting de betrekkingen uitgaan. Elke onafhankelijke soevereine natie heeft immers het recht om zijn vrienden te kiezen en bondgenootschappen aan te gaan.

Tijdens de 141e ministeriële bijeenkomst van de Organisatie van olie-exporterende landen (OPEC), die eind mei in Caracas plaatsvond, bespraken hoge Iraanse en Venezolaanse functionarissen een aantal bilaterale overeenkomsten, waaronder de deelname van het Iraanse staatsoliebedrijf Petropars aan olieprojecten in de onderontwikkelde Orinocogordel en gasprojecten in de Golf van Venezuela. De twee landen zullen naar verwachting beginnen met de exploratie van een van de gebieden in de Orinoco-gordel, met als uiteindelijk doel Petropars in staat te stellen afgewerkte brandstof naar Iran te exporteren. Naar verwachting zullen Iraanse deskundigen binnenkort in Venezuela aankomen om de door de regering gesponsorde technische projecten te ondersteunen. Ik haast mij hieraan toe te voegen dat Iran en Venezuela, als soevereine en onafhankelijke naties, het recht hebben hun eigen belangen na te streven, zelfs als dit andere naties niet goed uitkomt. Dit is het uitgangspunt van het internationaal recht. Terwijl Venezuela's energiebetrekkingen met Iran zijn opgebloeid, zijn de energiebetrekkingen met het Westen in tegenovergestelde richting geëvolueerd. Chavez heeft onlangs aangekondigd dat de belastingen op buitenlandse oliemaatschappijen die in

Venezuela actief zijn, zullen stijgen van 16,7% naar 33%, in wat hij een "extractiebelasting" noemde. Chavez heeft buitenlandse bedrijven ervan beschuldigd de olievoorraden van zijn land te exploiteren zonder de Venezolaanse bevolking naar behoren te compenseren. Deze beschuldiging is gegrond.

Ondanks de belastingverhoging en de positie van Chavez blijft Venezuela een belangrijke energiepartner voor de Verenigde Staten. Volgens de statistieken van de Energy Information Administration (EIA) staat Venezuela op de vierde plaats wat betreft de totale uitvoer van ruwe olie (1,2 miljoen vaten per dag) en op de derde plaats wat betreft de totale uitvoer van aardolieproducten (1,5 miljoen vaten per dag) naar de Verenigde Staten (Canada staat op de eerste plaats, maar daar hebben we geen moeite mee). Aangezien Amerika voor zijn dagelijks overleven afhankelijk blijft van Venezolaanse olie en het moeilijk is om energiebronnen uit andere delen van de wereld te betrekken, moet elke betrokkenheid van Teheran bij de Venezolaanse energiesector worden gezien als een bedreiging voor de nationale veiligheid van de VS, althans zo zegt Washington. Ten eerste, wat Venezuela doet gaat de regering Bush niets aan. Venezuela is niet de 51e staat van de Unie.

Naast de samenwerking op energiegebied zijn de betrekkingen tussen Caracas en Teheran op militair en inlichtingengebied geïntensiveerd. In mei beschuldigde het Amerikaanse ministerie van Buitenlandse Zaken Venezuela ervan inlichtingen te delen met Iran en Cuba, twee landen die door de VS als sponsors van terrorisme zijn aangemerkt. Dit is slechts een mening, niet noodzakelijk een feit. In zijn jaarverslag over internationaal terrorisme noemde het Amerikaanse ministerie van Buitenlandse Zaken Chavez omdat hij een "ideologische verwantschap" deelt met twee linkse guerrillagroepen die in Colombia actief zijn - de FARC en het Nationaal Bevrijdingsleger - die beide door Washington als terroristische organisaties worden beschouwd. Als dit het geval is, roept dit de volgende vraag op: Waarom heeft Washington vaak samengewerkt met deze twee Colombiaanse groepen, die ongetwijfeld terroristische groeperingen zijn? Als gevolg daarvan zijn alle verkopen van wapens en onderdelen aan Caracas, die in 2005 33,9 miljoen dollar bedroegen, stopgezet. Waarom deze oorlogsdaad? Welk bewijs is er voor de bewering dat Venezuela "ideologische banden" heeft met terroristische groeperingen? Als reactie daarop heeft de Venezolaanse generaal Alberto Muller Rojas, een hoge adviseur van Chavez, zijn land aanbevolen zijn 21 F-16 gevechtsvliegtuigen aan Iran te verkopen. Hoewel deze 20 jaar oude gevechtsvliegtuigen naar hedendaagse maatstaven verouderd zijn, heeft het voorstel de toch al gespannen betrekkingen tussen de twee landen nog verslechterd. Wat heeft Amerika ermee te maken als andere landen beslissen wie hun klanten en vrienden zijn? Berichten dat Iran en Venezuela hun samenwerking op het gebied van nucleaire technologie hebben opgevoerd, hebben in Washington de alarmbellen doen rinkelen. Wij stellen voor dat de hele regering Bush gedwongen wordt de afscheidsrede van George Washington te lezen, en wel zo snel mogelijk!

De Argentijnse krant *Clarin* meldde dat de regering Chavez Buenos Aires had gevraagd een kernreactor te verkopen. Net als de Iraanse regering zeiden functionarissen uit Caracas dat er besprekingen hadden plaatsgevonden, maar zij voegden eraan toe dat deze alleen betrekking hadden op manieren om "vreedzame wetenschappelijke toepassingen van het atoom" te onderzoeken. En waarom niet? Waarom India, Pakistan, Noord-Korea, Israël, en niet Venezuela?

Eind 2005 werd gemeld dat Venezolaanse uraniumvoorraden bestemd waren voor Teheran als onderdeel van een overeenkomst van 200 miljoen dollar tussen beide landen. Mensen, zogenaamd missionarissen, stuurden informatie naar huis dat een kleine militaire installatie en een landingsbaan waren gebouwd in de buurt van de plaats van de vermeende uraniumvoorraden. Wie ze ook zijn, ze zien er niet echt uit als missionarissen.

Iran en Venezuela delen een intense afkeer van Amerika, wat logisch is gezien de enorme inmenging in hun binnenlandse aangelegenheden gedurende tientallen jaren. Het is dan ook niet verrassend dat zij manieren zoeken om wraak te nemen door anti-Amerikaanse allianties in het Midden-Oosten en Latijns-Amerika te steunen.

Tijdens een achtdaagse rondreis door Latijns-Amerika zei de voorzitter van de Iraanse Majiis, Gholam-Ali Haddad Adel, dat de strategische eenheid tussen de twee landen geworteld is in een antwoord op "bedreigingen van intimiderende mogendheden als de Verenigde Staten". Iran en Venezuela zijn tot de conclusie gekomen dat de beste manier om hun gemeenschappelijke doel, namelijk wereldwijde destabilisatie door de Verenigde Staten, te bereiken is door hun krachten te bundelen, waardoor elke gerichte reactie van Washington veel complexer en duurder wordt.

De inspanningen van de regering-Bush kunnen beter worden besteed aan het herstel van New Orleans en het dichten van de kloof tussen de armen en de extreem rijken in Amerika, een staat die is ontstaan als gevolg van NAFTA, GATT en de Wereldhandelsorganisatie.

Met een enthousiast Iran als partner heeft Chavez, de voormalige parachutist-revolutionair, met zijn anti-Amerikaanse houding de geest van Simon Bolivar gewekt. De regering Bush zal zich daarbij neer moeten leggen of het risico lopen een 330 jaar durende oorlog in Latijns-Amerika nieuw leven in te blazen. Misschien is dat wel de bedoeling.

In 2007 begon de eerste partij van in totaal 100.000 Kalasjnikovgeweren die de Venezolaanse president Hugo Chavez bij Moskou had besteld, aan te komen.

Het Venezolaanse leger ondergaat een grondige transformatie, met een grote rekruteringscampagne en nieuwe technologieën. Dit besluit zal de Verenigde Staten, die Chavez als een destabiliserende invloed in de regio beschouwen, waarschijnlijk zorgen baren.

De meeste defensiedeskundigen zijn het erover eens dat president Chavez zijn verouderde militaire uitrusting moet vernieuwen. Maar de Verenigde Staten en Venezuela's buurland

Colombia beschouwen de komst van 33.000 Kalasjnikov-geweren als een bewijs dat Chavez in de regio boven zijn stand probeert uit te stijgen. De AK103-geweren van Russische makelij worden geleverd met meer dan een half miljoen patronen, geavanceerde nachtkijkers en bajonetten. Nog eens 70.000 geweren moeten voor eind 2008 arriveren. Maar wat Washington de meeste zorgen baart zijn Venezuela's plannen om hier een fabriek te bouwen voor de assemblage en export van deze Kalasjnikov geweren en kogels.

De regering Chavez voert momenteel besprekingen met de Russische fabrikant die de licentie heeft om de wapens te maken. De Verenigde Staten, die onlangs een totaal verbod op de verkoop van wapens aan Venezuela hebben uitgevaardigd, hebben president Chavez ervan beschuldigd Latijns-Amerika te willen destabiliseren. Maar Venezuela houdt vol dat het het recht heeft wapens te kopen voor defensieve doeleinden. President Chavez heeft herhaaldelijk gewaarschuwd dat de regering-Bush van plan is Venezuela binnen te vallen om de olievoorraden van het land in handen te krijgen.

Sir Maurice Hankey, eerste secretaris van het Britse oorlogskabinet, zei in 1918:

"Olie zal in de komende oorlog de plaats innemen van kolen in de huidige oorlog, of tenminste een plaats parallel aan kolen. De enige belangrijke potentiële aanvoer die we onder Britse controle kunnen krijgen is uit Perzië (nu Iran) en Mesopotamië (nu Irak)..... Beheersing van deze oliereserves wordt een Brits oorlogsdoel van de eerste orde."

Alan Greenspan, voorzitter van de Federal Reserve, 1987-2006:

"Ongeacht hun publieke bezorgdheid over de massavernietigingswapens van Saddam Hoessein, waren de Amerikaanse en Britse autoriteiten ook bezorgd over het geweld in een regio die een hulpbron herbergt die essentieel is voor het functioneren van de wereldeconomie."

We kunnen Irak niet verlaten omdat extremisten olie kunnen gebruiken om het Westen te chanteren... en dat zullen ze, tenzij we Israël in de steek laten.

George W. Bush, 1 november 2006:

> Als het regime in Irak verandert, kan de wereldproductie met 3 tot 5 miljoen vaten toenemen.

Lawrence Lindsey, voormalig hoofd economisch adviseur van George W. Bush, 2002:

> Een continue energievoorziening is essentieel voor onze welvaart en veiligheid. De concentratie van 65% van 's werelds bekende oliereserves in de Perzische Golf betekent dat wij moeten blijven zorgen voor een betrouwbare toegang tot olie tegen concurrerende prijzen en snel en adequaat moeten reageren op elke belangrijke verstoring van de olievoorziening.

HOOFDSTUK 25

Amerika kan niet eeuwig olieoorlogen blijven voeren...

Toen de regering Bush-Cheney in januari 2001 aantrad, bedroeg de internationale olieprijs ongeveer 22 dollar per vat. Nu, bijna acht jaar later, schommelt de olieprijs rond de 150 dollar per vat, een stijging van meer dan vijfhonderd procent. Wat de olie betreft is het in Irak dus niet gegaan zoals de neobolsjewieken van de regering Bush-Cheney hadden verwacht. Ten eerste dachten zij dat de gutsende olie van Irak de invasie en bezetting van het land zou betalen. In plaats daarvan zullen de uitgaven voor dit avontuur naar verwachting oplopen tot een biljoen dollar, en de totale kosten voor de Amerikaanse economie tot meer dan drie biljoen dollar.

Ten tweede bereikt de olieprijs recordhoogten zonder een piek in zicht, waardoor de VS en de wereldeconomie in een langdurige economische recessie dreigen terecht te komen. Dit is deels te wijten aan het feit dat de Iraakse olieproductie niet is toegenomen zoals verwacht en in feite lager is dan toen de VS Irak binnenvielen en bezetten in 2003. Macro-economisch gezien is deze illegale en misplaatste oorlog een ramp.

Ondanks sporadische vrome verklaringen over het verlaten van Irak wanneer daarom wordt gevraagd, plant de regering Bush-Cheney een 50-jarige Amerikaanse militaire bezetting van Irak. Zij willen geen datum vaststellen voor het beëindigen van de bezetting van Irak, omdat zij het beschouwen als een militaire bezetting voor onbepaalde tijd. Dit is te verwachten, aangezien de werkelijke redenen om Irak binnen te vallen het langetermijndoel waren om de olie van het Midden-Oosten te controleren en de staat Israël te beschermen tegen zijn moslimburen. Iedereen weet immers dat de militaire invasie van Irak door de Amerikaanse troepen niets te maken had met "democratie" of de wensen van het volk. Het had alles te maken met het veiligstellen van Irak's oliereserves en het uitschakelen van een van Israëls vijanden in Saddam Hoessein.

Op 31 mei 2007 bevestigde minister van Defensie Robert Gates deze langetermijnplannen door te verklaren dat de Verenigde Staten een "langdurige en aanhoudende aanwezigheid" in Irak wensen. Daarom hebben de VS de grootste ambassade ter wereld gebouwd, in Bagdad, met 21 gebouwen op een terrein van 100 hectare aan de oevers van de Tigris, waar ongeveer 1.000 mensen kunnen werken. Daarom ook consolideren zij meer dan 100 militaire bases in dit islamitische land in 14 permanente supermilitaire bases - allemaal bedoeld om dit deel van de wereld voor zeer lange tijd militair te controleren.

Dit is ook de reden waarom de regering Bush-Cheney er bij het Iraakse parlement sterk op aandringt een wet aan te nemen die de Iraakse olie-industrie zou privatiseren. Als het huidige marionettenregime in Irak weigert een dergelijke wet, bekend als de "koolwaterstoffenwet", aan te nemen, zou het meer dan een miljard dollar aan wederopbouwfondsen verliezen, die door de regering Bush-Cheney zouden worden geblokkeerd. Deze openlijke militaire wurggreep op de olievoorraden van een land in het Midden-Oosten is een zeker recept voor het aanwakkeren van permanent terrorisme in de wereld en permanente oorlog in het Midden-Oosten voor lange tijd.

En als de Amerikanen in november 2008 een Republikeinse president kiezen voor een derde termijn door te stemmen op de vermoedelijke Republikeinse presidentskandidaat, senator John McCain, dan zal dat gebeuren. Volgens opiniepeilingen is een grote meerderheid van de Irakezen tegen de privatisering van hun olie-industrie. Toch is de privatisering van de Iraakse olie een van de belangrijkste "criteria" die de regering Bush-Cheney aan de Iraakse regering oplegt.

Zij hebben in bezet Irak een marionettenregering geïnstalleerd die de goederen levert, ook al was enige druk noodzakelijk. Op 3 juli 2007, bijvoorbeeld, keurde het door de VS gecontroleerde kabinet van Al-Maliki, in afwezigheid van soennitische ministers, een door de VS gesteunde oliewet goed die de olierijkdom van Irak zal verdelen onder de drie belangrijkste olieconcerns van Irak, maar nog belangrijker is dat Amerikaanse en buitenlandse oliemaatschappijen de oliesector van Irak kunnen betreden en privatisering kunnen doorvoeren in het kader van zogenaamde productieverdelingsovereenkomsten. Dit is een belangrijke politieke doelstelling en zelfs een "benchmark" van het Witte Huis Bush-Cheney, maar tot dusver is het Iraakse parlement niet bereid geweest de vereiste controversiële wetgeving goed te keuren, als gevolg van wijdverbreide protesten, aangezien veel Irakezen zeer terughoudend zijn ten aanzien van een beleid van het delen van de olieproductie en - inkomsten met buitenlandse oliemaatschappijen, vooral wanneer deze hen "onder schot" zijn afgenomen.

De Iraakse olie-industrie is genationaliseerd sinds 1975, zo'n drieëndertig jaar geleden. Vóór de Amerikaanse militaire invasie en bezetting van Irak werden de Iraakse olievelden immers gecontroleerd door de Iraakse regering via een staatsbedrijf. Dit vormde de basis voor een relatief hoge levensstandaard in Irak, dat een van de beste gezondheidszorgsystemen in de regio had en meer doctoraten per hoofd van de bevolking produceerde dan de Verenigde Staten. Als onderdeel van de militaire bezetting van Irak en de geplande oliedeals zou een groot deel van de olieproductie en -inkomsten van Irak in handen komen van buitenlandse oliemaatschappijen, voornamelijk de Amerikaanse en Britse EXXON/Mobil, Chevron/Texaco, BP/AMOCO en Royal Dutch/Shell.

Een van de twee belangrijkste redenen voor het lanceren van de illegale invasie van Irak was naar verluidt het handhaven van de oliestroom onder toezicht van Amerikaanse troepen, de andere was het vernietigen van een van Israëls strategische vijanden. Veel goed geïnformeerde waarnemers, zoals de Australische minister van Defensie Brendan Nelson, hebben verklaard dat het handhaven van de "veiligheid van de grondstoffen" in het Midden-Oosten een prioriteit was voor de invasie en bezetting van Irak. Daarom kregen de Amerikaanse legers, toen ze begin april 2003 in Bagdad aankwamen, de opdracht slechts één soort openbare gebouwen te beveiligen, namelijk die van het Iraakse ministerie van Olie. Al het andere was irrelevant.

Uiteindelijk stemde de Amerikaanse Senaat op 11 oktober 2002 met 77-23 om George W. Bush en Dick Cheney toestemming te geven een aanvalsoorlog tegen Irak te beginnen. De huidige presidentskandidaat, John McCain, en de voormalige presidentskandidaat, Hillary Clinton, stemden voor deze resolutie. Tien dagen eerder had de Central Intelligence Agency (CIA) een vertrouwelijke versie van 90 pagina's van de National Intelligence Estimate gepubliceerd, met daarin een lange lijst van rampzalige gevolgen als de Verenigde Staten Irak zouden binnenvallen. Het rapport werd beschikbaar gesteld aan 100 senatoren, maar slechts zes namen de moeite het te lezen. Met deze kennis hebben de mensen nu inzicht in hoe beslissingen in Washington D.C. werden genomen voordat deze oorlog begon. Zelfs in zaken van leven en dood werd er op grote schaal geïmproviseerd. En nu is de kiem gelegd voor permanente militaire bezettingen, permanente oorlogen en permanent terrorisme in het Midden-Oosten en de rest van de wereld. In werkelijkheid vechten we voor olie.

De prijs voor een dergelijk misplaatst beleid zal hoog zijn en nog jaren aanhouden. Veel Amerikanen beginnen immers het verband te zien tussen de oorlogsuitgaven en het tekort in Irak en de huidige recessie en de toenemende inflatie. Deze verspilling en oorlogsuitgaven verminderen de hoeveelheid financiële middelen die beschikbaar zijn voor de financiering van andere essentiële nationale overheidsprogramma's, van onderwijs tot infrastructuur. Ze vergroten het tekort op de betalingsbalans en dwingen de VS om in het buitenland te lenen. En wanneer de Federal Reserve de rente verlaagt om de bankencrisis te verlichten, stort de dollar in, waardoor de inflatie verder wordt aangewakkerd wanneer de olieprijzen en alle andere prijzen die verband houden met vervoer en grondstoffen die over de hele wereld worden verhandeld, stijgen. De huidige stagflatie is een direct gevolg van de buitensporige militaire uitgaven van de VS in het buitenland. Hoe eerder een meerderheid van de Amerikanen dit beseft, hoe beter.

Maar in 2008, met benzineprijzen op recordhoogte, is er een uitweg uit deze puinhoop, namelijk het stabiliseren van de benzineprijzen en het stabiliseren van de Amerikaanse economie. Laat de regering alle strategische oliereserves openstellen en haar eigen raffinaderij oprichten om benzine te produceren tegen iets boven de kostprijs, met behulp van een non-profit organisatie die is opgericht bij een wet van het Congres. Schaf de belasting op wilde boringen af, zodat meer en meer kleine boorders weer kunnen deelnemen aan de Amerikaanse olie-exploratie. Dit zou de hebzucht van de oliemaatschappijen verminderen en een einde maken aan hun onverzadigbare honger naar steeds grotere winsten.

De Verenigde Staten kunnen niet eindeloos doorgaan met het voeren van oorlogen om olie, zelfs niet onder het mom van "terrorismebestrijding". Hoe machtig Amerika ook is, het kan niet eindeloos doorgaan met het uitputten van zijn hulpbronnen in eindeloze oorlogen. Maar door de grondwet met voeten te treden en de hoogste wet van het land te negeren, heeft de regering Bush-Cheney de Verenigde Staten op zo'n rampzalige koers gezet. Het einde is voorspelbaar.

Ondertussen gaat de oorlog in Irak door, ondanks het feit dat 87% van de Amerikanen ertegen is, en de Democraten in het Huis en de Senaat lijken onmachtig om er onmiddellijk een einde aan te maken, overeenkomstig het mandaat dat zij bij de verkiezingen van november 2007 hebben gekregen.

Wat heeft de toekomst voor Irak in petto? Zal de oorlog voortduren in strijd met de grondwet, of zal de nieuwe regering die in 2009 aantreedt een einde kunnen maken aan deze regelrechte ramp? Dat valt nog te bezien.

Reeds gepubliceerd

ØMNIAVERITAS®

OMNIA VERITAS LTD PRESENTEERT:

JOHN COLEMAN

DE DICTATUUR van de SOCIALISTISCHE WERELDORDE

Al die jaren, terwijl onze aandacht gericht was op het kwaad van het communisme in Moskou, waren de socialisten in Washington druk bezig met het stelen van Amerika...

DOOR JOHN COLEMAN

"De vijand in Washington is meer te vrezen dan de vijand in Moskou"

ØMNIAVERITAS® OMNIA VERITAS LTD PRESENTEERT:

JOHN COLEMAN

De drugsoorlog tegen AMERIKA

DE DRUGSOORLOG tegen AMERIKA

De drugshandel kan niet worden uitgeroeid omdat de managers niet zullen toestaan dat 's werelds meest lucratieve markt van hen wordt afgepakt....

DOOR JOHN COLEMAN

De echte promotors van deze verdomde handel zijn de "elites" van deze wereld

ØMNIAVERITAS® OMNIA VERITAS LTD PRESENTEERT:

JOHN COLEMAN

DE CLUB VAN ROME

DE CLUB VAN ROME
DE NIEUWE WERELDORDE DENKTANK

De vele tragische en explosieve gebeurtenissen van de 20e eeuw gebeurden niet vanzelf, maar waren gepland in een vast patroon...

DOOR JOHN COLEMAN

Wie waren de planners en bedenkers van deze grote evenementen?

OMNIA VERITAS
OMNIA VERITAS LTD PRESENTEERT:
DE ROTHSCHILD DYNASTIE
door John Coleman
Historische gebeurtenissen worden vaak veroorzaakt door een "verborgen hand"...
JOHN COLEMAN
DE ROTHSCHILD DYNASTIE

OMNIA VERITAS
OMNIA VERITAS LTD PRESENTEERT:
DOOR
JOHN COLEMAN
DIPLOMATIE DOOR LEUGENS
EEN VERSLAG VAN HET VERRAAD VAN
DE REGERINGEN VAN ENGELAND EN
DE VERENIGDE STATEN
De geschiedenis van de oprichting van de Verenigde Naties is een klassiek geval van de diplomatie van de misleiding...
JOHN COLEMAN
DIPLOMATIE DOOR LEUGENS

OMNIA VERITAS
OMNIA VERITAS LTD PRESENTEERT:
door John Coleman
DE HIËRARCHIE VAN DE SAMENZWEERDERS
GESCHIEDENIS VAN HET COMITÉ VAN 300
Deze openlijke samenzwering tegen God en de mens omvat de onderwerping van de meeste mensen...
JOHN COLEMAN

ØMNIA VERITAS® OMNIA VERITAS LTD PRESENTEERT:

JOHN COLEMAN

HET TAVISTOCK INSTITUUT
voor MENSELIJKE RELATIES

Het morele, spirituele, culturele,
politieke en economische verval van de
Verenigde Staten van Amerika vormgeven

Zonder Tavistock waren er
geen Eerste en Tweede
Wereldoorlog geweest

door John Coleman

De geheimen van het Tavistock Instituut voor Menselijke Relaties

ØMNIA VERITAS® OMNIA VERITAS LTD PRESENTEERT:

JOHN COLEMAN

VOORBIJ de
SAMENZWERING
ONTMASKERING VAN DE
ONZICHTBARE
WERELDREGERING

Alle grote historische
gebeurtenissen worden in het
geheim gepland door mannen die
zich omgeven met totale discretie

door John Coleman

Sterk georganiseerde groepen zijn altijd in het voordeel ten opzichte van burgers

ØMNIA VERITAS® OMNIA VERITAS LTD PRESENTEERT:

JOHN COLEMAN
VRIJMETSELARIJ
van A tot Z

VRIJMETSELARIJ

van A tot Z

In de 21e eeuw is de
vrijmetselarij minder een geheim
genootschap geworden dan een
"genootschap van geheimen".

door John Coleman

Dit boek legt uit wat vrijmetselarij is

www.ingramcontent.com/pod-product-compliance
Lightning Source LLC
Chambersburg PA
CBHW070759270326
41927CB00010B/2213